地域社会の新しい〈共同〉とリーダー

高橋勇悦・内藤辰美 編著

恒星社厚生閣

はしがき

　本書の企画から刊行までの経緯について記したい．本書の企画は，「また一緒に仕事をしませんか」という高橋先生のお話に始まった．高橋先生は，私，内藤が，間もなく定年退職となることを記憶されていて，退職に伴う開放感から研究と距離をおいてしまうことを危惧されていたのではないかと思う．私はかねがね事情が許せば68歳の定年退職が理想的であると考えていたこともあり，定年退職以降についても多少の計画をもっていたのであるが，そこに高橋先生のお話であった．私は，早速，高橋先生からのお話を詰めるため先生の宅を訪問した．

　久しぶりの訪問であったこともあり，まずは近況の報告となったが，話は次第に近年の社会情勢に及び，とりわけ，多くの時間が地域問題に充てられることになった．内容は多岐に及んだが，いま地域には新たな動きがあり，その動きに合わせて新しい共同の形成が求められているにもかかわらず，新しい共同の形成が必ずしも容易でないこと，しかしながら，地域には新しい共同の芽も出てきており，もっぱら悲観的に考える必要はないことで意見の一致をみたのであった．そして，さらに，新しい共同が促進されない一因がリーダーの不在にあること，その結果，もめごとや小さな紛争に見舞われている地域が少なくないことを確認することになった．われわれのみるところ，そうした事態を不都合と感じている人々が少なくない．

　もちろん，そうした事態がすべて，リーダー不在というシングル・ファクターに還元できないことは明らかである．事態の解明には，何よりも，いま地域に生起しつつある出来事を中心に，地域の現状をできるだけ正確に把握することが必要である．その試みは，決して壮大と言えるものではないけれども，地域で解決を要請されている問題がわれわれの日常生活を不都合・不安定なものにしているのであれば，真剣な取り組みがあってよいテーマではないか．都市

社会学を専攻してきた私たちにも，それを取り上げなければならない責任の一端があるのではないか．このテーマについては，従来からその必要が唱えられていたにもかかわらず，必ずしも研究の蓄積がないのである．話はそのようなところに落ち着いた．

　それならばわれわれの手で取り上げてみよう．出版可能な企画にもっていけるかどうかを早急に検討することにしましょうということになった．出版社は，一応の構想ができあがった段階で検討することにしたのだが，私たちは，暗黙裡に，これまでお世話になり学術出版に理解の深い恒星社厚生閣を考えていた．そして，今回も，恒星社厚生閣にはご理解とご協力をいただくことができた．それが，本書の企画にかかわる事情であった．

　本書の狙いは，序章の高橋論文が触れている．第1章以下は，序章を念頭においた展開である．なお，このたびの企画では，敢えて，細部にわたる調整を行なわないことにした．充分調整の時間をとることが難しいということもひとつの理由であったがそれだけではない．序章で記述された内容を踏まえてできるだけ自由に執筆していただきたいという意図があった．われわれは，そうした考えから本書を構成したが，その成果については読者の判断に委ねたい．

　2009年9月

　　　　　　　　　　　　　　　　　　　　　　　編者　高橋勇悦
　　　　　　　　　　　　　　　　　　　　　　　　　　内藤辰美

目　　次

はしがき iii

序章　地域社会の新しい「共同」とリーダー
　　　　　　　　　　　　　　　　　　　　　　　　（高橋勇悦）............ 1
1. 日本の社会変動と地域社会 1
　　1-1. 日本の社会変動（1）　1-2. 社会問題の多様化（2）　1-3. 地域社会の変容と新しい「共同」（3）
2. 新しい「共同」の展開と地域社会 4
　　2-1. 新しい「共同」の4側面（4）　2-2. 新しい共同の活動（7）　2-3. 「共同」の住民・集団・行政（7）　2-4. 活動集団の交流・連携（9）
3. 新しい「共同」のリーダーとファシリテーター 9
　　3-1. 新しい「共同」のリーダー（10）　3-2. リーダーとファシリテーター（11）　3-3. リーダーのタイプ（12）　3-4. リーダーの連携（13）
4. 新しい「共同」と「個人」の自立 14
　　4-1. 人間関係の問題（14）　4-2. 地域社会と個人の自立（15）

第1章　新しい地域的共同の構築と地域支援
　　　　　　　　　　　　　　　　　　　　　　　　（松原日出子）............ 19
1. 高齢化社会と地域支援 19
2. 調布市の福祉行政と調布ゆうあい福祉公社 20
　　2-1. 基本構想・基本計画の視点から（20）　2-2. 住民参加型在宅福祉サービス団体登場の歴史的経緯（22）　2-3. 調布ゆうあい福祉公社の設立経緯（23）
3. 調布ゆうあい福祉公社の特徴 24
　　3-1. 調布市における食事サービス事業（24）　3-2. 調布ゆうあい福祉公社による食事サービスの展開（26）　3-3. 食事サービス事業展開・継続の背景（27）
4. 地域支援の新しい展開とリーダー・シップ 28

第2章　大都市住宅地の地域変容とコミュニティ
　　　　　　　　　　　　　　　　　　　　　　　　（和田清美）............ 35
1. 現代日本の地域社会変動と大都市住宅地の地域変容 35
　　1-1. 現代日本の地域社会変動（35）　1-2. 大都市住宅地の地域変容とコミュニティ再編（37）
2. 住民活動の多様な展開と課題 38
　　2-1. 住民活動の多様な展開（38）　2-2. 地縁組織VS市民活動組織を超えて（42）

目　次

3. 住民活動リーダーの現在 43
　　3-1. まちづくり・地域活動調査の概要 (43)　　3-2. 現代における住民活動リーダーの存在形態 (45)
4. コミュニティ形成の新たな局面と課題 46

第3章　自治会・町内会等とNPO
（宮﨑伸光）............ 51

1. はじめに 51
2. 経済社会の推移と自治会・町内会等の経緯 52
　　2-1. 戦後における自治会・町内会等の再生 (52)　　2-2. 高度経済成長期における自治会・町内会等と「新住民」(53)　　2-3. 安定成長期の自治会・町内会等とコミュニティ政策 (54)　　2-4. 阪神淡路大震災とボランティア (56)　　2-5.「右肩下がり」の時代の地域社会 (58)
3. 公共サービス供給主体の多様化 59
　　3-1. ボランティア活動と自治体の対応 (59)　　3-2. 特定非営利活動促進法（NPO法）(60)　　3-3. 介護保険法 (61)　　3-4. 指定管理者制度 (61)　　3-5. 外郭団体のある「機能」(62)
4. 地域社会の再生に向けて 64
　　4-1. 地域社会へのアクティブな新規参入 (64)　　4-2. 自治会・町内会等における輪番制の効果 (65)　　4-3. 広義のNPOと自治会・町内会等 (65)
5. むすび 66

第4章　高齢者の「孤立」支援活動と地域リーダー
（黒岩亮子）............ 69

1. はじめに 69
2. なぜ地域の「支え合い」が重視されるのか 70
　　2-1. 地域の「支え合い」の重視 (70)　　2-2. 地域の親密性 (71)　　2-3. 地域の共同性 (71)
3. 地域住民による支援活動の分類 73
　　3-1. 地域特性と地域住民の多様性 (73)　　3-2. 地域住民による支援活動の分類 (74)
4. 「互助型」の支援活動 75
　　4-1. 自治会による「孤独死ゼロ作戦」(75)　　4-2. 自治会長のリーダー・シップ (78)
5. 「支援型」の支援活動 80
　　5-1. 「地域に孤立する人を作らない」(80)　　5-2. 理事長のリーダー・シップ (81)
6. 支援活動と地域の共同性 84
　　6-1. 常盤平団地＝「互助型」とコスモスの家＝「支援型」の成功の秘訣 (84)　　6-2. 支援活動と地域の共同性 (86)
7. おわりに 88

第 5 章　安全・安心の地域づくり

　　　　　　　　　　　　　　　　　　　　　　　　（徳久和彦）………93

1. はじめに ………………………………………………………………… 93
2. 要援護者の把握が投げかけたこと …………………………………… 93
    2-1. 最近の災害時対応の動向（93）　2-2.「要援護者の把握」に向けて（94）　2-3. 新潟中越沖地震における情報入手行動（96）　2-4. 被災地の地域社会における情報共有（96）　2-5. 地域社会と要援護者の位置（98）
3. 要援護者把握の取り組み事例を通して ……………………………… 99
    3-1. 横浜市の要援護者把握のフロー図（99）　3-2. 横浜市内の地域社会の一般的な状況（100）　3-3.「災害時一人も見逃さない運動」のP区内の全般的な成果（101）
4. 要援護者世帯把握活動が地域社会に与えた影響分析 …………… 103
    4-1. 要援護者把握に伴う自治会関係者共通の危惧（103）　4-2. 3つの地区の状況比較（104）
5. 地域社会の脆弱性の抽出の試み …………………………………… 104
    5-1. 連合単位での会議頻度の違い（104）　5-2. B地区とC地区との比較（107）　5-3. 比較を通して見えてくるもの（108）　5-4. 災害時のボランティア活動と地域社会との関係について（110）
6. 結びに代えて ………………………………………………………… 111

第 6 章　伝統的関係を基盤とした共生生活圏再生の試み

　　　　　　　　　　　　　　　　　　　　　　　　（石川隆代）……… 115

1. はじめに ……………………………………………………………… 115
2. 観光都市倉敷 ………………………………………………………… 117
    2-1. 町並み保存の歴史（117）　2-2. 観光都市倉敷の課題（118）
3. 町衆文化と「12人衆の結成」 ……………………………………… 120
    3-1. 倉敷屏風祭の歴史と町衆の伝統（120）　3-2.「倉敷屏風祭の復活を願う衆」の結成（120）
4. 町衆の地域活性化の活動と共生生活圏への視点 ………………… 122
    4-1. 町衆を中心としたまちづくりへの参加の広がり（122）　4-2. 新しく生まれた活動とネットワーク（123）
5. まとめと考察 ………………………………………………………… 125

第 7 章　プロジェクト化・ネットワーク化する家族とコミュニティ

　　　　　　　　　　　　　　　　　　　　　　　　（野沢慎司）……… 131

1. 家族・コミュニティの変容と家族支援 …………………………… 131
2. プロジェクトとしてのコミュニティ ……………………………… 131
3. ネットワークとしてのコミュニティ ……………………………… 133

4. プロジェクト化する家族／ネットワーク化する家族 135
  5. ステップファミリーというプロジェクト 138
  6. 当事者支援組織の形成 140
  7. 支援の組織化とネットワーカーとしてのリーダー 143
  8. 結語にかえて 146

第8章　障害者のリーダー・シップと地域社会
（谷口政隆）......... 151

  1. 地域における連帯と市民権 151
  2. 代弁の時代を越えて 153
  3. 障害者運動で示された"エンパワメント" 154
  4. 市民の連帯と統合を妨げる公的施策 156
  5. 社会的排除と障害者 158
  6. 地域社会でのリーダー・シップ 160
  7. 地域社会での新しい共同 161

第9章　移住社会とコミュニティ・リーダー
（内藤辰美）......... 165

  1. 問題の所在 165
  2. 移住社会「高島」の歴史と住民組織 166
    2-1. 移住社会「高島」の歴史（166）　2-2. 高島の住民組織と生活拡充集団（167）
  3. 高島の年中行事と越後踊り保存会 169
    3-1. 年中行事と越後踊り（169）　3-2. 伝統的地域行事と新しい地域行事（170）
  4. コミュニティとコミュニティ・リーダー 171
    4-1.「高島」とコミュニティ・アイデンティティ（171）　4-2. コミュニティ・アイデンティティと高島方式（173）　4-3. 高島の遺伝子と語り継がれる高島（174）　4-4. 高島とコミュニティ・リーダー（176）
  5. グッド・コミュニティと地域リーダー 178

第10章　スハルト新秩序体制下における
　　　　1997年総選挙の地域住民動員
（小林和夫）......... 181

  1. はじめに 181
  2. Bクルラハン政府と官製住民組織 RT/RW 182

2-1. クルラハン政府の組織構造（182）　2-2. クルラハン政府の業務内容（183）
　3. Bクルラハン政府の行政文書と官製住民組織 RT/RW 184
　4. クルラハンの住民宛文書からみる 1997 年総選挙の住民動員 186
　　　4-1. 1997 年総選挙準備式への参加要請（187）　4-2. 夜間住民サービスの実施に関する告知（187）　4-3. ゴルカルのキャンペーンへの住民動員の要請（188）
　5. ゴルカルの住民宛文書からみる 1997 年総選挙の住民動員 188
　　　5-1. ジャケット支給に関するゴルカル事務局から RT 長への依頼（188）　5-2. ジャケット支給に関する RT 長からゴルカル事務局への返事（189）　5-3. 総選挙キャンペーンへの参加要請（189）
　6. 結語 190

第11章　東北タイと地域リーダー
　　　　　　　　　　　　　　　　　　　　　（佐久間美穂）........ 201
　1. はじめに 201
　2. タイ国の概要 202
　3. 新しいタイ社会の動きと地域リーダーとしての「開発僧」............ 203
　　　3-1. 開発僧が登場した背景（204）　3-2. 東北タイの開発僧（206）　3-3. 開発僧の位置づけ（209）
　4. 今後の展開と課題 211

終章　地域的共同と地域リーダーの可能性
　　　　　　　　　　　　　　　　　　　　　（内藤辰美）........ 217
　1. 社会変動・社会解体・地域リーダー 217
　　　1-1. 現代と社会変動（217）　1-2. 社会解体と地域リーダー（219）
　2. 地域リーダーの類型と変容 222
　　　2-1. 地域リーダーの類型（222）　2-2. 地域リーダーの変容（225）
　3. 地域社会における「新しい共同」と地域リーダーの可能性 228
　　　3-1. 地域社会における「新しい共同」と地域リーダー（228）　3-2. 新しい地域的共同と地域リーダーの可能性（230）

あとがき 235

序　章
地域社会の新しい「共同」とリーダー

1. 日本の社会変動と地域社会

1-1. 日本の社会変動

　20世紀末の「バブル経済」の破綻や阪神淡路大震災の発生の後から，21世紀の今日（2009年）に至るまで，日本の社会は多様な激しい社会変動を続けている．2008年半ばに起こったアメリカに始まる世界大不況は日本にも深刻な影響を及ぼしている．21世紀の日本社会は大きく変容したのである．そうした社会変動の中で，日本の社会は多様化した社会現象あるいは社会問題に直面している．例えば，地球環境の変化（特に温暖化）の問題は身近な自然環境・生活環境の問題だけでなく，今後の食糧事情の変化・農業生産の変化・食料自給の問題を提起し始めた．また，グローバル化の中で日本企業の経営・雇用形態の変容は大きく，かつての経営家族主義あるいは年功序列や終身雇用の制度はすっかり影を潜め，個人中心の契約・派遣・パートなどの雇用形態へ移行した．今回の世界大不況のもと，その雇用形態はあらためて問題となっている．9割以上の人々がもっていた「中流意識」はすっかり低下し，「格差社会」の「下流意識」の問題が浮上している．一方，メディア環境（インターネット，ケイタイ電話，TVの個人化・携帯など）によって人々の間のコミュニケーションの行為は大きく変化し，これも多様な問題を起こしている．さらに，20世紀後半以降続いてきた，高齢化・少子化の進行によって，世代的な社会構成は大きく変わるとともに，高齢者だけでなく，どの世代にも大きな社会問題が引き起こされている．こうした社会変動の中で，個人能力あるいは個人「消費」を中心とする，個人主義・個人中心主義が先行する状況が一般化しているといってよいであろうが，ここにも重大な問題が存在している．

1-2. 社会問題の多様化

このような日本の社会変動の中で，我々が居住する地域社会も多様に変容する社会現象や社会問題に直面している．

どの世代にも大きな問題が引き起こされているといったが，それは，高齢者問題はもちろん，幼児・児童問題，青少年問題，中高年問題など，いずれの世代にも，年代にも関わる，多様な問題が引き起こされているということである．例えば，介護・出産・育児・ストレスなどの問題の対応には，医療体制が整っている必要がある．しかし，今日，医師不足・医師過労・看護士不足等の問題があり，医療体制が不十分である，とはよく言われている．防災・防犯問題も，日常生活において，常に配慮・整備しておく必要のある問題であることは言うまでもない．1995年の阪神淡路大地震の発生以降，全国各地の防災に関する関心が高まってきている．東京は大地震がいつ起こってもおかしくないと言われており，防災体制の整備も用意されてきた．地域社会の日常生活における火災予防体制や防犯体制も重要になっている．火災（もちろん失火・放火など含む）や誘拐・傷害・強盗・殺人など，いたるところで起こっている状況にある．防犯体制では，例えば，登下校の児童を守護する活動（安全・安心の確保）はかなり一般化しているであろう．環境問題は個人環境から世界環境まで広がっているが，身近な生活環境の問題の1つに，例えばゴミ処理の問題がある．ゴミ処理の体制がしっかりしていないと，たちまちゴミの問題に囲まれるような時代である．在宅電話はもちろん，インターネットやケイタイ電話も，個人単位で誰でも使用できるようになっているが，有害情報の交換や悪用犯罪（振り込め詐欺を含む）が大きな問題になっている．それとも関連するが，年齢を問わず，犯罪意識の低下，還元すれば，道徳（morality，習俗・倫理）意識あるいは規範・マナー意識の希薄化もよく指摘されるようになった．青少年の犯罪意識の低下（例えば大学生の大麻事件）だけでなく，高齢者の犯罪（例えば万引き）の増加もみられるようになっている．この道徳意識とも関連するが，根本な問題の1つに，人権問題がある．この問題は以前から強調・重視されてきたのだが，男女・障害者に対する差別・偏見の問題など消えたわけではない．

大雑把に思いつくままいくつかの問題にふれてきたが，今日の基本的に重要

な問題として，孤独・孤立の問題も挙げなければならない．この孤独・孤立の問題は，いわゆる「居場所」の問題にもつながっていよう．今日の人々の孤独・孤立は，高齢者，青年，母親，子どもなどの問題として注目され，孤独死や非行・犯罪との関連も指摘されるようになっている．この孤独・孤立の問題は，もちろんコミュニケーションの問題に重なっており，それはコミュニケーション能力・コミュニケーション技能の問題につながる．そしてまた，この孤独・孤立の問題の背後には「個人解体」（individual disorganization）を引き起こす可能性がある，という重大な問題が控えている．

1-3. 地域社会の変容と新しい「共同」

このような多様な社会現象や社会問題が発生しているなかで，同時に地域社会も大きく変容していることはいうまでもない．地域社会との関連で言えば，近隣関係の希薄化，家族解体，教育体制（学校教育・社会教育）の解体・再編，地域団体・施設団体・企業の変容，個人解体などの諸問題とともに，地域社会の変容・解体・再生が大きな問題になっている．都心や過疎地の衰退と再生，あるいは郊外や都市周辺の再編・編成などの問題は，早くから問題になっていたものである．そうした問題に対応するための「地域力」の再生も求められる状態にある．要するに，今日の日本は，地域社会の再生や活性化，あるいは新しい地域社会の形成が進行している最中にあるといってよいであろう．

新しい地域社会の形成については，政府の地方分権の施政（財政危機が主因）のもと，自治体は，地域支援や地域共同，あるいは民間委託など，地域社会との連携の方向で動いており，住民の地域共同管理の必要性，住民による地域社会の再生も期待している．新しい「公共」というのは，要するに，この自治体と住民との連携による地域社会の再生を意味しているもののようである．一方，住民は，地域社会での個人生活の確保のために，個人の権利・自由と連帯といった理念を念頭に，新しい地域社会の形成に向けて（行政支援を期待する場合もあれば，期待しない場合もある），住民同士の新しい社会的交流・連携を始める・広める・深めるようになっている．もちろん，そのような連携のもと，新しい地域社会の形成に大きな成果をあげているところは多く見られるようになっている．

こうした，住民同士，あるいは，行政・住民同士の協力と関連する用語が頻

繁に使用されているのが目につく．いくつか挙げてみると，新しい地域社会の形成に向けた意味の，参加，交流，連携，連帯，協働，共同，共生，共益，共助，パートナーシップ（共同，協力，提携）などがそれである．もちろん，それぞれの用語は色々の意味で使用されており，例えば，共生は住民同士の共生だけでなく，地域の自然や歴史との共生を意味するときもある．

　本章では，行政・地域住民の社会的交流・連携による新しい地域社会の形成，すなわち再生や活性化に向けた社会活動を新しい「共同」ということにする．後にも触れることになるが，地域社会（community）はもともと「共同体」（community）であるからである．例えば，今日の最も理解しやすい事例と思われるのだが，大震災にそなえた地域住民の個々人の生活の安全・安心体制を確保するためには，可能な限りの地域住民の色々の意味での共同体制をひいておくことが必要性になるはずである．従来，防災体制はどの地域社会でもそれなりに用意されていたが，今日の防災体制には地域住民の新しい「共同」の活動による支えがある，と考えられる．

2．新しい「共同」の展開と地域社会
2-1．新しい「共同」の4側面
　今日の新しい地域社会の形成は，地域社会の再生あるいは活性化の用語で表現されようになっているが，それは新しい「共同」の活動につながっており，参加，交流，連携，連帯，協働，共同，共生，共益，共助，パートナーシップ等の用語とすべて深く関わっている．「まちづくり」「まちおこし」などは昔から使用されてきた用語だが，今日の「まちづくり」「まちおこし」は，今日では，新しい「共同」の意味が含まれている場合が一般化していると思われる．

　それならば，地域社会の新しい「共同」の活動はどのように把握したらいいのか．この「共同」活動については，社会意識・社会活動の基本的な四側面（次元）から，次のように考える．もちろん地域社会の何らかの新しい社会現象あるいは社会問題，または地域社会の再生ないし活性化の問題があることが前提にある．あらかじめ断っておくが，次に示すA，B，C，Dの4つの側面は，必ずしも，A，B，C，Dの順に進行するわけではなく，また，はっきりと区別できるわけでもない．

A. 動機

第一の側面は，地域の住民（1人，2人以上，いずれでも）が，地域生活に関して見聞・活動する中で，何かに気がつく，思いがわく，関心をもつ，つまり動機づけである．例えば，ある人が子ども達の遊びの様子を見ているとき，こうしたらいいのではないか，あるいは，それなら私ならできそうだ，というように気がつくことがあろう．複数の住民が一緒に気がつくということもある．もっとも，動機をもつようになっても，すぐに活動につながるわけではない．しかし，動機は1つの活動開始の契機となり，地域社会の再生・活性化につながる可能性をもつという意味において重要な意味をもつ．

B. 接触

第二の側面は，地域の住民が，気づき・思い・関心をもちながら，他の人々に，触れ合う，出会う，話し合う，働きかける，いわば他の人々との接触である．この接触の基本はコミュニケーションである．つまり自分の考えを伝える会話であり，意思の疎通を図ることであるが，このコミュニケーションは，相互に同感・同意を得るところまでいくのが期待される．そこまでいけば，共同の活動の前提として，やはり，重要な意味をもつ．ただし，同感・同意を得たからといっても，それが直ちに共同の活動につながるとは限らないのが現実である．それだけでなく，そもそも同感・同意を得るというのは，必ずしも容易ではない．

C. 共同

第三の側面は，地域社会の住民が，共に動く，つまり，参加，交流，連携，連帯を意味し，具体的には，有志が集まる，共に学ぶ，共に活動する，交流を続ける，などと表現されるような行動である．地域社会の再生・活性化に向けて共に活動する，そういう意味での共同である．新しい「共同」の1つの側面として捉える，この住民の共同の活動は，地域社会の共同の集団活動であり，共同の社会集団の生成である．ここにいう集団は1つの集団を前提にしているが，現実は，周知のことだが，多様な社会集団が存在しており，非常に多様な集団活動を展開している．そしてまた，多様な社会集団が地域社会の再生・活性化に向けて共に連携・連帯して活動する，という共同の活動も実際に決して少なくない．この共同の活動に，自治体が加わっている場合もあれば，加わっ

ていない場合もある．ともあれ，問題は，そのような多様な社会集団の多様な活動が，どのような共同の活動を展開すれば大きな成果をあげることができるかということである．

D. 心の絆

第四の側面は，人々のつながり，心のつながりというべき，共同の側面である．社会学用語の「結合」（association）といってもよい．共同の活動は，相互の理解・同感，信頼関係，支え合い（相互支援），感動・感謝という内容の「心の絆」によって支えられているのである．単純に言えば，共同の活動の支えは「心の絆」である．後に触れるが，この「心の絆」は活動する住民の一人ひとりの「自立」を支えてもいる．地域社会の新しい共同の活動を支え，活動する住民の「自立」を支えているのが「心の絆」である．

新しい「共同」の最も重視すべき側面は，第四の側面つまり「心の絆」が認められる地域活動である．この「心の絆」は，大なり小なり，第二・三の側面の接触や共同の活動が行なわれるなかで形成される性質のものである．もっとも，住民の接触や共同がどのように展開するかによって，「心の絆」の形成の状態は異なってくる．というのも，地域社会の再生・活性化に向けた活動の展開といっても，ここにいう接触や共同の活動は，決して容易なことではなく，地域よっても異なってくるからである．地域活動において，しばしば言われるように，「人を集める」，「人を動かす」というのは容易ではない．接触と共同の活動は，重要な側面ではあるものの，現実には決して容易に展開するわけではない．新しい地域社会の再生・活性化に向けた活動の展開において，困難な問題に直面するのは，この接触と共同の活動の側面なのである．

第一の側面の動機も，今日では特に，重要な共同の一側面になっている．単純に言えば，共同の活動が開始されるいわば第一歩であり，それも今日では特に注目すべき意味を担っているからである．例えば，多くのボランティアが活動している現状からも察せられるように，いわゆる自発的・自立的な活動は決して少なくない現状にある．地域生活において，何かに気がつく，思いがわく，関心をもつといったよう動機は，もちろんかなり多様である．例えば，思いつくまま挙げると，近頃の周囲の子どもの遊びを見て，子どもが独立・別居して家族が2人（あるいは1人）になって，高齢者の生活ぶりや若手の減少か

ら，障害者の日常生活・社会生活に接触して，地域の歴史・伝統・文化の環境の中で，自然環境（山，川はもちろん温度など）の変化から，農業生産の現状と変化の中で，日常生活の毎日溜まるゴミ袋を見て，繁華街でのシャッターの締まっている店が目立ちはじめたから，地域における女性と男性の生活ぶりの違いを見て，自分の特技（音楽，絵画，演劇・芝居など）の活用から，等々，やはり挙げればきりがない．強調したいのは，ここから生まれた動機から，共同の活動が拡がっていく，つまり，地域社会の再生・活性化がそういった個人の動機から開始される，個人の自発的・自立的な共同の活動の始まりは，もはや珍しくないのではないかと思われることである．

2-2. 新しい共同の活動

かつて日本では「村落共同体」あるいは「農村共同体」の問題がよく論じられたことがある．都市共同体という用語もあるが，日本ではほとんど用いられなかった．それとは別に，特に都市における地域住民の全世帯加入を典型とする「町内会」（戦後に自治会の名称が増えた）がしきりに論じられたものである．いずれにしても，それらの共同体や町内会・自治会の基本的な特徴づけの1つは地域住民全員の「共同性」にあったといってよかろう．しかしながら，今日では共同体は，その弱化が認識されて地域社会の用語に変えられ，町内会・自治会は依然として全国に存続しているものの，全世帯が加入しているとは限らない町内会・自治会が，特に都市においては，珍しくなっている．町内会・自治会は存在せず様々な地域集団が存在する都市もある．そういった共同体や町内会・自治会の変容の中で，いわば旧来の「共同性」の弱化が認識されるようになっているといってよかろう．

しかしながら，今日においては，地域社会の再生・活性化に向けた新しい「共同」の活動が全国で展開しており，この新しい「共同」は，かつての「共同体」の共同とは異なる，個人の自発あるいは自立を前提にした，新しい意味での「共同」である．

2-3. 「共同」の住民・集団・行政

社会の新しい共同の活動は，もちろん，単一集団の活動もあるが，少数の活動集団，あるいは多数の活動集団の交流・連携による活動もあり，展開は多様である．ここにいう活動集団は，きわめて大雑把に言えば，町内会・自治会，

行政主導団体，住民主導団体，教養・同好団体，学校・大学，企業などである．行政主導団体あるいは住民主導団体といった活動集団はかなり多く，具体的に挙げるとなるときりがない．ただし，注意しなければならないのは，行政主導団体であれ，任意主導団体であれ，今日では，自発性・自立性が重視・期待され，実行される傾向があるということである．特に，住民任意集団といえば，ボランティア活動，あるいはボランティア・アソシエーション（これはかなり多様である）の活動，とりわけ NPO（特定非営利活動法人）の地域再生への活動が目立っており，注目を集めている．もう1つ注意しなければならないのは，活動集団の交流・連携はその地域社会だけでなく，他の地域社会の住民・団体にも広がることもあるということである．ボランティア活動や情報交換（ネットなど）を例にすればすぐに理解できることだが，日本国内に限らず世界各地の種々の地域と交流・連携して「共同」の活動を行なっている場合はもはやめずらしくない．

　もちろん，全国各地に存在する町内会・自治会の中には，時代の変化に対応して，注目すべき新しい方向の活動を展開しているところが，色々ある．町内会・自治会が旧来の組織を維持しながらも，リーダーや幹部の，あるいは会員の新しい活動のアイデア・計画の案出・実施，新しい内部組織集団の結成・活動，あるいは，各種の活動集団との新しい連携・支援など，色々な方法のもとに，地域社会の再生・活性化に向けた，新しい「共同」活動を展開して成果をあげているのである．

　学校，大学，企業なども地域社会の新しい共同の活動と交流・連携する場合も増大している．例えば，高等学校の生徒が，地域社会の活性化のために文化活動を行ない，それが地域社会の活動集団との交流・連携を生み，「共同」の活動を広げるような結果をもたらしている．一般には，今日では，教育再生の施政が行なわれ，そこでは地域社会との関連における活動が期待されている．大学もまた，大学の存在する地域社会との交流・連携を通じ，大学のもつ知識・技術を活かして，地域社会の「共同」の活動を支援するようになった．地域社会の住民のために，講演会やゼミナール，特殊な独自の知識・技術の披露・提供の機会など，大学は「立入禁止」の「象牙の塔」から「開かれた大学」へ変わって，大学の地域住民への開放とか大学の地域への接近といったよ

うな傾向が見られる．企業もまた，その企業の特性に見合った活動を地域社会に提供し，「共同」の活動を支援する例も色々見られるようになった．例えば，運送会社が交通問題について学校の生徒とともに行動するような形で実践的な知識を提供し，それが同時に地域社会との交流を深めている．

2-4. 活動集団の交流・連携

地域社会の「共同」の活動は多様な展開を見せており，当然だろうが，その活動集団の交流・連携も一様ではない．新しい「公共」というのは，行政主導ではなく，行政と民間の活動集団が相互に連携して活動するというものだが，これは「共同」活動の一形態であると考える．この住民・行政連携の「共同」の活動の他に，住民主導の「共同」の活動もあり，行政主導の「共同」もなくなったわけではない．現にそのように活動している地域社会は少なくない．今日注目したいのはもちろん「住民」主導の活動である．地方分権の施策が色々施行されるなか，自治体は財政事情もあって，民間委託を行ない，あるいは地域社会の自立支援や地域社会との共同などの方向で動いているが，現状の地域社会の「共同」の活動は，必ずしも行政を当てにするとは限らないようになっている．住民主導の「共同」の活動においては，行政はパートナーであり，あるいはパートナーシップの関係にある，とはしばしば言われる．また，「小さな政府」とか「もう1つの役場」といった言い方も，かなり以前に使用されたりしていた．

地域社会の新しい「共同」の活動は，多様に展開しているものの，要約的に言えば，市場原理とは異なる地縁社会の互恵・共有の活動であり，それと同時に進行する，外部の地域社会との交流・相互支援・情報交換の活動である．そして，それを支える基盤として期待されるのは，もちろん「心の絆」であり，換言すれば「地域社会における愛のシステムづくり」（内藤2009）である．

3. 新しい「共同」のリーダーとファシリテーター

さて，こうしてみてくると，どうしても探求したいと思わざるを得ないのは，地域社会の新しい「共同」の活動を促しているリーダ（leader）は，一体，どのような人々なのだろうかということである．新しい「共同」の活動を行なっている，町内会・自治会，行政主導団体，住民主導団体，教養・同好団体，

学校・大学，企業などからすぐにわかるように，もちろん多様なリーダーの活躍が見られる．概略的ながら，新しい「共同」の視点から，具体的にみてみよう．

3-1. 新しい「共同」のリーダー

まず挙げてみたいのは，発起人が地域の有志とともに活動集団を結成しその代表となる場合で，その発起人・代表がリーダーである．これは最も理解しやすいかもしれない．前に述べた「共同」の四側面，つまり，「動機」，「接触」，「共同」，「心の絆」の展開過程においては，最初の動機から始めた1人の人または2人以上の人々（以下，人々ということにする）がリーダーになるのが一般であろう．このリーダーの人々は初めて地域活動を経験する人々である場合もあれば，地域社会に関わりのある活動経歴をもつ人々の場合もある．いずれの場合も，活動集団の代表あるいは有志の成員がリーダーの役割を担っている．集団の結成はおそらく個人や既存集団の力の限界を知って行なわれるのであろう．

このようなリーダーに注目するのは，今日の社会状況に対応して，新しい活動集団を結成し，地域社会の「共同」の活動を展開しているからである．都市・郊外・農村といった地域別でいうと，都心の再生・活性化，郊外・都市周辺の「協働」，過疎地の再生など，まさに「共同」の活動を展開しているところが少なくない．ちなみに，東京都心の銀座も例外ではなく，よく知られているように，自然環境の再生という「共同」の活動が行なわれている．同時に注目したいのは，リーダーの役割を果たす人々の中には，特定の資格あるいは職業をもつ人々も見られるとうことである．例えば，栄養士・社会福祉士・教員らによる集団活動，あるいは医師・看護士による集団活動などがそれで，このような集団活動は，教育・医療体制の問題を抱えている今日の地域社会の再生・活性化にとって，不可欠となっているような活動である．

さらに，すでに明らかだが，ボランティア・アソシエーションやNPOのリーダーも次々に登場し，今日の社会状況に対応して新しい活動を展開していることも注目しなければならない．1995年の阪神淡路大震災のときに全国から数多くのボランティアが被災地に集結して救援活動にあたったが，それ以来急速にボランティア活動あるいはボランティアの集団活動も増大し，また，地域

社会の再生・活性化に向けて活動するボランティア・グループあるいは NPO も増大してきている．

もちろん，古くから存続している町内会・自治会，行政主導団体，住民主導団体のリーダーにも，地域社会の再生・活性化に向けた「共同」の活動を目指す，いわば新しいタイプのリーダーが登場している．行政主導の活動集団といっても行政の推薦だけではなく，集団のメンバーの推薦よる新しいタイプのリーダーの登場もある．もちろん，行政の担当職員がリーダーの役割を担う場合（それも「裏方」にまわる傾向が出ている）もあろうが，今日では，行政はパートナーであっても，リーダーではない場合が多くなっている．行政は住民活動のリーダーあるいは「担い手」の「養成」のための色々の施政を行なっているのが現状である．

3-2. リーダーとファシリテーター

リーダーというのは，一般的には「集団がその目標達成を目指して活動する過程で，他者に大きな影響を与える個人のこと」（森岡清美・他編『新社会学辞典』有斐閣 1993）と考えて良かろう．しかし，今概観してみたところからも察知されるように，今日のリーダーはリーダーであると同時にファシリテーター（facilitator）でもあるという傾向が見られる．ここに言うファシリテーターというのは，地域社会の再生・活性化に向けた「共同」活動を助長・促進する世話人・まとめ役（コーディネーター）の担い手である，ということである．つまり，今日のリーダーは，地域の住民に目標達成に向けた「影響を与える」だけでなく，地域の住民と共に活動しつつ，活動を助長・促進する世話役・まとめ役の活動も行なう，いわば住民活動の担い手にもなっているということである．今日の新しい「共同」のリーダーは「集団がその目標達成を目指して活動する過程で，他者に大きな影響を与える個人」にとどまっているわけではない．そうでなければリーダーの役割を果たせない事態が起こりかねないのである．再度くりかえすが，「共同」の活動について，リーダーが住民の一人ひとりに同感・同意を得て，共に活動するようになるというのは，一般には，容易なことではなく，かなりの困難を伴う．その点において，リーダーは単なるリーダーにとどまるのではなく，同時にファシリテーターでもあることが期待されるのである．

序　章　地域社会の新しい「共同」とリーダー

　その点に関連すると思われるのだが，リーダーが同感・同意を得ることが困難になり，リーダーとしての「孤独」に陥ってしまうことは十分あり得ることで，そうなれば住民活動は停滞することになろう．地域社会のリーダーが，「孤独」に陥ることなく，あるいは「孤独」を克服して，リーダーの役割を果たすためには，当然のことながら，地域住民の支えを得なければならない．そこで期待されるのが，リーダーは単にリーダーとどまることなく，常に住民と共に活動するファシリテーターでもあるということである．「リーダーは地域社会によって作られ，地域社会はリーダーによって作られる」（内藤 本書第9章）ということになろうか．このようなリーダーが地域社会の再生・活性化の成果をあげたときには，住民活動の根底には「心の絆」が作られているということはもはや自明である．ある地域社会の住民活動の成果について，「注目に値するのは，活動の根底には〈人を動かす感動〉が大切であり，人々の理解ある賛同の〈意識〉と絶大な円満の〈和〉が〈リーダー〉であるという発想があ」ると書いたことがある[*1]．このような捉え方に従えば，新しい「共同」のリーダーは住民の「心の絆」であると言うこともできる．

3-3．リーダーのタイプ

　現実に見られる今日のリーダーの状況を概観してみたが，今日のリーダーをいくつかのタイプに分けて捉え直してみよう．一般的には，リーダーのタイプは，大きく分ければ，ここに言う行政主導団体の中に見られる，行政の依頼・任命によるリーダー（公式のリーダー）と，住民主導団体に見られる，自ら設定した目標に向けて集団活動を推進するリーダー（非公式のリーダー）の2つのタイプに分けられる．また，リーダーといっても，自ら積極的に進んでなるリーダーと，他から推されてなるリーダーの，2つのタイプもある．さらに，集団のリーダーになりたい人がほとんど出てこないため，定期的・自動的に交替するリーダーもあれば，かなり長期間にわたって担任するリーダーもある．このような様々なタイプのリーダーは，いわば形式的な分類であって，例えば，他から推されてなったリーダーが，リーダーとしてはやっていけないと思いつつも試行錯誤を続けているうちに，目標に向けた活動を推進できるリーダーになる，そういう場合もある．つまり，どのタイプのリーダーがすぐれているとか，すぐれていないとか，そんなことは単純には言えない．換言すれば，

どのタイプのリーダーにせよ,「共同」の活動の目標に向けたリーダーに「変身」する,つまり,リーダーはリーダーとして成長することがあるからである.

また,リーダーについて,確認したいのは,1人だけのリーダーと複数の人々（集団）のリーダーの区別とか,あるいは,名目的なリーダーと実質的なリーダーの区別がある,ということである.この区別によるリーダーについても,どのタイプのリーダーがすぐれているとか,すぐれていないとか,言えない.例えば,名目的なリーダーのもとで,実質的なリーダーが役割を果たす,ないしは果たせることがあるからである.また,1人だけのリーダーの場合でも,活動が拡大していくなかで,あるいは,他の活動集団との交流・連携の中で,リーダーが複数になることは珍しくはない.

3-4. リーダーの連携

どのようなタイプのリーダーにせよ,地域社会の新しい「共同」の活動の過程では,いわば,リーダーの連携つまり活動集団の連携がいろんな形で行なわれている.地域社会の集団活動のリーダーの連携は,いわば新しい「共同」の重層化ともいえようか.もちろん,単一の活動集団がリーダーあるいはリーダー達とともに,活動を続け拡大し成果をあげる,そういう活動集団は少なくない.しかし,複数の活動集団のリーダーの連携が拡大する場合も色々ある.さらに,自治体単位の地域社会の全体にわたるリーダー連携もある.簡単に言えば,町内会・自治会,行政主導団体,住民主導団体,教養・同好団体,学校・大学,企業などの活動集団の,多様なリーダーの連携,活動集団の連携である.地域社会の少数のリーダーの連携もあれば,地域社会全体の多数のリーダーの連携もあり,また,地域社会を越えた他の地域社会のリーダーとの連携もある.いずれにしても,このリーダーの連携は,容易に進行する場合もあれば,そう容易に進行しない場合もあるであろう.

問題は,もちろん,リーダーの連携がうまく進まない場合である.その場合のリーダーの連携の問題についても,やはり,新しい「共同」の4つの側面から考えた方がよいようである.リーダーの連携という場合,「動機」,「接触」,「共同」,「心の絆」のいずれの側面においても,それぞれ問題が潜在しているようだが,やはり,特に問題になるのは,接触と共同であろう.リーダー同士

の接触は，直接的な接触と間接的な接触の両者ともに重要な意味をもっている．間接的な接触というと，特に重要な役割を果たしているのがネットワークの活用（情報交換など）であろう．しかし，直接的な出会い・話し合いの接触によって，相互の理解，同意・同感を得る場合が少なくないように見える．とはいえ，リーダーのその直接的な出会い・話し合いの接触の契機やチャンスを作るのは必ずしも容易ではないようである．また，共同の側面で言えば，リーダーと住民が共に活動し交流を続けるなかで，それがやはり「心の絆」につながるようになるか，当然ながら問題になる．ここにおいて，リーダーの役割はいかに重要であるか理解されよう．

4．新しい「共同」と「個人」の自立

4-1．人間関係の問題

新しい「共同」の活動は，社会解体（個人・家族・学校・地域社会など）の進行とともに発生した様々な問題に対応する形で始まったと言えよう．この社会解体とともに，所属集団の旧来の「共同性」が希薄化し，「個人」が浮上してきて，個人の主体性が問われ個人の自立が求められるようになった．かつての「集団主義」にかわって「個人主義」が意識され始めたといってもよい．このような「個人」の問題が認識されるようになったのは，少なくとも20世紀後半（1960年代）からで，21世紀に入って以降，その「個人」の問題に伴う様々な問題が深刻化・一般化し，それに対応する施政や活動が現実に行なわれるようになっている．

その「個人」に関する社会問題で，よく知られるようになった1つは，男女の区別はなく，どの世代にも認められる，孤独・孤立の問題である．すでに触れたように，孤独・孤立の問題で，現在特に注目されているのは，高齢者，母，子ども，青年の孤独・孤立の問題である．この孤独・孤立と関連して，精神的疾患，自殺，犯罪，虐待などの問題が起こることがあり，それが最も深刻な問題であると言えよう．孤独とはいわば薄い人間関係のもとで心の置き所を探し求めている不安な感情に陥っている状態であり，孤立というのは，日常生活において人間関係をほとんど消失した，あるいは排除したような状態（「寝たきり」の一人暮らしや「引きこもり」なども想起される）にあることと言え

ようが，いずれにせよ，そこにあるのは直接的な人間関係の希薄化・欠如・排除の問題である．最近「居場所」という言葉が流布しているが，「居場所」も直接的な人間関係のありように関連していよう．

　新しい「共同」の活動において，最も重要で欠くことのできない側面として，「心の絆」を挙げたが，これは，要するに，人々の心と心をつなぐ人間関係の問題である．この「心の絆」は，人々の相互の理解・同感を通じて相互にそれぞれ自分自身（のできる活動）を確認することを可能にしているものである．他人の言うがままに活動しているわけではなく，自分ができることを自分で確認して，自らの活動を展開しているのである．これを「自立」の精神というとすれば，相互の支え合い（相互支援）という言い方にならっていえば，「自立支援」ということにもなろうか．つまり，自分の「自立」を確認できるのは他の人々との相互関係があって可能となるのであり，相互に自分の「自立」を支援しているわけである．

4-2. 地域社会と個人の自立

　地域社会の再生・活性化に向けた新しい「共同」の活動は個人の自立に関わり，同時に，地域社会の自立につながる，ということになろう．非常に端的に言えば，地域社会の新しい「共同」の活動にとって，最も重要な基本的問題は人間関係の問題である．この人間関係と深く関わる問題が，明らかになっていることだが，コミュニケーションの問題であり，やや具体的に言えば，コミュニケーション能力やコミュニケーション技能の不足あるいは低下の問題である．こういった問題は，そのまま，今日の日本社会の最も重要な基本的問題に重なっている．最近「豊かな人間関係は『資源』」（読売新聞2008年10月22日）という新聞の見出しが目をひいたが，この見出しをそのまま借用すれば，その『資源』を活用して，今日の人間形成の問題に取り組まなければならない，ということになろうか．新しい「共同」の活動においては「人づくり」という言葉がよく使われているが，まさに，「まちづくり」・「むらづくり」は「人づくり」であり，「地域づくりは人づくり」である．そこでは「豊かな人間関係」を築き，それを「資源」として活用し，期待される「人づくり」（人間形成，例えば今日重要な問題になっている，子どもの育成とか少年の再生などももちろん含む）が行なわれなければならない．しかし，「豊かな人間関係」

序　章　地域社会の新しい「共同」とリーダー

を築くのは，決して容易ではないことは，もはや繰り返して言うまでもなかろう．

　本書『地域社会の新しい「共同」とリーダー』を編集した意図は，基本的には，現代日本の多様な社会問題に対応できる新しい地域社会をいかに形成するか，という基本的な問題へ少しでも接近し，実践的な知識を得たいというところにある[*2]．

高橋勇悦

*１　**活用文献**

　本稿は，地域社会の活動に関する実態については，ほとんど，あしたの日本を創る協会編『ふるさとづくり』(1988～2005年)・『あしたのまち・くらしづくり』(2006～2008年)を基本にし，直接引用できないまま，書かせてもらっている．ここに一文だけ直接引用したのは『あしたのまち・くらしづくり』(2007：90)からである．これらの刊行書は，1988年以降の，地域社会の形成に関わる，全国各地の高く評価された活動事例を編集したものであるが，以下，最近(2004～2008年版までの5年間)の特に高く評価された住民活動の事例を挙げておきたい．

　2004年版―「『のきさき』からのまちづくり　福島県・アネッサクラブ」，「自然を活用したふるさとづくり　栃木県・ゆずの里かおり村」，「少子高齢化に対応した地域の魅力づくり　青森県・NPO活き粋あさむし＊」，「高齢者市民の能力活用によるふるさとづくり　三重県・松阪まちづくりセンター」，「この街に新たな緑を育て隊！伝え隊！　兵庫県・雲雀丘山手緑化推進委員会」，「生ごみを宝に　佐賀県・NPO伊万里はちがめプラン」（＊以下，「特定非営利活動法人」はNPOで示す）．

　2005年版―「里山をみんなのふるさととして未来へ受け継ぐ活動　茨城県・NPO宍塚の自然と歴史の会」，「感動体験夢舞台で人材育成と居場所づくり　沖縄県・あまわり浪漫の会」，「案山子VS新庄花物語そしてまちづくりは始まった　福井県・新庄区まちづくり委員会」，「商店街における乳幼児の子育て支援活動『キッズステーション』　和歌山県・NPO子ども劇場和歌山県センター」，「天神崎の自然保護活動　和歌山県・財団法人天神崎の自然を大切にする会」，「地域看取りを実践して　鳥取県・NPOなごみの里」．2006年版―「右手にスコップ・左手に缶ビール―みんなで協力，身近な環境改善―　静岡県・NPOグランドワーク三島」，「足もとの地域から世界を見る―授業づくりから地域づくりへ―　NPO南房総文化財・戦跡保存活用フォーラム」，「自然環境を『心の教室』として取り組む・親水のまちづくり　山形県・酒田市子どもと白鳥を愛する会」，「住みよい暮らしよいまちづくりを目指して―市民参加の自主性と行政との連携―　茨城県・笠間市まちづくり教室」，「劇団『木ごころ一座』とまちづくり　福井県・美山木ごころ一座」

　2007年版―「行政に頼らない『むら』おこし　鹿児島県・柳谷自治公民館」，「渡良瀬川源流の森づくりを推進しよう　栃木県・NPO足尾に緑を育てる会」，「"ミニ自治"の夢へ一歩！

4. 新しい「共同」と「個人」の自立

秋田県・湯沢市岩崎地区町内協議会」,「歩いて気づいたまちづくり『なんとかなんないの』から『なんとかしなきゃ』へ　茨城県・水戸女性フォーラム」.

2008年版—「都市と農村との共生型社会づくり　山梨県・NPOえがおつなげて」,「電車へのラブレター――公共の交通を舞台にした『点から線へ，線から面へのまちづくり』――　滋賀県・石坂線21駅の顔づくりグループ」,「地域に密着した共同出資の店『なんでもや』　宮城県・大張り物産センターなんでもや」,「高校生が町をつくる，文化をつくる　兵庫県・兵庫県立龍野実業高等学校デザイン科」.

参考文献

＊2 地域社会に関する社会学的研究の文献はかなり多いが，ここでは，僅かながら私の知るかぎりの，本論ではほとんど触れることができなかった，1990年代以降の文献を挙げる．

鰺坂学, 2005,『都市同郷団体の研究』法律文化社
─── ・高原一隆編, 1999,『地方都市の比較研究』
有末賢, 1999,『現代大都市の重層的構造』ミネルヴァ書房
浅野慎一・岩崎信彦・西村雄郎編, 2008,『京阪神都市圏の重層的なりたち』昭和堂
藤村正之, 1999,『福祉国家の再編成―「分権化」と「民営化」をめぐる日本的動態―』東京大学出版会
───編著, 2006,『福祉化と成熟社会』ミネルヴァ書房
藤田弘夫・吉原直樹, 1999,『都市社会学』有斐閣
船津衛, 1994,『地域情報と地域メディア』恒星社厚生閣
─── ・浅川達彦, 2006,『現代コミュニティ論』日本放送出版協会
橋本和孝・吉原直樹編著, 2000,『都市計画と都市空間―盛岡市のまちづくりを中心に―』御茶の水書房
広田康生・町村敬志・田崎淳子・渡戸一郎編, 2006,『先端都市社会学の地平』ハーベスト社
飯島伸子編, 1993,『環境社会学』有斐閣
井上俊・船津衛編, 2005,『自己と他者の社会学』有斐閣
岩城完之, 2005,『グローバリゼーションと地域社会変動』関東学院大学出版会
岩崎信彦・鵜飼孝造・浦野正樹・辻勝次・似田貝香門・町田隆・山本剛郎編, 1992,『阪神淡路大震災の社会学』昭和堂
岩田考・羽淵一代・菊池裕生・苦米地伸編, 2006,『若者たちのコミュニケーション・サバイバル』恒星社厚生閣
岩田雅美・西沢晃彦編著, 2005,『貧困と社会的排除―福祉社会を蝕むもの―』ミネルヴァ書房
金子勇編著, 2002,『高齢化と少子社会』ミネルヴァ書房
─── ・森岡清志, 2001,『都市化とコミュニティの社会学』ミネルヴァ書房
片岡幸彦編, 2006,『下からのグローバリゼーション』新評論
菊池美代士・江上渉, 1998,『コミュニティの組織と施設』多賀出版
───編, 2002,『21世紀の都市社会学』学文社
───編, 2008,『改訂版　21世紀の都市社会学』学文社

序　章　地域社会の新しい「共同」とリーダー

木下謙治・篠原隆弘・三浦典子・編，2002，『地域社会学の現在』ミネルヴァ書房
今野裕昭，2001，『インナーシテイのコミュニティ形成』東信堂
倉沢進，1999，『都市空間の比較社会学』日本放送出版界
倉田和四生，1999，『防災福祉コミュニティ』ミネルヴァ書房
町村敬志，1994，『「世界都市」東京の構造転換』東京大学出版会
　　　──・西村晃彦，2000，『都市の社会学』有斐閣
松本康編著，2004，『東京で暮らす　都市社会構造と社会意識』東京都立大学出版会
松野達雄，2007，『共同社会性の崩壊と再生』無極堂
三浦典子，2004，『企業の社会貢献とコミュニティ』ミネルヴァ書房
森岡清志，2008，『地域の社会学』有斐閣
　　　──編著，2008，『都市化とパートナーシップ』ミネルヴァ書房
内藤辰美，2001，『地域再生の思想と方法』恒星社厚生閣
　　　──，2009，「都市の現在と地域福祉」日本女子大学社会福祉学会『社会福祉』第49号
中川清，2000，『日本都市の社会変動』勁草書房
中田実，2007，『地域分権時代の町内会・自治会』自治体研究社
名和田是彦，1998，『コミュニティの法理論』創文社
西村雄郎，2008，『大都市圏の拡大・再編と地域社会の変容』ハーベスト社
似田貝香門編，2008，『自立支援の実践知―阪神淡路大震災と協働・市民社会―』東信堂
小笠原浩一編，1996，『地域空洞化時代における行政とボランティア』中央法規出版
奥田道大編，1999，『講座社会学4　都市』東京大学出版会
　　　──，2004，『都市コミュニティの磁場』東京大学出版会
大江守之・駒井正明編，2008，『大都市郊外の変容と「協働」』慶應義塾大学出版会
大谷信介，1995，『現代都市住民のパーソナル・ネットワーク』
　　　──，2007，『〈都市的なるもの〉の社会学』ミネルヴァ書房
島田知二・田中豊治編著，1998，『現代社会のしくみ』八千代出版
園部雅久，2001，『現代都市社会論』東信道
　　　──，2008，『都市計画と都市社会学』上智大学出版会
鈴木広先生古稀記念論集刊行委員会編，2001，『鈴木広先生古稀記念論集　都市化とコミュニティの社会学』ミネルヴァ書房
田中重好，2007，『共同性の地域社会学』ハーベスト社
和田清美，2006，『大都市東京の社会学』有信堂
山本英治編著，2005，『地域再生をめざして』学陽書房
山本英治・高橋明善・蓮見音彦編，1995，『沖縄の都市と農村』東京大学出版会
山本剛郎，2001，『地域生活の社会学』関西学院大学出版会

第1章
新しい地域的共同の構築と地域支援
―調布市の試みから―

1. 高齢化社会と地域支援

　戦後において我が国が実現した経済復興は，やがて大都市への人口集中をもたらし，深刻な都市問題を生み出した．経済成長を優先する国家・自治体の〈企業優遇策〉は，一方で地域住民の生活環境の貧困化を招いたのである．これに対し，当時の革新自治体はシビル・ミニマムを指針として生活環境の改善を図ったが，1973（昭和48）年の秋に発生した〈オイルショック〉が日本経済をマイナス成長に導くと，自治体が主導する社会福祉政策は大きな壁に直面することとなった．こうした閉塞的状況の中に登場したのが，地域住民間の相互扶助や連帯を基盤として，有料で在宅福祉サービスを提供する非営利団体，すなわち，「住民参加型在宅福祉サービス団体」である．

　調布ゆうあい福祉公社は，住民参加型在宅福祉サービス団体の中にあって，現在に至るまで長期にわたって成果をあげてきた先駆的団体の1つである．調布ゆうあい福祉公社の母体は，地域住民が率先して設立した民間団体（調布ホームヘルプ協会）であった．その後，調布市との連携により，1988（昭和63）年に，現在の「公社」として設立されたものである．地域住民の福祉ニーズ，特に，食事サービスに応える事業を軌道に乗せ，多くの居宅高齢者の食事に対するニーズを満たしたことは，高く評価されている．

　住民参加型在宅福祉サービス団体の利点は，住民主体で運営され，平等なメンバーシップが確保される点，有償でありつつボランティア精神が維持される点にある（全国社会福祉協議会 1987：8）．しかし，一方では，事業の継続性や参加メンバーの動機づけの維持をどう図るか等，課題も少なくない．そうした課題を，調布ゆうあい福祉公社は，小規模な団体を母体としつつ，住民が主体的に相互扶助のシステムを確立することで，克服しようとしたのである．

第1章　新しい地域的共同の構築と地域支援

　本章の狙いは，調布ゆうあい福祉公社が登場した背景を明らかにしつつ，公社が高齢化社会における地域支援を率先して行ない，地域における新しい「共同」と「協働」を構築することができた要因を明らかにすることにある．そのことを念頭において，まず，公社設立に至る経緯を調布市の福祉行政の変遷に重ねながら概観し，次に，公社設立と自主事業の展開過程について検討する．そして最後に，「地域支援」における公社の位置と意義について考察する．

2. 調布市の福祉行政と調布ゆうあい福祉公社
2-1. 基本構想・基本計画の視点から

　調布は，もともと甲州街道沿いの宿場として栄えた町である．江戸時代当時の宿場町であった布田五宿（国領，下布田，上布田，下石原，上石原の宿場）が一緒になり，1889（明治22）年に調布町となった．東京郊外の一農村にすぎなかった調布町も，大正期以降，別荘・郊外住宅地として注目されるようになった．昭和期には，軍需産業や帝都防空のための飛行場が建設されている．戦後，1955（昭和30）年に神代町と調布町が合併し，調布市が誕生する．1964（昭和39）年の東京オリンピック開催と前後して，甲州街道の整備や大規模団地建設が進み，調布市は，東京のベッドタウンとしての機能をもつ都市に変貌した．

　こうしたなかで，1962（昭和37）年，調布市長となった本多嘉一郎は，東京都における初の革新市長であり，調布市は，革新自治体拡大の先駆けとして知られるようになる．本多は，市政運営にあたり，まず広報・公聴の重視を謳い，PR映画の作成，市民相談室の開設，「主婦と市政を語る会」等，市民との対話を重視する方針を打ち出した．そうした本多の方針は，後に，1976（昭和51）年の「調布市まちづくり市民会議」へと発展し，今日に至るまで，市の総合計画を作成する一翼を担い続けている．

　1969（昭和44）年には長期総合計画策定方針が定められ，「コミュニティ施設の整備」，「市民文化施設」等の注目すべきプランが示された．さらに1971（昭和46）年に設置された「調布市都市づくり市民会議」は，後の「調布市基本構想」にも大きな影響を及ぼす報告書『都市づくり市民会議の提言等について』を答申した．

1973（昭和48）年に調布市で初めて制定された「調布市基本構想」は，調布市が目指すべき都市像を5つの柱として示している（表1-1）．5つの柱の第一に挙げられたのが，「健康な家庭のだんらんのある市民生活」である．この第一の柱を実現するために示された具体的施策は他と比較して際立って多く，「健康な家庭づくり」が当時の市政において特に重要視されていたことがうかがえる．その中で特に本多が力を入れたのは，全国初の「敬老手当支給制度」導入や「老人憩いの家」建設に代表される高齢者対策であった．その背景として，1970（昭和45）年以降，年少人口が減少に転ずる一方，高齢者人口が増加に転ずるという人口構成上の大きな変化を見逃すことはできない．

表1-1 調布市基本構想の推移

	1973（昭和48）年	1981（昭和56）年	1989（平成元）年
まちづくりの目標	あたたかい心のきずなと緑の風かおる都市環境の整った，新しい「ふるさと調布」	快適で緑豊かな都市環境とあたたかい心のきずなで結ばれるみんなのまち調布	すてきにくらしたい・愛と美のまち調布
まちづくりの基本方針	1. 健康な家庭のだんらんのある市民生活 2. まちかどに人の輪があるコミュニティ 3. わこうどの未来を育てる文化 4. 緑の中につつみこまれるまちなみ 5. 快適な住宅都市にふさわしい都市施設	1. 快適な生活をささえる都市基盤の整ったまち 2. 恵まれた環境で生活できるまち 3. 心がかよいあい安心して生活できるまち 4. 豊かな文化と躍動するスポーツのまち 5. 活気に満ちた魅力あるまち 6. 市民の創意と連帯感あふれるまち	1. ゆたかな文化と人を誇れるまちづくり 2. 心がかよう幸せあふれるまちづくり 3. くらしよく活気に満ちたまちづくり 4. うるおいとくつろぎのあるまちづくり 5. 美しく調和のとれたまちづくり 6. ふれあいの輪がひろがるまちづくり
市長	本多嘉一郎	金子佐一郎	吉尾勝征

（出典）『調布市基本構想1973，1981，1989』より作成

金子佐一郎が市政を継いだ1978（昭和53）年，我が国は低成長期の只中にあり，景気の停滞や人口増の鈍化に伴う新しい対応が自治体に求められるようになった．こうした状況下，金子は都市の再開発に力点を置く市政へと方針転換する．「新基本構想」では，「快適で緑豊かな都市環境とあたたかい心のきずなで結ばれるみんなのまち調布」という基本目標のもと6つの政策課題が示されたが，課題の第一に挙げられたのは駅前地区の再開発や市街地の再整備，交

通機能の向上であり，第二に緑地や住環境整備をはじめとする生活環境の改善であった．そこには，福祉の改善やコミュニティの確立を課題の中心に据えた本多市政との際立った違いがみられる．

　金子に代わり，吉尾勝征が市長に当選したのは，1986（昭和61）年である．吉尾はまちづくりの目標を「すてきにくらしたい・愛と美のまち調布」とし，文化創造に重点をおくことで金子市政と一線を画した．6つの基本方針の第一に挙げられたのは「豊かな文化と人を誇れるまちづくり」であり，まちの文化遺産の伝承や芸術面の向上，生涯学習を通じた地域文化の醸成が政策目標に掲げられている．また第二の基本方針として，「心がかよう幸せあふれるまちづくり」のもと，福祉・医療の充実が掲げられた．第一の基本方針の中には生涯学習も含まれることを考えると，高齢者施策を重点化する方向への回帰とみることもできよう．

2-2. 住民参加型在宅福祉サービス団体登場の歴史的経緯

　ここで，1980年代の我が国において住民参加型在宅福祉サービス団体が出現した背景について簡単に述べておく．当該団体が登場した背景には，当時高齢者福祉が社会問題化したことに加え，居宅高齢者の多様なニーズに対応するためサービス供給の多元化が求められていたという事情がある．

　居宅高齢者の生活ニーズを満たすためには，24時間365日対応できるサービス体制や，利用者の要介護度の程度に応じたきめ細かなサービス提供が必要となる．それに応えるうえで，従来の措置中心の福祉体制には限界があった．なぜなら，国及び自治体の責任によるそれまでの公共的福祉供給システムは，きわめて硬直したサービスしか提供できなかったからである．在宅高齢者の抱える膨大な生活ニーズに直面した各自治体は，限られた財源・資源の中で試行錯誤を試みたものの，自治体単独の対応は困難であった．

　こうした状況下において，福祉供給システムの1つとして有望視されたのが，この時期から都市圏を中心に設立されはじめた住民参加型在宅福祉サービス団体であった．その中でも，特に，自治体と協同で設立された「福祉公社」には，閉塞状況を打開し得る新たな担い手として大きな期待が寄せられた．

　しかしその一方で，課題を指摘する声も当初から聞こえていた．例えば野口（2002：233）は，「福祉公社事業の有する『福祉行政の減量化』『福祉サービス

普遍化』『福祉サービスの新たな開発』『福祉サービスの柔軟性と即応性』『公私共同事業』『福祉サービスへの住民参加』といったキーワードはコインの裏表の性格をもち，事業化のさまざまな段階で問題を生み出していたり，行き詰まりの悩みを抱いている」と指摘する．各公社は，こうした様々な課題と対決しつつ，独自の運営方法を模索していったのである．

2-3. 調布ゆうあい福祉公社の設立経緯

調布ゆうあい福祉公社が設立されたきっかけは，高齢者問題に強い関心をもつ調布市の主婦グループの私的会合にあった．メンバーの中で市の民生委員として活動していた人たちが，当時の居宅高齢者の深刻な生活状況を憂い，住みやすい地域の構築を目指そうと動き始めたのが，その後の諸活動の出発点となった．彼女たちは，まず「食事」という，生活に密着・不可欠な要素を充足するため，「集合方式」での会食を開始した．その後，メンバーの1人が中心となり，「これからは言葉ではなく実践の時代」（調布ホームヘルプ協会 1987）であるとして，1985（昭和60）年4月，有償（会員制）の介護・家事サービスを提供する「調布ホームヘルプ協会」を設立し，組織としての活動を開始したのである[*1]．

その後数年を経て，サービス利用希望者の急増や重度の介護を要する利用者が増え，それに応ずるためのマンパワーの確保が困難になった．そのため，調布ホームヘルプ協会は，1986（昭和61）年8月，調布市に財政援助の要望書を提出した．

この時期，調布市における高齢者福祉サービスのニーズは施設・在宅の両面においてとみに増大した．1987（昭和62）年に調布市内に特別養護老人ホームが完成したものの，一方で市の福祉事務所から協会に対し，利用についての紹介が数多くなされる等，従来のような対応では限界にさしかかっていたのである．そこで，1988（昭和63）年3月には「調布市高齢化社会対策検討準備会」からの呼びかけで，「有償福祉」問題について市当局と市民との話し合いがもたれることになった．

こうした状況を踏まえ，協会理事会は，あらためて，協会の今後のあり方について話し合いを行ない，増大する一方の在宅福祉サービスニーズに対応するには〈民間の活力と安定した行政パワーの協働〉が必要であるという結論に達

した．そこで協会理事会は，市との合併を決断する．かくして調布ホームヘルプ協会は 1988（昭和 63）年 9 月をもって活動を終了し，10 月に「調布市在宅福祉事業団」と合併することとなった．その後，法人格を所得し，1990（平成 2）年 11 月には「財団法人調布ゆうあい福祉公社」となり現在に至っている（表 1-2）．

当初，調布ゆうあい福祉公社の事業は，ホームヘルプサービスおよび送迎サービスに限られていたが，その後，公社は事業拡大を図り，食事サービス，資産活用サービス，財産保全サービス等の新事業が次々と展開された[*2]．1994（平成 6）年 7 月には，調布市のホームヘルプサービス事業の受託を開始した（嘱託ヘルパー制度）．1997（平成 9）年 6 月には，調布市国領高齢者在宅サービスセンター・調布市国領在宅介護支援センター事業（受託事業）をスタートさせ，さらに，2000（平成 12）年の介護保険施行時には，介護保険事業（居宅介護支援・訪問介護・市からの受託による通所介護）や精神障害者ホームヘルプサービス事業も開始した．

2006（平成 18）年 11 月現在，調布ゆうあい福祉公社は，住民参加型サービス（会員サービス：ホームヘルプサービス・食事サービス・送迎サービス・日常生活相談サービス・一般相談，生活支援コーディネート事業，福祉講演会・生きがい講座等），居宅介護支援事業・介護予防支援事業，訪問介護事業・居宅介護事業・重度訪問介護事業，調布市地域包括支援センター，調布市国領高齢者在宅サービスセンター等，多様な事業を展開する活動体に成長している．

3. 調布ゆうあい福祉公社の特徴

3-1. 調布市における食事サービス事業

調布ゆうあい福祉公社のもつ大きな特徴の 1 つとして，ホームヘルプサービスのみならず，食事サービスに代表される総合的な在宅福祉サービスをいち早く提供したことが挙げられる[*3]．そのことを記憶して，調布市における食事サービス事業の推移を簡単に見ておくことが必要である．

1970 年代の調布市では，当時実施された一人暮らし老人の実態調査を通じて，一人暮らしの老人が食事の準備に不自由を感じている事態を把握した．そして，このような状況を憂慮した民生委員有志の会合がきっかけとなり，1977

3. 調布ゆうあい福祉公社の特徴

表1-2 調布ゆうあい福祉公社の沿革

年	月	摘　要
1987年	5月	社会福祉部内に市長特命によるプロジェクト「調布市高齢化社会対策検討準備会」を設置
	10月	「ホームヘルプ・サービスを実践する団体の形態についての試案」提言
1988年	4月	「調布市在宅福祉事業団開設準備委員会」設立
	5月	一人暮らし・寝たきりの高齢者を対象に有料在宅福祉に関する調査実施
		協力会員研修会開催（月1回）
	8月	「調布市在宅福祉事業団のあり方について（報告）」提言
		調布市在宅福祉事業団設立
	10月	有償在宅福祉サービス事業（ホームヘルプサービス）開始
		「食事サービス専門委員会」設置
1989年	1月	送迎サービス事業開始
		時間外、休日の割増料金を定める
	6月	第一回基礎研修開催
	9月	機関紙「ほっとらいん」発行
		「地域に根ざした食事サービスのあり方」提言
1990年	2月	利用会員・協力会員に関する調査実施
	5月	第一回福祉講演会開催
	7月	調布市民在宅福祉意識調査実施
	8月	「資産活用サービス専門委員会」設置
	10月	生きがい講座開催
		調布市在宅福祉事業団解散
	11月	財団法人調布ゆうあい福祉公社設立
1991年	1月	協力会員交流会開催
	2月	食事サービス事業試行開始
	3月	福祉サービス管理システム開発
	4月	食事サービス事業開始
		「食事サービス運営委員会」設置
	10月	生きがい講座自主サークル誕生
1992年	1月	「事業のあり方専門委員会」設置
	10月	資産活用サービス事業開始
	12月	痴呆症高齢者を地域で支えていくための集い開催
1993年	5月	「高齢社会に対応した住民参加による福祉サービスの展開」提言
	6月	「サービス事業実施作業委員会」設置
1994年	4月	財産保全サービス事業開始
	7月	嘱託ヘルパー制度開始（受託事業）
1995年	1月	「国領高齢者在宅サービスセンター専門委員会」設置
1997年	6月	調布市国領高齢者在宅サービスセンター・調布市国領在宅介護支援センター事業開始（受託事業）
		通年（365日）事業運営開始
1998年	4月	夜間ホームヘルプサービス事業開始（受託事業）
		公社住民参加ホームヘルプサービス家事・介護サービス料金を一本化
1999年	4月	精神障害者ホームヘルプサービスモデル事業実施
2000年	4月	介護保険事業開始（居宅介護支援・訪問介護・市からの受託による通所介護）
		精神障害者ホームヘルプサービス事業開始（受託事業）
2001年	4月	ホームヘルパー2級講座開始（受託事業）
2003年	3月	支援費制度における訪問介護事業所を開設
	8月	精神障害者ホームヘルパー養成講座開始（受託事業）
2004年	6月	「公社のあり方検討委員会」設置
		「生活支援コーディネート検討事業調査研究委員会」設置

（出典）『共に生きがいを10th』『5周年記念 共に生きがいを』『ゆうあいサービスのご案内』より作成

(昭和52) 年，彼（彼女）らによる会食サービス（「集合方式」）がスタートした．開始当初は，地域の施設1ヵ所・個人宅1ヵ所での会食と利用者宅への配食を，週1回，対象者19人に対し，ボランティア23人で実施した．この試みは，その後，1979（昭和54）年に「調布市老人給食運営協議会」設立へと発展した．そして現在の，地域福祉センター（10ヵ所）における，地域のボランティアによる食事の供給という形ができあがる．地域ボランティアが調理した食事を，高齢者とボランティアが週1回集って一緒に食事をするという，老人給食事業（現高齢者会食事業）の始まりである[*4]．

その後，様々な運営主体によって類似事業が展開された．1983（昭和58）年に開始された在宅高齢者サービスセンター（現総合福祉センター）事業では，ボランティアを主体とする「調布市いきいきクラブ調理運営協議会」が給食サービスを受託・実施し，通所介護事業の利用者との会食，遠足やお楽しみ会の介助を行なっている．さらに1996（平成8）年には，小学校の空き教室を活用し，デイサービスにてボランティアが給食を提供する「ふれあい給食事業」も始められた．これに加えて，現在は演奏会等による児童をはじめ多様な世代との交流も行なわれている．

これらの事業はそれぞれ一定の成果を収めたものの，一方で課題もあった．例えば，先に紹介した老人給食事業は，利用者同士の交流やボランティアとの交流等，利用者の地域交流を促すうえで大きな意味があったが，他方では，10余名もの待機者の存在や，週2日以上のサービスを希望する利用者に対応ができなかった等の課題を残すことになった．また，調布市の委託事業として同時期に実施された配食サービスについても，配達ボランティアの人数不足のほか，作る側と利用する側とのコミュニケーション不足という問題も指摘されてきた[*5]．このような食事サービス事業の問題が，後に，調布ゆうあい福祉公社による食事サービス事業を展開させることになった一因となったのである．

3-2. 調布ゆうあい福祉公社による食事サービスの展開

調布ゆうあい福祉公社の設立に際し，開設準備委員会では，公社の運営方針について様々な検討を行なった．その中で特に重視されたのが，一人暮らし高齢者が食事サービスに寄せるニーズにどう応えるかということであった．公社は，設立年度の1989（平成元）年に，早速，食事サービス専門委員会を設置

し，2年後の1991（平成3）年に食事サービス事業を開始した[*6]．ただ，設立当初の調布ゆうあい福祉公社は自前の調理設備をもっていなかったこともあり，また住民意識を喚起しようという狙いもあり，実際の運営は，外部団体の「おなかまランナー運営協議会」[*7]の受託事業として実施されることとなった．

おなかまランナー運営協議会は，事業受託にあたって次の2点を基本方針に据えた．すなわち，①高齢者や障害者のみならず，高齢社会を迎えるすべての人々に必要とされる食事サービスを請け負うこと，②自らの地域における新しい形態の仕事＝コミュニティ・ジョブ[*8]として食事サービス事業を位置づけることである．

これらの基本方針に従って，協議会は次のような取り組みを行なった．まず，仕入れから調理，配達，組織運営に至るすべてのプロセスに市民が直接携わる方式を採用した．次に，協力会員獲得のために，協力会員の少ない市内西部地区の自治会回りも行なわれた．さらに，地域住民へのサービス浸透のため，当時の関係者達は，配達専用車に周知のためのステッカーを貼ったり，協力会員の団体名称（おなかまランナー）を公募したりする等，様々な工夫もした．このような地道な取り組みが功を奏し，食事サービス事業は，その後，順調に発展した．また，1997（平成9）年には，国領高齢者在宅サービスセンター内に専用調理場が完成したことを受けて365日食事サービス（配食サービス）を開始したほか，レストランを併設し，デイサービスの利用者や近隣住民への食事の提供も行なう等，事業内容は多角化した．その結果，事業を開始した1991（平成3）年度には688人にとどまっていた年間利用者数は，2007（平成19）年現在で，利用者数が2,369人（1食750円）という実績をあげ，協力会員の活動者実数は2006年（平成18年度）現在で1,157人に達している．

3-3. 食事サービス事業展開・継続の背景

以上，調布ゆうあい福祉公社の代表的自主事業，「食事サービス」について概観した．そこで，次には，これまでの記述を踏まえ，なぜこのような事業の展開・継続が可能となったのかについて考察を加えることにしたい．

食事サービス事業が成功した要因として，当時の関係者が口をそろえて話すことがある．それは，地域住民を巻き込むことに成功したということである．当時，公社設立に携わった開設準備委員会メンバーの1人は，「（食事サービ

事業の実施にあたって）ホームヘルプサービスへの参加者層とはまた異なる層の市民が，協力を申し出て，定着していった」と証言する[*9]．

多様な市民層の協力を仰ぐことができた背景は何か．食事サービスという活動が，協力会員にとって，参加しやすかったということが要因の1つである．食事作りという気軽に取り組める活動であることに加え，食事は利用者の生活の基礎をなすものであるため[*10]，自分の活動が利用会員の生活を支えているのだという強い使命感につながった．さらに利用会員の様子が目に見え，利用会員からの声が協力会員に届きやすかったことも，参加を促した要因であった．すなわち利用会員の日々の生活を見守り，地域の高齢者のニーズを的確に把握できるということが，協力会員のモチベーション維持・高揚につながったのではないか．当時の参加者の中には，車椅子で自動車を運転する利用会員が自ら申し出て，食事配達業務に参加した例もある．食事サービスを通じた地域住民同士の支え合い意識が，地域住民に深く浸透していたことを示すものであろう．

すでに見てきたように，調布ゆうあい福祉公社は，参加を促す狙いから，調理・食事配達の事業を別組織の「おなかまランナー運営協議会」に委託した．その際，委託先の「おなかまランナー運営協議会」は，受託業務を単なる食事サービス業務として捉えず，食事サービスを必要とするすべての地域住民に貢献するコミュニティ・ジョブと位置づけ，仕入れから調理，配達，組織運営に至る全プロセスをメンバー（協力会員）が直接携わる運営方式を採用したのである．このような住民主体の組織運営が，その後の順調な発展へとつながったということは十分記憶されなければならない．

4. 地域支援の新しい展開とリーダー・シップ

調布ゆうあい福祉公社が，その運営に際して「住民参加」の理念を見失わなかったのはなぜか．その理由としては，①長年にわたる活動・ネットワーク構築に実績があったこと，②在宅福祉サービス業務をコミュニティ・ジョブと位置づけ，継続的な事業運営の確立を目指したことの2点を挙げることができるであろう．特に注目したいのは，「食事サービス」という活動が地域住民間の連帯を育てるうえで一定の役割を果たした点である．食事サービスが参加者の

意欲を維持するうえで，わかりやすい活動であったという点は先に述べた通りである．

しかし，食事サービスのもつ意味はそれにとどまらない．食事の配達を通じて，サービス利用者の安否を確認し，体調不良等の変化をいち早く察知できる等，地域の高齢者がおかれた状態とニーズを適確に把握するという大きな働きも有しているのである（全国社会福祉協議会 1983：26）．このように，社会参加を求める住民の気持ちが，地域で困窮する高齢者の理解に結びつくとき，真の意味の，「連帯の土壌」が培われる．

高野（1993：162）によれば，住民参加型在宅福祉サービス団体の存在意義は，「自主事業を中心として地域住民の相互扶助関係を補強しあるいは再構成する」ところにある．調布ゆうあい福祉公社の場合，協力会員が自ら運営していく「食事サービス」事業を通じて，相互扶助関係を構築したと考えられるのである．相互扶助関係の構築こそ公社の「要」であった[*11]．

地域福祉の基本線は，住民一人ひとりが「気づく主体」から「築く主体」へと成長するところにあると越智（1980：128）は言う．調布ゆうあい福祉公社が食事サービス事業を展開する中で，地域に生きる高齢者のニーズに「気づく」機会を生み出し，さらにはコミュニティ・ジョブとして，新たな福祉のシステムを「築く」に至るその過程は，越智の言う「地域福祉の基本線」と符合するものである．一方，内藤（2000：63）は地域福祉に言及し，地域福祉の形成にはノーマライゼーションとボランタリー・アクションに加え，コミュニティを機能的存在とするための具体的方法としてのネットワーキングが必要であると指摘する．長年にわたるネットワークの構築を踏まえ，一人暮らし高齢者のニーズ解決に向けた試行錯誤の中で，コミュニティ・ジョブという新しい手法を示した調布ゆうあい福祉公社の試みは，まさにネットワーキングの優れた実践例であり，「新しい地域的共同」の追及例であった．敢えて言えば，「公社」は，その実践にすぐれたリーダー・シップを発揮したのである[*12]．

介護保険制度の成立と福祉サービスの市場化は，我が国の社会福祉の歴史において画期的といえる出来事であった．そうしたなかで，自治体と地域との関係にも，あらためて見直しが求められている．もちろん，この問題の取り組みが自治体のみに与えられた課題でないことは明らかである．しかしながら，社

第1章　新しい地域的共同の構築と地域支援

会福祉基礎構造改革以降，自治体はいままでにもまして期待される存在となった．加えて，自治体は，新しい事態への対応も迫られている．いまや，自治体は，マルチチュードやガヴァナンスの問題を避けて通れない*13．そのことを意識した場合，地域における新しい「共同」「協働」の構築という課題は，自治体に，一段の飛躍的試みを求めている．確かに，調布ゆうあい福祉公社の実践は，多くの自治体に有益な示唆を提供した．しかし，その調布市も，これまでの成果を基礎に，さらなる前進を求められていると考えられるのである．

松原日出子

付記

　本論は，「調布市の福祉行政と調布ゆうあい福祉公社―横浜市ホームヘルプ協会を念頭において―」松山大学論集第19巻第5号，2007年を加筆修正したものである．

注

*1　調布ホームヘルプ協会は，一人暮らしで家族の協力が得られない高齢者，または家族介護者のみでは十分な高齢者介護ができない世帯を対象に，地域の協力を得て家事援助等を行ない，住みよい地域社会を作ることを目的に掲げて設立された．協会の構成員は，正会員（利用者），協力会員（ヘルパー），賛助会員によって構成される．サービス時間は2時間から6時間の範囲とし，そうじ・洗濯・食事の世話・買物・身の周りの世話・話し相手・各種相談等の活動が展開された．発足時の1985（昭和60）年4月には正会員（利用者）12名，協力会員20名であったが，1988（昭和63）年度には正会員（利用者）46名，協力会員34名へと増加した．しかし，協力会員の活動費を捻出するために，運営費（人件費：事務処理・訪問・相談，部屋代，電話代）等，経費切り詰めのため時間外・残業は無償で行なう体制であり，赤字解消と協力会員の確保に困難を極めた．当時，重度の介護を要する利用者が増え，そのケースに対応できる専門職がいないことも大きな課題だったという（調布ホームヘルプ協会元副会長インタビュー）．

*2　「調布ゆうあい福祉公社寄附行為」には事業の1つとして，調査・研究開発事業ならびに情報の収集および提供事業が義務づけられている．そのため，各専門委員会を設立して事業を着実に積み重ねつつ，事業の拡大に活かしていった．このことが調布ゆうあい福祉公社の発展・維持の大きな要因であったと関係者は語っている（調布ゆうあい福祉公社元事務局長インタビュー）．

*3　他に，調布ゆうあい福祉公社はホームヘルプサービス事業においても独自の取り組みを行なっている．例えば，公社は全国に先駆けてアセスメントシートに「見守り項目」を設け，そのシートを市全体で共有して使用している．サービス内容のみに捉われるのではなく，地域全体で

4. 地域支援の新しい展開とリーダー・シップ

利用者の面倒をみようという公社の姿勢をよく表すエピソードと言える（調布ゆうあい福祉公社 1998：11）．

*4 ちなみにこの老人給食事業は，1984（昭和59）年に調布市社会福祉協議会に引き継がれ，現在は1回400円の利用料で実施されている．2006（平成18）年度には，調布市高齢者給食運営協議会から高齢者会食事業として活動の形態を変えている．これは，ボランティアへの負担軽減を図ることで，事業の継続を図ることを意図したものである（調布市社会福祉協議会 2007）．

*5 市の配食サービス事業が提供側と利用者側の齟齬をきたした理由には，同事業が調布八雲苑デイサービスセンターへの委託事業として実施されたことが大きく関連している．事業実施においては，調理およびサービスセンターから各地域拠点への配達をデイサービスセンターが担当する一方，各地域拠点から各利用者宅への配達をボランティアが担当する方式を取った．そのため，利用者の声が調理側まで届きにくい状況が生じていた（調布市在宅福祉事業団専門委員会 1989：6）．

*6 調布市在宅福祉事業団開設準備委員会報告（1988：6）では，ホームヘルプサービス，相談事業等のスタートとならんで，食事サービス（1日2食，365日）の検討・討議，実現を最重点項目の1つに挙げている．その後設置された食事サービス専門委員会では，「食事は，基本的な欲求を満たすだけでなく"健やかに老いる"ための条件であると考え，食事サービスもそれにふさわしい質と量を確保し，高齢社会を支える基本的な仕組みの1つとする必要がある」として，食事サービスの意義を強調した．かつ運営方式については「運営方式を福祉公社の直営とする場合，調理方法・配食方法などについて協力会員を中心とする積極的な運営方法が望まれる」と地域住民に密着した方法を提言した（調布市在宅福祉事業団専門委員会 1989：8-11）．

*7 「おなかまランナー」という名前は，多くの仲間（公社の会員）が「同じ釜の飯」を食べることの「おなかま」と，協力会員が利用会員にランチとディナーを車で走って速やかに届ける「ランナー」を合わせ，仲間の意識を高めようという考えに由来するものである（調布ゆうあい福祉公社 2001：1）．

*8 「コミュニティ・ジョブ」という言葉の紹介者は，元日本経済新聞記者の藤原房子氏である．食事サービス専門委員会の委員の一人であった藤原は，必要経費程度の低額の報酬を得て行なう地域活動のことを，アメリカでは職業ともボランティアとも区別して「コミュニティ・ジョブ」と呼んでいることを紹介．その考え方に賛同した委員会メンバーによって，報告書でもこの用語が用いられることとなった（調布市在宅福祉事業団 1989：30-35；調布ゆうあい福祉公社 1998：10）．

*9 この証言は，公社設立当時，開設準備委員会のメンバーの一人であり，その後調布ゆうあい福祉公社に市から出向して公社での実務に参与した（1995年3月まで）元事務局長のインタビューに基づいている．また，訪問事業課前課長も，「公社の仕組み（専門委員会設置）と職員，会員，地域住民等の人の存在が大きかった」と同様の発言をしている．

*10 食事サービスのあり方を検討するに先立ち，調布市在宅福祉事業団専門委員会（1989：1-2）では，食事サービスの意義を次のように定めている．すなわち，単に人間の基本的欲求を満たすためという理由にとどまらない，①質が高くバランスの取れた食事を通じた利用者の「健や

かな老後生活」の支援，②利用者家族による食事準備の支援，③利用者自身による総合的な健康管理への援助，④利用者の社会交流の促進や安全確認，⑤市民相互の連帯感の醸成，等の意義である．ここからも，食事サービス事業が単なるサービス提供にとどまらず，様々な面から地域の福祉力を高めるという重要な位置づけが与えられていたことがわかる．

*11 ただし，調布ゆうあい福祉公社に運営上の問題がまったくないというわけではない．公社において現在特に問題視されているのが協力会員の高齢化であり，おなかまランナー運営協議会では事業を継続していくための次世代の育成に苦慮しているという（おなかまランナー前代表インタビュー）．このような事情を踏まえると，調布市における潜在的な在宅福祉ニーズに対して，今後公社が十分対応していけるかどうか，不安が残ることは事実である．だが見方を変えれば，公社が現在抱えるこのような課題は，「住民参加」の理念を生かす型の組織において，不断の人材確保・人材育成が求められることを示しているようにも思われる．運営方法の工夫や行政との協力関係等，時代に即した運営形態の見直しが，調布ゆうあい福祉公社の今後の課題として挙げられよう．

*12 「公社」は突出したリーダーをもたなかったけれども，「公社」に結集した人々は，それぞれが，リーダーであった．そう解釈されて不自然さを感じないほど，「公社」は融合的な組織であった．

*13 ネグリ（Negri, A）の言うマルチチュード，すなわち「単一の同一性には決して縮減できない無数の内的差異，......異なる文化・人種・民族性・ジェンダー・性的指向性・異なる労働形態・異なる生活様式・異なる世界観・異なる欲望など多岐にわたる......特異な差異から成る多数多様性」（Negri 2004 = 2005：19-20）は歴史の趨勢である．そして，また，「地方政府，企業，NGO，NPOなどがさまざまな戦略をめぐって織りなす多様な組み合わせの総体—対立，妥協，連帯からなる重層的な制度編成」（吉原 2001：27）としてのガヴァナンスも歴史の趨勢である．形成が期待される「公共的市民文化」（内藤 2000）もマルチチュードやガヴァナンスを外側におくことはできない．

引用文献

調布市，1973，1981，1989，『調布市基本構想』
調布ホームヘルプ協会，1987，『調布ホームヘルプ協会だより』第3号
調布市社会福祉協議会，2007，『平成18年度高齢者会食事業実績報告』
調布市在宅福祉事業団，1989，『微笑むことができますか—ふれあいの集い記録』
調布市在宅福祉事業団開設準備委員会，1988，『(仮)調布市在宅福祉事業団のあり方について（報告）』
調布市在宅福祉事業団専門委員会，1989，『地域に根ざした食事サービスの展開　報告書』
調布ゆうあい福祉公社，1993，『調布ゆうあい福祉公社五周年記念　共に生きがいを』
調布ゆうあい福祉公社，1998，『共に生きがいを...10th』
調布ゆうあい福祉公社，2001，『おなかまランナー十周年記念誌　あゆみ』
調布ゆうあい福祉公社，2006，『ゆうあい　サービスのご案内』
内藤辰美，2000，「福祉社会の形成と地域福祉—「生命化社会」と「公共的市民文化」を求めて—」

『社会学年報』No. 29：45-66

Negri, A. and Hardt, M., 2004, *MULTITUDE：WAR AND DEMOCRACY IN THE AGE OF EMPIRE*, Penguin Press, New York（＝2005, 幾島幸子訳, 『マルチチュード（上）―〈帝国〉時代の戦争と民主主義―』日本放送出版協会）

野口定久, 2002, 「公的介護保障と福祉公社」成瀬龍夫・自治体問題研究所編『公社・第三セクターの改革課題』自治体研究社：225-256

越智昇, 1980, 「地域に福祉文化の創造を」『地域をつくる』神奈川県ボランティアセンター：118-130

高野和良, 1993, 「在宅福祉サービスの存立構造―福祉公社の現状と課題―」『季刊・社会保障研究』29（2）：155-164

吉原直樹, 2001, 「都市とガヴァナンス―サステイナブル・モデルを超えて―」金子勇・森岡清志編著『都市化とコミュニティの社会学』ミネルヴァ書房：18-31

全国社会福祉協議会, 1983, 『生活援助型食事サービスの手引き』

全国社会福祉協議会, 1987, 『住民参加型在宅福祉サービスの展望と課題』

全国社会福祉協議会, 1989, 『多様化するホームヘルプサービス―住民参加型在宅福祉サービスの可能性をさぐる―』

第2章
大都市住宅地の地域変容とコミュニティ
―住民活動の多様な展開―

1. 現代日本の地域社会変動と大都市住宅地の地域変容
1-1. 現代日本の地域社会変動

　日本社会が1960年代・70年代にきわめて重大な変動をきたしたことはすでに多くの学問分野で指摘されているところであるが、さらにまた20世紀末から21世紀にかけて日本社会は大きな変動期を迎えている。しかも、1960年代・70年代の社会変動が高度経済成長を根底的動因とした一国内の変動であったのに対して、現在のそれはグローバリゼーションを根底的動因とした一国の枠を越えた―デランティの表現によれば―「世界的大変動」として特徴づけられる（Delanty 2003＝2006）。2009年の幕開けとともに世界で同時に起こっている製造業での大量解雇の動きに象徴されるように、現代に生きる私たちはまさにこうした「世界的大変動」の只中にあり、本章の主題である大都市住宅地の変容とコミュニティの問題もまた、このような時代の変動の中にあることをまず指摘しておきたい（和田 2009a, b）。

　こうした現代日本ならびに世界をとりまく大変動を踏まえつつ、本稿の主題に入る前に、その前提となる現代日本の地域社会変動についてふれておくこととしよう。先にも述べたように、1960年代・70年代の社会変動は高度経済成長―その内実としての工業化を梃子とした地域開発―を動因としており、これを背景に、人口は農村部から大都市部へと移動し、我が国は未曾有の「都市化」を経験することになる。とりわけ、大量の人口の受け皿となった大都市郊外は、ニュータウン開発をはじめとする住宅地開発が推進され、その結果、いわゆる三大都市圏が形成されることになった。これに伴い新しい「地域社会」の形成が問題になり、これが、1960年代後半、「コミュニティの形成」問題として提起されたのであった（国民生活審議会コミュニティ問題小委員会

1969；倉沢 2008）．

　この急速な都市化は 1970 年代後半に入ると一段落し，我が国は，とりわけ関西大都市圏では欧米と同様に，大都市中心部の人口減少を契機とする「大都市の衰退問題」が取り沙汰されるようになっていく．「大都市の衰退問題」とは，大都市郊外への人口増加に伴い大都市中心部の人口が減少傾向を示し，この人口減少は郊外にも及び，やがて大都市全体が衰退化するというものである．これを食い止めるべく，欧米の大都市では，都心部において民間活力を導入した都市再開発事業が積極的に進められるようになっていく（町村 1994）．我が国にあっても，1980 年代中期以降，人口減少が著しい大都市都心，とりわけ東京の都心部を中心に再開発事業が推進される．これに伴い，地価の高騰ブームが引き起こされ，都心部の夜間人口の減少はますます進み，都市機能の東京一極集中はさらに進んだ（和田 2006）．また，当時，都心部を含む大都市中心部—インナーエリアでは，夜間人口の減少とともに，「高齢化」の進展に伴う高齢者問題が顕在化するようになっていた（高橋 1992）．

　さて，21 世紀に入り，我が国の総人口は，2004 年の約 1 億 2,780 万人をピークに減少局面に入り，今後本格的な人口減少社会が到来するとされている．国立社会保障・人口問題研究所の推計によると，2020 年には約 1 億 2,274 万人，2030 年には約 1 億 1,522 万人，2050 年には約 9,515 万人になると見込まれている．総人口に占める高齢者の割合は，2005 年には 20％程度であったが，2020 年には 30％弱，2030 年には 30％強，2050 年には 40％弱まで上昇すると見込まれている．このように 21 世紀の日本の地域社会は，グローバリゼーションの急速な進展とそれを加速化する IT 化の下で，本格的な人口減少の到来と急速な高齢化が重なって進展するところに特徴がある．

　しかも，その変容は，1960 年代の右肩上がりの成長とは大きくかけ離れた，衰退化—あるいは成熟化と言い換えてもよいが—とも言える様相を色濃く帯びている．それゆえ，2008 年 7 月に閣議決定された『国土形成計画（全体計画）』では，その冒頭で「政府としては総合的な少子化対策に取り組む一方，総人口の減少は避けられないことから，本計画では，人口減少等を前提として各種の課題に答えていく必要がある」（国交省 2008b：5）と述べられている．

1-2. 大都市住宅地の地域変容とコミュニティ再編

ところで前述のような日本の地域社会の変容は，大都市住宅地においても言える．前掲『国土形成計画（全体計画）』と同時に閣議決定された『国土利用計画（全国計画）』では，この点について次のように述べられている．

「（都市）市街地（人口集中地区）については，人口減少，高齢化の進展等の中では全体としては市街化圧力が低下することが見通されることから，これを環境負荷の少ない豊かで暮らしやすい都市形成の好機と捉え，低炭素型の都市構造や集約型都市構造なども視野に入れて，都市における環境を安全かつ健全でゆとりあるものとし，あわせて経済社会活動を取り巻く状況の変化に適切に対応できるようにすることが重要となってくる」（国交省 2008a：5, 傍点引用者）．さらに，「住宅地については，成熟化社会にふさわしい豊かな住生活の実現，秩序ある市街地形成の観点から，耐震・環境性能を含めた住宅ストックの質の向上を図るとともに住宅周辺の生活関連施設の整備を計画的に進めながら，良好な居住環境が形成されるよう，必要な用地の確保を図る．また，災害に関する地域の自然的・社会的特性を踏まえた適切な国土利用を図る．特に大都市地域においては，環境の保全に配慮しつつ，土地利用の高度化や低未利用地の有効利用によるオープンスペースの確保，道路の整備など，安全性の向上とゆとりある快適な環境の確保を図る」（前掲書：8, 傍点引用者）

このように，本稿の主題である大都市住宅地は，人口減少と高齢化という地域変容の中で，もはや高度成長期のような市街地圧力は見込めないこと，それゆえ，安全性の向上とゆとりある快適な環境の確保は，衆目の一致するところであろう．そのうえで，どのような地域課題が挙げられるのか．この点に関わって，前掲『国土形成計画（全体計画）』の中の「都市圏における暮らしやすさの確保」の節において，次のように述べられている．

「暮らしやすさの観点からは，医療，福祉，教育等の都市機能を維持するとともに，高度医療等により高次な要求に対応していくため，一定の人口規模や公共交通等による適正な到達時間を考慮しつつ，市町村を越えた広域的な対応を行なっていく．近年の市町村合併により，市町村の拡大がみられるところであるが，広域的対応の視点が引き続き求められる．また，独居老人等の高齢世帯，共働き世帯，外国人等多様な世帯への身近な生活支援については，生活の

質の更なる向上に向けて，地縁型コミュニティ等の多様な主体による共助の取り組みの回復・促進をはかっていく．また，防犯・防災などの分野についても，これらの主体の一層の参画が期待される」（国交省 2000b：17）

ここで挙げられている医療，福祉，教育，独居老人等の高齢世帯，共働き世帯，外国人等の生活支援，防災・防犯等は，大都市住宅地の地域変容に伴い発生する地域課題に他ならない．そして重要な点は，このような地域課題に対して，「地縁型コミュニティ等の多様な主体による共助の取り組みの回復・促進」（傍点引用者）に期待していることにある．事実，政策的には，2000 年代に入って—とりわけ 2005 年以降—コミュニティ政策の形成に向けた報告書や提言が発表されており，コミュニティ政策の新たな展開が始まっている．これは，こうした地域社会の変容に対応した「コミュニティの再編」に他ならないと筆者は考える（和田 2009a）．それは，最近流行の「地域力」や「ソーシャル・キャピタル」とも重なる動きである（Putnam 2000＝2006）．しかし，このようなコミュニティ政策の動きにかかわらず，重要なことは，とりも直さず日本の地域社会の構造変動，なかんずく大都市住宅地の変容に伴い発生した地域課題に対して，その解決を目指した自発的な住民の諸活動—つまりコミュニティの内実—が問われていることである．

2. 住民活動の多様な展開と課題
2-1. 住民活動の多様な展開

では，地域の現場では，どのような住民の諸活動が展開されているのか．これまでの我が国における住民の諸活動は，大きくは町内会・自治会を代表とする「地縁的住民組織」—先の表現に従えば「地縁コミュニティ」—と，他方でのNPO・市民活動組織に代表される「ボランタリー型市民組織」の2つの組織から把握することができるとされてきた（高橋 1980，1988）．そのうえで，筆者は，戦後日本の住民活動がこの2つの組織が拮抗し交わらないまま活動を展開しているところに特徴があると考えており（和田 2007），それゆえ，筆者は，一方で町内会・自治会の理論的・実証的研究を進め，他方でNPO・市民活動組織の理論的・実証的研究を進めてきた（和田 2007，2008，2009 近刊）．紙幅の都合上，ここでは，筆者が研究を進めてきた両住民組織を取り上げ，住

民活動の実態をみていくこととしよう．

　町内会・自治会の活動の特徴については，従来から「包括性」が指摘されている（中村 1962, 1964；越智 1980；高木 1981；倉沢 2005；奥田 1993）．しかし，最近の町内会・自治会の取り上げられ方は，この「包括性」が「多様性」と言い換えられ，見直しが図られてきていると筆者はみている．例えば，内閣府が 2007 年 1 月に実施された「平成 18 年度国民生活モニター調査」をみると，「町内会・自治会等の地域のつながりに関する調査」をテーマとしている．これは「ソーシャル・キャピタル」を意識したものであり，明らかに町内会・自治会の見直しと理解でき，こうした近年の動きは，2004 年度の『国民生活白書』の『人のつながりが変える暮らしと地域―新しい公共への道』（内閣府 2004）に遡ることができる．先のモニター調査は，全国の国民生活モニター 2,000 人に対して郵送調査およびインターネット調査の実施したアンケート調査である（有効回収率 91.7％）．「町内会・自治会の有無」を聞いたところ，93.6％があると答え，「ある」と回答した人に対して，「町内会・自治会の役割・機能」を尋ねた結果が，図 2-1 である．

　図 2-1 に示されるように，町内会・自治会の活動は，50％以上のものを挙げるだけでも，行事案内・会報配布等の住民相互の連絡，スポーツ・レクリエーション活動，盆踊り・お祭り，行事の開催，慶弔，防災・防火，防犯，交通安全，街灯の管理，清掃・美化，行政からの情報の連絡，募金，献血，行政への要望・陳情など，その活動内容は実に多岐にわたっていることがわかる．また，筆者が 2000 年 3 月に東京都足立区，八王子市で実施した町内会・自治会リーダー・アンケート調査結果をみると，防災活動の 85.0％を筆頭に，地域住民の親睦，清掃・美化，交通安全対策，犯罪の防止，お祭り，葬式の世話，資源リサイクル，高齢者ケアが 60％以上の高さを示し，ここでも活動の多様性を確かめることができた．

　次に NPO・市民活動組織についてみてみよう．周知の通り，1996 年 12 月「市民活動促進法」が，議員立法として国会に提出されたが継続審議となってしまう．ようやく 1998 年 3 月 4 日，「特定非営利活動促進法（＝NPO 法）」として名称変更され，参議院本会議で可決，衆議院に戻され，同月 19 日全会一致で成立し，同年 12 月に施行された．その後 2003 年 5 月の法律改正を経て，

図 2-1 町内会・自治会の役割・機能

項目	(%)
行事案内，会報配布の住民相互の連絡	90.6
運動会等のスポーツ・レクリエーション活動	63.5
旅行	23.7
盆踊り，お祭り	71.2
敬老会，成人式等の行事開催	49.4
独居老人宅訪問等の社会福祉活動	24.0
慶弔	58.9
防災，防火	61.0
防犯	50.2
交通安全	41.7
下水道の管理	2.3
ゴミ収集場所の管理	13.2
資源ゴミの回収	20.9
街灯の管理	66.3
道路の維持，修繕	47.3
地域の清掃，環境美化	63.5
地域施設の管理	20.2
市区町村からの情報の連絡	73.5
募金（の協力）	48.6
献血（の協力）	62.4
行政への陳情，要望	64.2
その他	15.0

(N＝1,716)

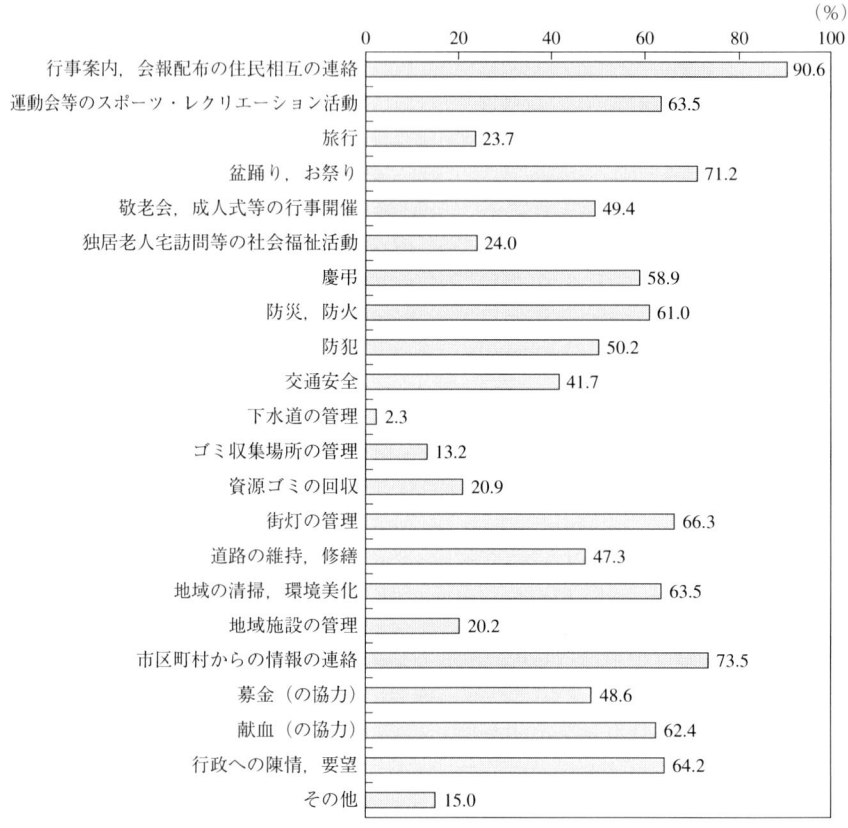

（出典）『町内会・自治会等の地域のつながりに関する調査』内閣府国民生活局総務課調査室，2007 年 8 月，6 頁

2008 年 5 月に最終改正が行なわれている．NPO 法人の認証数は，1998 年の施行以降，年々増え続けてきており，2007 年 4 月 30 日現在，全国で 31,362 法人（うち，内閣府の認証法人数 2,490 法人）を数えている．所轄庁別認証・不認証数では，東京都が最も多く，5,427 法人となっている．これに大阪府の 2,297 法人が続き，以下 1,000 法人を超えている道府県を挙げると，神奈川県 1,933 法人，千葉県 1,179 法人，兵庫県 1,108 法人，埼玉県 1,091 法人，福岡県 1,081

法人，愛知県1,010法人となっている．ここで挙げられている府県は，いずれも大都市を抱える府県であることに気づく（総務省2007）．

山岡義典は，「大都市で動き始めたこういう動きが，NPO法の成立によって各地に広がりましたが，農村とか，中山間地域とか，そういう従来の地縁型組織の非常に強い社会にまで定着していくかどうかは，これからの課題だと思います．そういう意味では，まだ市民活動のパワーが大都市のごく限られたところでしか見えていないというのが実状かもしれません」（山岡2001）と述べている．山岡のこの指摘は正鵠を得ており，大都市とりわけ住宅地は，NPO・市民活動の磁場である．1970年代に大都市住宅地は住民運動，コミュニティ形成・まちづくり運動が多発した場所であり，1980年代に入ると，そこはボランタリー・アソシエーションの多様に活動する場でもあった．そうした住民パワーが，NPO法の成立にまで導いたのである（奥田2003；和田2008a）．

そこで，次にNPO・市民活動組織の活動をみていくことしよう．「特定非営利活動促進法（＝NPO法）」の第二条によれば，「この法律において，『特定非営利活動』とは，別表に掲げる活動に該当する活動であって，不特定かつ多数のものの利益の増進に寄与することを目的とするものをいう」とある．別表においては，①保健，医療または福祉の増進を図る活動，②社会教育の推進を図る活動，③まちづくりの推進を図る活動，④学術，文化，芸術またはスポーツの振興を図る活動，⑤環境の保全を図る活動，⑥災害救援活動，⑦地域安全活動，⑧人権の擁護または平和の推進を図る活動，⑨国際協力の活動，⑩男女共同参画社会の形成の促進を図る活動，⑪子どもの健全育成を図る活動，⑫情報化社会の発展を図る活動，⑬科学技術の振興を図る活動，⑭経済活動の活性化を図る活動，⑮職業能力の開発または雇用機会の拡充を支援する活動，⑯消費者の保護を図る活動，⑰前各号に掲げる活動を行なう団体の運営または活動に関する連絡，助言または援助の活動，の17の活動分野が掲げられている．

図2-2に示されている2007年3月31日現在の活動分野の実態をみると，「保健・医療・福祉」が58.0％で最も多く，次いで「社会教育」が46.3％，以下30％以上の活動分野を挙げると，「連絡・助言」45.1％，「まちづくり」40.3％，「子どもの健全育成」39.8％，「学術，文化，芸術，スポーツ」が32.0％となっている（総務省2007）．

図 2-2　活動の分野

(平成 19 年 3 月 31 日現在)

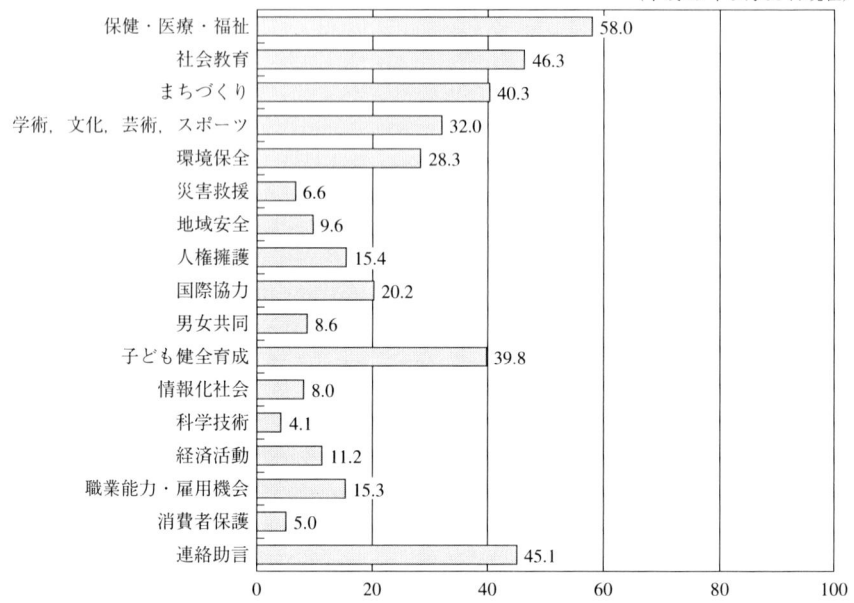

分野	割合
保健・医療・福祉	58.0
社会教育	46.3
まちづくり	40.3
学術，文化，芸術，スポーツ	32.0
環境保全	28.3
災害救援	6.6
地域安全	9.6
人権擁護	15.4
国際協力	20.2
男女共同	8.6
子ども健全育成	39.8
情報化社会	8.0
科学技術	4.1
経済活動	11.2
職業能力・雇用機会	15.3
消費者保護	5.0
連絡助言	45.1

(注1)　特定非営利活動法人の定数に記載されている特定非営利活動の種類を集計したものである．
(注2)　一つの法人が複数の活動分野の活動を行う場合があるため，合計は100％にはならない．
(出典)　『特定非営利活動法人制度の見直しに向けて』国民生活審議会総合企画部会，2007年3月，1頁

2-2. 地縁組織 VS 市民活動組織を超えて

　以上のように，地縁型コミュニティの代表ともいえる町内会・自治会の活動は，その活動内容の包括性が特徴とされてきたが，それは他面では，活動の多様性を示していることでもある．もう一方の，NPO法人に代表されるボランタリー型のNPO・市民活動組織は目的・機能別に組織されたものであるが，NPO法に定められた活動分野とその実態をみると，活動分野の拡がりと多様化をみてとることができる．

　しかし，問題は，先にも指摘したように，地縁的住民組織とボランタリー型市民組織が，地域の現場ではともすれば対立あるいは拮抗しがちな傾向にあり，交わらないまま活動が展開されているところにある．そもそも，両組織の

組織原理が，町内会・自治会においては当該地区に居住している世帯が半自動的に加入するところにあるのに対して，NPO・市民活動組織は個人の自発的意志によって加入するという特徴をもっている（越智1986, 1988）．それゆえ，NPO・市民活動組織の活動は居住地域に限定されるものでない．事実，内閣府国民生活局が実施した『平成18年度市民活動団体基本調査』によれば，〈活動の範囲〉は，「1つの都道府県内」と「複数の都道府県」ではそれぞれ64.1%と32.5%となっており，「1つの都道府県内」が約3分の2を占めている．これをさらに細かくみると，「都道府県内の一部」が25.1%，「1つの市区町村内」が23.4%，「都道府県内の全域」が15.6%というように，「1つの都道府県内」にあっても，きわめて広域的な活動を展開していることがわかる．しかも「1つの市区町村内」は，僅かに2割にすぎないのである．

しかし，すでに見てきたように両組織の活動内容はともに多様化しており，しかも両組織の活動の内容が重なっているところも見受けられる．それゆえ，現実の活動場面では両組織が遭遇することが多々あろうし，それゆえ，両組織が連携・協働すれば，活動がさらに発展・展開するものと期待される．果たしてその道筋はどのように描けるのだろうか．

3. 住民活動リーダーの現在

3-1. まちづくり・地域活動調査の概要

さて，筆者は2000年以降継続して東京都世田谷区で住民活動調査を実施してきた．その1つに2002年に実施した『世田谷区NPO法人調査』がある．この調査は，世田谷区内のNPO法人87（2002年同年7月末現在，内閣府認証11，東京都認証76）を対象に，2002年8月から9月郵送法にて実施したものであり，回答数は36，回答率は41.3%であった．活動の分野をみると，「障害者」および「まちづくり」（ともに40.0%）を挙げた法人が最も多く，次いで「社会教育」（28.6%），「医療福祉」「高齢者」（ともに25.7%），「国際協力交流」（22.9%）の順になっている．ここで注目したいのは，「活動の範囲」である．活動の範囲は，「区内全域」が57.1%で最も高く，次いで「東京都全域」（37.1%），「区内の特定地域」（34.3%），「日本国内」（34.3%），「海外」（25.7%），「関東地方」（22.9%）となっている．この結果をみるかぎり，世田

2

谷区内で活動している法人が多く，内閣府が実施した調査結果とは傾向が異なっている．

　この結果を踏まえて，2007年12月，同地域を対象に，最近の地域課題とされている防災，防犯，環境，景観を取り上げ，これらの活動を行なっているまちづくり・地域活動団体に限定してインタビュー調査を実施することとした．2日間という限られた調査期間ではあったが，38のまちづくり・地域活動団体の話を聞くことができた．調査対象団体は，世田谷区や東京都のホームページから，同分野でのまちづくり・地域活動団体を任意に選んで調査依頼し応じていただいたのが，38団体である（和田2008b）．

　そこで，この38団体について簡単に紹介すると，このうち主たる活動について聞くと，防災・防犯系の活動体は17団体（44.7％），環境・景観系の活動体は21（55.3％）であった．活動開始時期は，2000年以降が，防災・防犯系で64.7％，環境・景観系で57.1％となっており，本調査の対象とした防災，防犯，環境，景観に関するまちづくり・地域活動は2000年以降活発化したことが活動の開始時期から確認された．組織形態は，防災・防犯系では町内会・自治会が76.5％であるものの，法人未取得の市民活動団体が17.6％を占めていた．一方の環境・景観系では，NPO法人が38.1％，法人未取得の市民活動団体が57.1％となっている．つまり，防災・防犯系の活動は町内会・自治会といった地縁組織が主たる担い手であり，環境・景観系では，NPO・市民活動団体が主たる担い手であった．このことは，これまでの見解と一致している（金谷2008）．しかし，防災・防犯系の活動では，法人未取得の市民活動団体が17.6％で2割を占めていることに注意しておきたい．このことは，必ずしも防災・防犯活動が地縁組織によってのみ担われているのではない実態を示している．

　活動の範囲をみると，防災・防犯系では，町会の範囲が76.5％，区内特定地域が17.6％であった．これに対して環境・景観系では，区内全域が33.3％，区内特定地域と区内・区外がともに28.6％の結果になっており，両者を合計すると，6割を超えている．活動の頻度は，防災・防犯系では，週1～3回と月1回が29.4％，毎日が23.5％となっているのに対して，環境・景観系では，月1回が29.4％，毎日が23.8％という結果になっている．両組織ともに活動の活発

さがうかがえる結果である．

3-2. 現代における住民活動リーダーの存在形態

ところで，インタビュー調査からは，様々な知見が得られたが，とりわけ，活動を支える大義＝理念と，活動の舵取りをするリーダーの役割の大きさをあらためて認識させられた．以下では，調査結果をもとに，現在の住民リーダーの存在形態をみていこう．

今回調査対象としたまちづくり・地域活動リーダーの属性について簡単に紹介すると，性別では，防災・防犯系の17名全員が男性であるのに対して，環境・景観系の21名のうち男性は7割，女性3割となっており，女性の存在が目立つ．年齢においても防災・防犯系と環境・景観系では次のような傾向に違いがみられた．つまり，防災・防犯系では，70代が4割，80代が3割と高齢であるのに対して，環境・景観系では，40代，50代，70代がそれぞれ3割を占め，中年層の割合が高い結果となった．

居住地をみると，全員が世田谷区内で住んでいるものの，世田谷区内に住んでいて一代目の人は，防災・防犯系で2割，環境・景観系で4割となっている．環境・景観系では防災・防犯系より2割程度が高い．つまり，防災・防犯系リーダーは二代目以上が8割を占めており，とりわけ三代目以上が3割を占めることに驚かされる．一方，環境・景観系リーダーも，二代目以上が7割を占めているが，防災・防犯系リーダーと異なっている点は二代目が5割を占めることである．いずれにしても，住民活動リーダーが地付き層であることは，注目に値する．また，現在の就業状況をみると，退職者が防災・防犯系では8割であるのに対して，環境・景観系では3割にすぎない．つまり，環境・景観系では6割が現役なのである．職業（前職含める）は，防災・防犯系では35.3％と自営業の割合が高く，次いで事務職が23.5％と多い．これに対して，環境・景観系では，専門職・自由業者が28.6％で最も高く，次いで経営職・管理職が23.8％と高い．学歴は総じて大学卒が57.9％と高いが，特に環境・景観系では大学卒が7割，大学院卒が1割と高い．

「活動を始めた理由」は，防災・防犯系と環境・景観系では傾向が異なっている．つまり，防災・防犯系では，周囲からの依頼が5割と最も高く，環境・景観系では地域に貢献，活動への興味，以前の活動の延長がそれぞれ3割とな

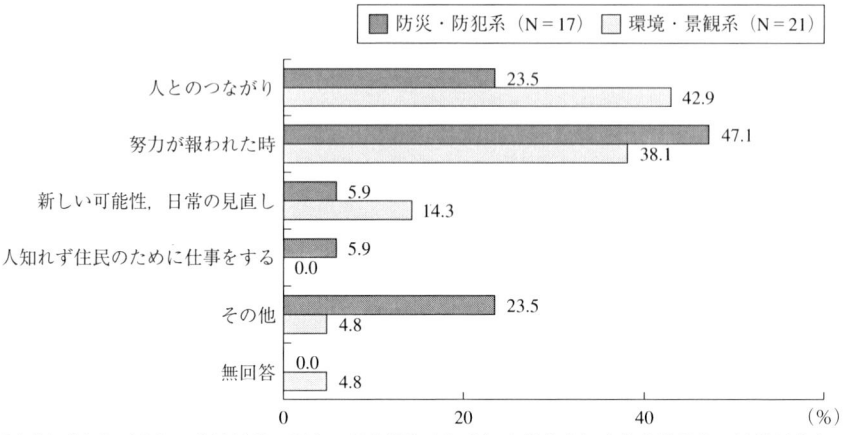

図 2-3 活動のやりがい

防災・防犯系（N=17）　環境・景観系（N=21）

- 人とのつながり: 23.5 / 42.9
- 努力が報われた時: 47.1 / 38.1
- 新しい可能性，日常の見直し: 5.9 / 14.3
- 人知れず住民のために仕事をする: 5.9 / 0.0
- その他: 23.5 / 4.8
- 無回答: 0.0 / 4.8

(出典)『まちづくり，地域活動に関する調査報告書』首都大学東京都市教養学部和田清美研究室，2008年3月

っている（図2-3）．活動のやりがいは，「努力が報われたとき」が，防災・防犯系では5割，環境・景観系では4割と高い割合になっている．次いで割合が高いのは，「人とのつながり」で，防災・防犯系では2割，環境・景観系で4割となっている．また，リーダーとして心掛けていることでは，最も割合が高かったのは「組織・地域への配慮」で，防災・防犯系で7割，環境・景観系で6割に達している．次いで割合が高かったのは「人々の和」で，防災・防犯系および環境・景観系でともに2割となっている．

4. コミュニティ形成の新たな局面と課題

以上で2007年12月東京都世田谷区で実施したまちづくり・地域活動調査結果の紹介を終えることにするが，こうして調査の結果を整理してみて，あらためて現段階における住民活動リーダーの能力と資質の高さに気づかされる．本調査が対象とした住民活動のリーダーらが，例外的事例であるとの見方もできようが，筆者はむしろこの世田谷区の住民活動のリーダーらに現代日本の住民活動リーダーの到達点が集約され先鋭的に顕在化されていると見るべきであると主張したい．それはとりも直さず，今回の調査で限定的に取り上げた防災・

防犯および環境・景観の活動分野が，現代日本の地域社会において最重要な地域課題であることから起因していると考えられる．そうした喫緊の課題への地域住民の主体的とりくみは，1970年代以降積み上げられてきた自発的住民活動の成果であり，現代日本のコミュニティの内実がここにあると筆者は考えている．

そのうえで，個々の事例報告を読んでみると，今回，話を聞くことができた住民活動リーダーの方々は，自覚的か否かにかかわらず，世界に通じる視点と活動の広がりもっていることに気づかされる．例えば，防災活動を行なっているリーダーの多くは，阪神・淡路大震災以降，国内外で頻発する自然災害の報道に接するたび，その視野は世界に拡がっていることが，インタビュー調査からうかがえた．防犯活動を行なっているリーダーについても同様のことが言える．それはまた，環境・景観系の住民活動リーダーに鮮明に見て取れる．

それゆえ，冒頭に述べたように20世紀末から21世紀にかけてのこの「世界的大変動」を，住民活動のリーダーたちは，主体的に受け止め，それぞれの思いを日々の実践活動によって，表現している．こうした21世紀を生きる一人ひとりの足下からの主体的なグローバリゼーションへの対応こそ，コミュニティ形成の新たな局面に立った21世紀に生きる私たちにつきつけられた課題である．そこにはもはや地縁組織や市民活動組織といった区別はなく，「自発的住民・市民活動」が実践されている「コミュニティ」の現場にこそ，その可能性が拓かれていると筆者は考える．

和田清美

付記

本稿は，筆者が2007年12月東京都世田谷区で実施したまちづくり・地域活動調査の結果をもとに，大都市住宅地の地域変容と住民活動およびリーダーに絞って論じた．2008年11月には，東京都世田谷区，墨田区，八王子市の町内会・自治会リーダーを対象に，「地域リーダー・アンケート調査」を実施したので，本調査結果をもとに町内会・自治会の視点から稿をあらためて，同テーマで論じたい．

引用・参考文献

Delanty, G., 2003, *Community*, Routledge（＝2006, 山之内靖・伊藤茂『コミュニティ』NTT出版）
金谷信子, 2008,「市民社会とソーシャル・キャピタル：地"縁"がつむぐ信頼についての一考察」コミュニティ政策学会編『コミュニティ政策6』東信堂
国土交通省, 2008a,『国土利用計画（全国計画）』
── , 2008b,『国土形成計画（全国計画）』
国民生活審議会コミュニティ問題小委員会, 1969,『コミュニティ─生活の場における人間性の回復』
国民生活審議会総合企画部会, 2005,『コミュニティ再興と市民活動の展開』
倉沢進, 2005,「町内会研究の意義と課題─高木鉦作氏の大作を読む」高木鉦作『町内会廃止と「新生活共同体の結成」』東京大学出版会
── , 2008,「社会目標としてのコミュニティ」コミュニティ政策学会編『コミュニティ政策6』東信堂
町村敬志, 1994,『世界都市東京の構造転換』東京大学出版会
内閣府, 2004,『平成16年版国民生活白書：人のつながりが変える暮らしと地域─新しい公共への道』
内閣府国民生活局総務課, 2007,『平成18年度国民生活モニター調査結果（概要）町内会・自治会等のつながりに関する調査』
中村八朗, 1962,「都市的発展と町内会─都下日野市の場合」『国際基督教大学学報Ⅱ─A 近郊都市の変貌過程』国際基督教大学社会科学研究所
── , 1964,「三鷹市の住民組織─近郊都市化に伴うその変質」『国際基督教大学学報Ⅱ─A 地域社会と都市化』国際基督教大学社会科学研究所
越智昇, 1986,「都市における自発的市民活動」『社会学評論』37（3）
── , 1988,「ボランタリー・アソシェーションと町内会の文化変容」秋元律郎・倉沢進編著『町内会と地域集団』ミネルヴァ書房
奥田道大, 2003,「第Ⅰ部 福祉コミュニティを考える」「第Ⅲ部 福祉コミュニティをすすめるために」奥田道大・和田清美編著『第二版福祉コミュニティ論』学文社
Putnam, R. D., 2000, *Bowling alone: The collapse and revival of American community*. Simon & Schuster（＝2006, 柴内康文『孤独なボウリング米国コミュニティの崩壊と再生』柏書房）
総務省, 2007,『特定非営利活動法人制度の見直しに向けて（最終報告）』
高木鉦作, 1981,「町内会の概念」『國學院法学』19（1）
高橋勇悦, 1980,「地域社会の構造」蓮見音彦・奥田道大編『地域社会論』有斐閣
── , 1988,「地域社会」本間康平・田野崎昭夫・光吉利之ほか編『社会学概論』（新版）有斐閣
和田清美, 2006,『大都市東京の社会学─コミュニティから全体構造へ─』有信堂
── , 2007,「都市の地域組織」津村修編『組織と情報の社会学』文化書房博文社
── , 2008,「現代日本の社会組織の考察─NPO・市民活動組織を中心に─」『人文学報』407号 首都大学東京都市教養学部人文・社会系／東京都立大学人文学部
── , 2009a,「グローバル化とコミュニティ政策─社会学における都市政策研究の回顧と課題（Ⅲ）」『都市政策研究（第3巻）』首都大学東京都市教養学部都市政策コース
── , 2009b,「世界的大変動の中のコミュニティ研究に求められるもの」『地域社会学会年報』第21集, ハーベスト社

――,2009 近刊,『都市における住民組織とグローバリゼーション』原田博夫・三浦典子編著『講座日本の都市社会第 2 巻 都市の構造・経営』文化書房博文社
山岡義典,2001,「座談会協働社会の未来」武藤博巳編『分権社会と協働』ぎょうせい

第3章
自治会・町内会等とNPO

1. はじめに

　本章は，主に自治会・町内会等とNPOに着目して，その地域社会の変容と再生に果たす役割を考察する．

　ここで自治会・町内会等と総称する地縁組織は，第2次世界大戦までは町内会ないし部落会と呼称されることが多かった．しかし，戦後は，自治会と称するところが多い．もちろん，現在なお町内会と呼ばれているところも少なくなく，東京都内に限れば町会という名称が戦前戦後を通して多い．また，かつて部落会という名称が多かった農山村などでは，区，あるいは地区と呼ぶところも多いが，都市・農村を問わず，睦会，親和会，振興会などシンボルを名称に示すところもある．社会学や行政学などの研究においては，地縁団体，地域住民自治組織，地域自治会，等々の呼称で総称されることもある．

　一方，ここでNPOと総称する組織は，文字どおりの非営利団体（Non-Profit Organization）全般を指すものではなく，市民の自発性に基づき社会的諸課題の解決を使命とする団体を言う．それは，自主的な市民運動，市民活動および市民事業を包摂する．個々に，あるいは連携して成熟した市民社会の構築を志向する．

　自治会・町内会等やNPOのあり方は，沖縄から北海道に至るまでの全国各地においてきわめて多彩な実態にある．したがって，一般的な議論をすることは難しい．さりながら，地域社会において果たす役割には，時代によって緩やかに共通する変化もある．

2. 経済社会の推移と自治会・町内会等の経緯
2-1. 戦後における自治会・町内会等の再生

　自治会・町内会等の起源は，全国各地に古来，様々な地縁による生活共同体が形成されているため，画一的に論じることはできない．しばしば関東大震災を契機として東京都に町会が誕生し，これが今日の自治会・町内会等の始まりであると説明されることもあるが，これは正確ではなく，史実は，東京においてもすでにそれまでにあった自治組織が広範に再整備されていったのである．ただ，広大な焼け野原になった大災害からの復興期にこうした組織が整備されていったことが，どれだけ地域社会に貢献したかについては留意しておく必要がある．

　そして，よく知られているように，戦時翼賛体制下の市制・町村制改正（1943年）において，当時の町内会・部落会は初めて法律により公認され，市町村内にあった各種の機能団体を統合する母体として機能した．食料配給，出征兵士の壮行，空襲を受けた後の消火作業等々，いずれもこれによって手が賄われた．総力戦体制当時の地域社会においては，否応なく，住民はこれに関わる他なかった．

　敗戦後も最初にその必要性を感じていたのは，当時の内務省であった．内務省では，改正が見込まれる憲法の周知徹底などをいわば「委任事務」のように扱い，自治会・町内会等を行政の最末端機構として利用することが企画されていた．

　しかし，GHQ の意向を慮って，自治会・町内会等は，公の組織としては廃止されることになった．とはいえ，住民が自らの意思によって自治的相互扶助組織を結成することは構わないと解され，多くのところでは，「親睦」や「協調」のシンボルの下で「会の趣旨に賛同する者」によって構成される会に装いを改めることで再出発が図られた．また，行政側は，そうして新生なった自治会・町内会等の会長を個人として，無償もしくは少額の報酬で「駐在員」「連絡員」あるいは「嘱託」などとすることで，従前の機能をなるべく損なわないようにした．

　こうして戦後の自治会・町内会等の会長には，行政委嘱員として行政機構に奉仕する顔と，地域社会において選出される地縁自治組織のリーダーとしての

顔の二面性が認められるようになった．こうした構造は，1999年度まで存在した機関委任事務制度における自治体の首長にもよく似ている．かつて市町村長や都道府県知事は，国の機関委任事務を執行する場合には，中央政府の下級行政庁とみなされていた．市町村長の仕事の約3割，都道府県知事の仕事の約7割は，そうした機関委任事務で占められていたともいわれ，それぞれの自治体の選挙で選出された首長は，国の機関として中央政府の指揮監督の下で業務にあたっていた．

　自治会・町内会等がいわば足もとにあることで，多くの市町村は，その行政に関わる業務を安価かつ確実に遂行することができた．これにより市町村が節約できたコストは計り知れない．

　さらに，小規模の市町村を除いては，行政側の区割り設定に基づいてほぼその全域にわたる自治会・町内会等の連合組織が形成された．そして，自治会・町内会等の会長やその経験者の中からさらに選りすぐられた有力者がその代表者ないし役員になった．中央政府も，そうした地位に長く就いた者を叙勲の対象にするなどして支援した．

　一方，自治会・町内会等の側からは，地域に発する様々な問題の解決が自らの手に余るとき，行政に働きかける伝手の確保が大切であった．様々に噴出する地元要望の実現は，行政協力への見返りとして位置づけられた．また，自治体議会から国会に至るまで，選挙においては，地区ないし地元推薦候補者として特定の候補者を推すこともしばしば見られたが，選挙後には一転して，そうした選挙運動や党派に関係なく，当選後の議員に働きかけを行なう自治会・町内会等も少なくない．自治会・町内会等には，したたかな圧力団体としての側面も色濃くある．

2-2. 高度経済成長期における自治会・町内会等と「新住民」

　1960年代から1973年のオイルショックに至るまで，いわゆる高度経済成長期に地域社会は急激な変貌を遂げた．この時期には，農村部から東京・大阪・名古屋を中心とする3大都市圏に人口の大移動があった．そうして都会に生まれた「モーレツ社員」の頑張りによって，人々の暮らしは急速に「豊か」になった．このことは，反面において第1次産業従事者の数・割合を急激に減少させるとともに，農村部まで含めた地域社会の生活様式を「都市化社会」化して

いくことでもあった．

　地域社会における基本的な論点は，過疎と過密の同時進行であった．とりわけ都市部においては，急激な人口増に追いつかない生活基盤整備の遅れが深刻であった．

　しかし，大量の「新住民」が抱えた通勤や子どもの教育などに関わる生活上の困難は，居住歴の長い「旧住民」の不都合とは必ずしも同じではなかった．むしろ，旧来の慣習やしきたりに従わず，地域社会に溶け込もうとしない「新住民」は，「旧住民」にとっては眉をひそめたくなるような「よそ者」とみなされることが多かった．一方，「新住民」にしてみれば，田舎を離れるとき同時に断ち切ってきたしがらみに，再び絡め取られるようなことは望まない．自治会・町内会等は敬遠し，なるべく近づきたくないという態度が広がった．

　こうして近郊に拡大する都市部における自治会・町内会等が，居住歴の長い高齢者や地元自営商工業者等が中心的役割を担う反面，人口構成としてはむしろ多数を占めるようになる都心への通勤者世帯の積極的参加が得られない著しく偏った構成になった．

　この時期は，また，急激な工業化によって引き起こされた「公害問題」等の社会問題も先鋭化した．そして，生活環境を守るための抵抗型の住民運動が各地において発生した．それが比較的狭い地域に限られる場合は，自治会・町内会等が，その組織ぐるみで運動に参加することも見られたが，一般には，抵抗運動のリーダーと自治会・町内会等の会長をはじめとするリーダーに求められる資質は違っていた．「新住民」が積極的な役割を果たした住民運動の中からは，次第に特定の地域を越えて結びつき，各種の市民運動に発展していくものも現れた．そして，自治会・町内会等に頼らずとも，市民の政策要求が実現するという経験が徐々に蓄積されていった．

2-3. 安定成長期の自治会・町内会等とコミュニティ政策

　その後，長らく続くいわゆる安定成長期にも自治会・町内会等は，市町村行政との結びつきを緩めはしなかった．とりわけ，市町村が種々の行政委嘱員や審議会等の委員を選定する際には，その影響力を存分に発揮した．民生委員・児童委員，体育指導委員，青少年指導員，消費生活推進員，保健指導員，環境事業推進委員，家庭防災員，等々，これらは設置根拠も役割機能も多様である

が，いずれも事実上自治会・町内会等の推薦に頼ることが多い行政委嘱員である．審議会等の場合も，地域バランスを考慮した人選のみならず，各種団体を代表する委員についても，直接あるいは間接的に自治会・町内会等の協力を得ずして必要人員を集め得ないほどの関係が築かれてきた．

とりわけいわゆるバブル経済期には，集合住宅等の開発ラッシュが続いたが，自治体の行政機関が開発業者に「地元」の同意を取り付けるように「指導」するとき，具体的には当該地域の自治会・町内会長の印鑑をもらってくることと同義であった．「地域社会の総意」は自治会・町内会長の印に表示される，という行政側の見方は揺るがなかった．

しかし，自治体の行政施策は，市民参加ないし市民自治を求める市民運動やその母体あるいはそれを支持する層を無視したわけではない．自治会・町内会等が安心できるたまり場ではない層を主な対象として，いわゆるコミュニティ政策が新しく展開されていった．

安定成長期の自治体によるコミュニティ政策は，コミュニティセンターなどの集会施設を核として進められた．そこでは，自治会・町内会等が保有する会館や公民館などの既存施設では満たされなかった新しいニーズが掘り起こされた．そして，多彩な趣味あるいは学習を共にするサークルが続々とそこから育っていった．

安定成長期は，共稼ぎ夫婦が急増した時期でもある．とはいえ，いわゆる「社会進出」と評された女性労働の多くは，フルタイムよりはパートタイム労働であった．平日昼間の地域社会からは，そのために女性の姿が消えることはなく，趣味や習い事など共通の楽しみや目的をもって集う場面が急速に増えていった．

趣味や学習を共にするサークルは，なかには短期間で解散するものもあるが，かなり長期間持続するものや様々な方向に発展するものも少なくない．例えば，当初は絵本の読み聞かせを子どもにしていたサークルが，子どもたちの成長につれて母親同士の読書会になり，さらに公立図書館の設置を求める運動体に変遷していった例などがある．自らの活動の場であるコミュニティセンターなどのあり方そのものに着目し，そうした施設管理を市民自身が担うところも現れた．身近な生活課題から国際問題に至るまで，地域社会における施設で

議論されることは，決して珍しくなくなった．例えば，かつての「公害問題」をめぐる議論は，各家庭における日常的所作や生活習慣から地球全体を視野に置いた議論にまで劇的な幅の広がりをもった「環境問題」をめぐる議論に成長した．

もっとも，こうした傾向は，自治会・町内会等を積極的に担う人々と無縁に進んだわけではないことにも留意する必要がある．むしろ，個別テーマごとに活躍するリーダーを抽出すると，同時に自治会・町内会等で活躍している人でもあることは少なくない．とはいえ，そのまた一方では，東京都内においても，転入して40年を過ぎる人がなお「来たり者」と呼ばれる地域がある．地域により，またテーマにより，「新住民」と「旧住民」の関係は複雑になっていった．

2-4. 阪神淡路大震災とボランティア

安定成長期末のバブル期には，都市部を中心に定職に就かない若者，いわゆるフリーターが多く現れた．しかし，バブルがはじけた1991年から始まる「失われた10年」には，何か夢を追い求めるために敢えて安定した職の機会を放棄している，というその前向きのイメージは霧消した．

1995年1月17日，第2次世界大戦後最大の被害を出した阪神淡路大震災が発生した．このとき，被災地の救援に全国から大勢のボランティアが集まった．その数1日2万人ともいわれているが，個人ボランティアばかりではなく，企業のボランティアや自治体からのボランティア，あるいはそれらの労働組合からのボランティアなど，様々な形態があり，どこまでを数えるかによって数字は変わる．とまれ，有志の民の底力は絶大であった．その活躍は，マスメディアによって連日全国に伝えられた．

一般に，それまでの自治体は，ボランティアとの付き合い方に慣れず，どちらかというと「ありがた迷惑」として扱う場面までもが見られた．行政機関そのものも被災し，避難所も被災地の中に用意しなければならず，職員だけではなす術がない状況などは，まったく想定することはできなかった．震災間もない神戸では，被災者は猫の手も借りたく，駆けつけたボランティアは直ちに活動に取りかかりたい状況であるにもかかわらず，役所に受付カウンターが設置され，その登録にボランティアが列をなすという状況もあった．大震災ばかり

ではなく，駆けつけたボランティアに対しても，事前の備えと構えはなかった．

被災地の中にしつらえられた避難場所では，多くの場合，自らあるいはその家族も被災しているであろう自治体職員が混沌の中で救援活動に奔走した．ほどなくすると，避難者の中からリーダーが現れ，避難所共同生活者の支柱となって，救援活動と被災者を繋ぐ役割を果たすようになった．復興期になると，自治会・町内会等が様々な活動の拠り所となった地域も少なくない．また，震源地であった北淡町（現・淡路市）では，発災時から早くも約11時間後の当日午後4時には全員の安否確認を終えたが，これは自治会・町内会等の基盤となる日頃の濃密な社会関係があればこその驚異的な速度であり，報告を受けた兵庫県庁の職員もまだわかるはずがないと当初は信じないほどであった．

阪神淡路大震災で，ボランティア活動は，広く社会的認知とその評価を得た．また，ボランティアに助けられた人々が，次に自らボランティアをかってでるという連鎖も起きた．1997年1月2日に隠岐の島沖で発生し，5日後に福井県三国町（現・坂井市）に船首部分が漂着したナホトカ号重油流出事故では，海岸に流れ着いた大量の重油を回収する作業に阪神淡路大震災の被災者が多数ボランティアとして参加し，この過酷を極める冬の海辺の作業に従事した．

このとき全国各地から参集したボランティアはのべ30万人ともいわれる．重油の回収は主に手作業で行なわれ，寒さと疲労による健康被害等の二次災害が心配されたが，実際に5名が亡くなり，ボランティア活動の厳しい一面が世に知られる契機にもなった．

なお，このときのボランティア活動の後背に位置した行政が必要な物資等を手配するなどの方式は，後に三国方式と呼ばれて参照されることも少なくないが，必ずしも成功した面ばかりではなかった．例えば，船首部分が漂着した地域の自治会・町内会等を対策本部に含めなかったため，海・風などの気象を熟知する地元漁師の知恵が反映されなかった．そのため残念なことに，回収された重油を運搬するための仮設道路は波にさらわれて使い物にならなかった．

大災害時のボランティアの活躍については誰もが賞賛を惜しまない．一方，その活動をどのように支えるかは，以来，重い政策課題と意識されるようにな

った.

2-5.「右肩下がり」の時代の地域社会

かつてのバブル経済の時期には，いわゆるディンクス（Double Income No Kids）の生き生きとした姿と経済を牽引するかに見えた購買力が，様々な世代からそれぞれに憧れと注目を集めた．しかし，その行き着いた先は少子化であった．2005年末には，ついに日本が人口減少社会に突入したことが明らかになった．かつて経験したことのない「右肩下がり」の時代の幕開けであった．

「いざなみ景気」などと呼ばれても好景気の実感は誰にもなく，2008年には一転して「100年に1度」といわれる世界規模の金融危機を引金とする不況期を迎えた．

すでに「都市化社会」化の段階は遠く，都市型社会の生活様式が普遍化すると同時に，中山間地などでは，極端に進んだ人口減少と高齢化により，集落そのものの維持が難しくなるところも現れた．かつて，農村社会は，若人を労働力として都会に送り出す一方で田舎の文化を伝承した労働力と文化の泉であった．しかし，もはやその泉は枯渇しかかっている．過疎高齢化の同時進行に悩む地域では，地域社会の維持ばかりか自治体の単位でも維持することが困難になった．いわゆる「平成の大合併」はその帰結とも見える．

都市部においても，不動産の買い替え需要が急速に冷え込み，都市部における人口移動が鈍くなったほか，相続などで手放される土地がそのままでは転売できずに分割されて次の販売に回るなど，不動産の不良化現象も各地で起きた．

かつての「モーレツ社員」は企業社会から引退しつつあり，その子どもの世代ももはや社会人だが，リストラの嵐が吹き荒れた平成不況以来，有期雇用の割合が高く，不安定就労が劇的に拡大した．そして，結婚には非常に消極的になり，都市第3世代となる子どもは少ない．あるいは，アルバイトを転々とするうちに希望を失い，定職に就く意思までもなくしたニートと呼ばれる若者も増えてきた．彼らの中には，経済的な自立が図れないことにより，親元を巣立つことすらできない者もいる．親も子も，いわば身動きが取れずに地域社会に定住する傾向も見えてきている．

こうして都市部と農村部では，意味合いを異にするものの，共通して社会移

動が相対的に鈍り，全般的に活力が減退しつつある地域社会が現出した．漠然とした不安感が蔓延し，人生設計が描きにくい社会になってきた．

3. 公共サービス供給主体の多様化
3-1. ボランティア活動と自治体の対応

阪神淡路大震災が発生した1995年は，ボランティア元年ともいわれている．ナホトカ号重油流出事故を経て，あらためて市民活動との関わり方が重要な自治体政策の一分野となった．この1995年は，地方分権推進法が施行された年でもあり，同法に基づいて設置された地方分権推進委員会により，2000年には機関委任事務制度が廃止されることになる．それは，自治体が，国の過剰な関与を排して，自らの責任の下で，独自に有効な施策を実施するための法制度上の前提整備を意味していた．

すでに1980年代より，いわゆる規制緩和を求める声は産業界に強く，自治体においても行政のスリム化が「行政改革」の名の下に進められていた．1990年代になり，バブル崩壊後の「失われた10年」の時期に入ると，自治体は，どこも財政状況が非常に苦しくなった．主に退職者不補充の手法により，職員は削減され，現業部門から行政計画の策定等を担う企画部門に至るまで，ほぼあらゆる分野の業務がいわゆる民間委託によって実施可能とみなされ，様々な議論を巻き起こしながらも，実際に推進されていった．

これすなわち，公共サービスが「行政によって提供されるサービス」の呪縛から解き放たれるということでもあった．自治体政府は，様々に興隆してきた市民活動との関係の再構築に向かい始めた．

ところで，ボランティア活動は，何にも増して自発性に基づく．ときには公共性の有無や社会的に妥当か否かさえも構わず，当人の思いや関心に基づいて熱心に行なわれることもある．かつては無償の行為であることが当然の前提であるかのように語られることもあったが，今日では有償ボランティアも特異ではない．ただ，一般に，経済的な損得勘定抜きである．

ボランティア活動には，仲間，相談相手あるいは調整役が得られることが望ましい．なぜならば，当人の思いや関心が的を外し，独りよがりや思い込みの類に陥ると，始末に負えない事態となることもあるからである．また，ボラン

ティア活動に過度に熱中するあまり，かえって周囲に迷惑を及ぼしたり，自分自身の健康を損なうなどの思わぬマイナス効果が現れることもある．そこで，自治体では，各種のボランティア講座を開催したり，相談窓口を開設するなどして，これによく対応することを図ってきた．

　自治体政府は，その内部に保有する財政や人員などの政策資源が抑制されても，次々と生起する新しい政策課題への対応が常に迫られる．そこで，公共サービスを適切に供給するには，外部資源に頼らざるを得ない．しかし，個別の政策課題に特化して自らその解決に向けた活動をする団体が多数見られるようになっても，公平性，継続性ないし安定性等々，従来の行政が直接供給する際に心がけられてきたことを前提にすると，それらに公共サービスの供給を委ねることには二の足を踏まざるを得ない場面が少なくなかった．

3-2. 特定非営利活動促進法（NPO法）

　こうした状況を打開する扉は，1998年に施行された「特定非営利活動促進法（NPO法）」によって開かれた．同法の第1条には「この法律は，特定非営利活動を行なう団体に法人格を付与すること等により，ボランティア活動をはじめとする市民が行なう自由な社会貢献活動としての特定非営利活動の健全な発展を促進し，もって公益の増進に寄与することを目的とする」とある．法律名こそ国会の審議過程で修正されて凡庸なものになったが，ここには「ボランティア活動」や「市民」，あるいは「自由な社会貢献活動」といった言葉が並んでいる．そもそも立法過程において市民団体が大きな役割を果たし，議員立法として成立した，その「出自」を示している．

　これにより，それまで様々な領域において「自由な社会貢献活動」を実践してきた団体が比較的容易に法人格（NPO法人）を取得することができるようになった．そして，自治体と契約を結んで自ら公共サービスを提供したり，あるいは自らは中間団体として公共サービスを提供する組織間の調整役を果たすようになった．

　自治体側からこれを見ると，法人格を有することで，継続性や安定性には一定の安心感が得られる．ただ，必ずしも自治体の全域を等しくカバーするわけではないNPO法人の活動に公平性が担保できるかという問題は残された．とはいえ，補助金等による資金援助や講師派遣等による情報ないし技術援助な

ど，限られた資源をどの市民活動に振り向けてその活動を支援するかという判断において，法人格が有利な条件になったことは否めない．

3-3. 介護保険法

さらに公共サービスの供給手法に大きな変革をもたらしたのは，2000年に施行された「介護保険法」であった．急速な人口構造の高齢化によって，介護需要も急激に伸びた．家庭内の介護は，事実上女性の手によって担われることが多く，「社会進出」したはずの女性が介護のために職業を離れる例や，高齢者による高齢者の介護など，深刻な事態が各地に広がっていた．この地域社会の家庭内に潜む問題は，「介護の社会化」を合い言葉に，数多くの市民活動を媒介して国レベルの制度に結実した．「保険」という名称でありながら，税負担と利用者の自己負担をも組み合わせた制度設計は，大きな特徴であるが，それゆえに将来に遺した課題もある．とはいえ，「措置」から「契約」に大転換したこの制度が導入されることにより，ホームヘルプ事業に民間事業者が数多く参入することになった．

3-4. 指定管理者制度

なお，すでに地域社会において集会所等の公共施設の果たす役割の一端についてはふれたが，そのあり方は，2003年の地方自治法の一部改正により導入された指定管理者制度によっても，将来において大きく変わる可能性がある．

指定管理者制度は，自治体の公の施設について，それまでの公共的団体等に限られていた管理委託制度に替わり，「法人その他の団体」，すなわち，自治会・町内会等やNPO法人，さらには株式会社なども含む広範な対象から，当該自治体が管理者を指定する制度である．管理を指定して任せる期間が3～5年程度に限られ，かつ次期の指定を受けられる保障がないために雇用が不安定になる，指定管理者の選定は原則として公募によるとされながらもその実態はきわめて少ない，特に地域の集会施設については，制度の改変前後を通じて同じ自治会・町内会等に無償もしくはきわめて少額で管理が委ねられているところが多い，等々の問題を抱えている．とはいえ，ここではこの制度の改変を通じて「委託」から「指定」，すなわち行政処分に替わったことに着目したい．

前述したように，自治体は「行政改革」の名の下にいわゆる民間委託を進めてきた．その主な手法は，請負契約である．一般競争入札を原則とする制度趣

旨とは裏腹に，実際には随意契約が多くを占め，入札が行なわれる場合にも多くは指名競争入札であった．入札制度は，受注方提示価格で契約額が決まる．随意契約にしても，他に事業者がない場合やデザイン性などが問われるコンペ方式などの場合を除き，価格面でその契約が最も有利であることが条件となる．つまり，価格指標だけで契約先が決められてきた．

入札の際，自治体が掲げる政策にどれだけ協調する構えがあるかなどを総合評価する政策入札は，なかなか導入が難しく進まないが，指定管理者制度においては「指定」の際に価格指標以外を考慮して相手先を決めることができる．まだ実例が乏しいが，NPO法人が公の施設の活用方法に新機軸を出して指定を受け，地域社会を活躍の場とする可能性に期待がもてるようになった．

3-5. 外郭団体のある「機能」

ここで，いわゆる自治体の外郭団体の一例として社会福祉協議会を取り上げ，そのある「機能」を指摘しておこう．市町村レベルの社会福祉協議会もまた，その活動実態はきわめて多彩である．その自治体内の社会福祉活動を担う様々な主体と連携し，あるいは地域特性に見合った独自事業に工夫を凝らすなどして，地域社会に貢献するとともに信頼と感謝を集めているところもある．しかし，ここで言及するのは，そうとはいえない某市の事例である．

当該某市においては，市社会福祉協議会が，日本赤十字社・共同募金会・社会福祉協議会のすべての市レベルの事務局を担任している．そして，自治会・町内会等を通じて，毎年1世帯あたり200円の市社会福祉協議会「会費」の納入を要請するばかりでなく，日本赤十字社の「社資」と共同募金会の「赤い羽根共同募金」の集金を行なっている．

市社会福祉協議会は，その下部組織としてほぼ中学校の学区域に地区社会福祉協議会を配し，実際にはその地区組織が自治会・町内会等に会費の納入を要請する．とはいえ，会員は団体ではなく個人だという．それは「会費」の世帯単位とも平仄が合わないので再三にわたり市社会福祉協議会に尋ねたが，世帯が会員だという回答も3回に1回ぐらい混じり，ついに明確な答えは得られなかった．どこにも会員の会費納入記録はなく，会員は個人であれ世帯であれ，どちらでも良いと思われているようだ．

日本赤十字社の「社資」は，「社費」と「寄付金」から成る．「社費」は，社

員として日本赤十字社の活動を継続して支援することを望む者が収めるいわば会費で，年額500円以上の納入が求められる．これに対して「寄付金」は，継続的なものではなく，一時的な活動資金協力である．

　「社資」は，出資者の氏名等が記録され，その累計額が算出されることになっている．その累計額が10万円・20万円・50万円以上に達すると，それぞれ感謝状・銀色有功章・金色有功章が渡され，さらに100万円以上になれば厚生労働大臣表彰まで用意されている．

　ところが，自治会・町内会等を通じて集金される場合，出資者の個人名はどこにも記録されず，その累計額は算出されない．自治会・町内会等の名義で同様に出資額が記録されることもなく，自治会・町内会等は，たとえ継続して「社資」を納入し続けても社員としては認められない．

　「赤い羽根共同募金」は，県共同募金会に集約されるが，当該市支会では，2,800万円近い募金の分配を行なっている．

　その「募金」の配分は，ウェブサイトに公表されているデータを寄せてみると全体額の約89％にあたるおよそ2,500万円が他でもない市社会福祉協議会の事業支援に回っていることがわかる．そして，保育所30件に総額約150万円，障碍児者福祉団体10件に総額約110万円など，その他には申し訳程度の額しかない．

　これらを集金した市社会福祉協議会は，その一部を様々な名目で当該自治会・町内会等に還流させている．すなわち，日本赤十字社の広報活動費として，前年度「社資」実績額の5％，赤い羽根共同募金の手数料として，同じく「募金」実績額の2％，地区社会福祉協議会の敬老会補助として，同じく「会費」実績額の25％が当該自治会・町内会等に還付されている．

　自治会・町内会等の中には，この「会費」のみならず「社資」や「募金」についても世帯あたりの金額を決めて自治会・町内会等の会費にその分を事実上乗せて徴収し，まとめて納入しているところも少なくない．こうした代理徴収を行なっているところは，概してその旨の説明をしているわけではなく，自治会・町内会等の会員は，知らぬ間にこうした「民間団体」のために会費外の負担をしている．

　さらに，自治会・町内会等への還付金は，必ずしも当該自治会・町内会等の

毎年度の予算書に計上されているとは限らない．それがどこに消えるかは，敢えてここに記すまでもなかろう．もちろん，市社会福祉協議会の関知するところではない．

なお，この市社会福祉協議会のウェブサイト上に公開されている予算と決算は，ほぼ一致している．不思議に思い，直接事情を尋ねたが，予算は年に何度も補正を繰り返し，公表するのは決算直前の最後の数字だけだという．「会費」と事業収入は合わせても総収入の 15％程度に過ぎず，「受託金」と「補助金・助成金」がそれぞれ約 65％と約 20％を占める．すなわち，ほとんど市からの資金に頼っている．市からの派遣職員も多く，結局，資金・業務・職員のいずれの側面からも市が直接担任し得るところを迂回しているように見える．ちなみに，市内に数ヵ所ある事務所は，いずれも市の施設内にある[*1]．

4．地域社会の再生に向けて
4-1．地域社会へのアクティブな新規参入

今や高度経済成長を牽引した世代は 75 歳以上に達し，その後に続くいわゆる団塊の世代の多くも企業等の定年を迎えて通勤生活から引退した．1947 年に始まるベビーブームに生まれた団塊の世代は，その出生から今日に至るまでのあらゆる段階で，社会に十分な受け入れ態勢が整わず，課題を提起した．そして，常に状況を改善するべく闘い続けてきた．地域社会における未曾有の高齢者比率の増大についても，彼らは，単に支えられる側に回るばかりではいられまい．企業社会からの引退者は，同時に地域社会へのアクティブな新規参入者でもある．

このアクティブ世代は，インターネットを媒介とする高度情報化社会にどうにか間に合った世代でもある．これまで自治会・町内会等は，主にいわゆる「全日制市民」によって担われ，「定時制市民」はその仲間に入りにくかった．しかし，このアクティブ世代が後者から前者となり，積極的な役割を果たすようになることで，そうした状況は大きく塗り替えられる可能性もある．さらに例えば，時間と距離の制約をなくす電子メールを活用することで，続く世代の「定時制市民」も遠く離れた出張先のホテルで深夜に自治会・町内会等の議論に参加することができる．

4-2. 自治会・町内会等における輪番制の効果

　自治会・町内会等は，災害時に果たしたその役割を想起するまでもなく，日頃から互いに接触の機会を多くもち，顔を合わせることが，その活動にとって大切なことはいうまでもない．しかし，大都市圏における自治会・町内会等では，それが不可能な規模や形状のところも少なくない．

　自治会・町内会等の役員は，会長等の一部を除いて，世帯持ち回りの順番制を原則とするところが多い．その役回りを「共苦」とまでいわずとも「お互い様」と共感できることが地域のつながりの出発点と思われる．役員を年番制にしている自治会・町内会等では，行事等の継続性に難があるものの，多くの世帯が順に役割を担任する利点もある．また，回覧板やゴミステーション（一時集積場）の衛生管理などの日常活動は，直接顔を合わせるわけではないとしても，共同体の意識を高める効果がある．

　輪番制の下では，たとえそれまで近所付き合いが薄く見知らぬ者ばかりであっても，順番が来れば，その中に新たに飛び込まざるを得ない．これを積極的に捉えれば，地域活動への参加機会が開かれているということでもある．気後れすることなく，参加することができる．

　また，当番を終えた役員経験者が，その経験をもとに個別テーマの集いを呼びかけ，新たな市民活動に発展することもある．活動経験と新たな人脈は，次の活動に引き継がれていく．

4-3. 広義のNPOと自治会・町内会等

　ここまでは，敢えてNPOをNPO法人に限定して記述してきた．しかし，法人格の有無は，行政との関係においては意味をもつとしても，その活動自体には本質的に差違がない．自治会・町内会等もその活動を担う人々の基本姿勢はボランティアに違いない．実際，自治会・町内会等を母体とするNPOも誕生している．あるいは，自治会・町内会等そのものも，営利を目的とせず地域社会に貢献するという使命を担う組織と見れば，広義のNPOに他ならない．

　通例，自治会・町内会等は，自治体からの補助金等もあるものの，ほぼ会費や寄付金で賄われる．一方，NPOの多くは，会費や寄付金，あるいは独自の事業収入では賄いきれない．もちろん，実情は様々だが，多くのNPOにとって人件費の負担がかなり重い．しかし，NPOに働く職員の賃金労働条件は，

概して良くない．NPOの非営利なる所以は，利潤を目的としないこと，仮に剰余金が発生してもそれを分配しないことだが，働き手が生活に不安を抱えるようでは，そもそもの目的である使命の達成，すなわち社会的諸課題の解決は遠ざかる．そこで，自治体に支援を求め，その委託事業や補助金によって組織を維持している例が実に多い．

この自治体との関係において，NPOは自治会・町内会等と同様の課題に遭遇する．すなわち，自治体行政の下請機関になりはしないか，という問題である．ややもすると，自治会・町内会等の場合は地域社会の共同性，NPOの場合は事業活動を通じた社会的使命への達成意欲，のそれぞれに乗じて安上がりに事を済まそうとする行政側の意図が見える場合もある．

なお，周知のように，前述した自治会・町内会等の連合組織の範囲や中学校の通学区ぐらいを単位として，縦割り行政を反映した様々な団体が組織されている例は多い．青少年育成，社会体育，防犯ないし交通安全等々，目的は多彩だが，概ね集まる顔ぶれは変わらない．自治会・町内会等の会長は，そのほとんどすべてに顔を出さねばならないとされるがゆえに，現役世代では担いきれない．また，どの団体も役所が担う事務局が用意する定型的な業務を形ばかりこなすことに終始し，実効性も参加者の達成感もほとんど得られないことが多い．これらの個々のテーマについては，NPOが問題の解決に向けて立ち上がる例もあるが，かえって既存の枠組みが障壁となる場合が少なくない．

昨今では，個別テーマごとに社会的諸課題の解決を使命とするNPOの弱点を補強するべく，中間団体としてのプラットフォームの構築が，やはりNPOによって目指されるようになってきている．有効な組織間の連携は，多様に構想され得るに違いない．

5. むすび

もはや詳述する余裕はないが，全国の自治会・町内会等の中には，事業等によってかなりの収入を上げているところがある．本来の制度趣旨とは違うが，1991年の地方自治法の一部改正に盛り込まれた認可地縁団体制度を活用して，事業収入を増やしたところもある．また，会長等の役員ないし事務局員等に対する手当，すなわち人件費が問題になっているところも少なくない．

つまり，組織原理，目的，担い手のいずれにおいても，まったく別物として把握されることが多かった自治会・町内会等とNPOの間の垣根は，今日ではかなり低くなっている．自治会・町内会等とNPOは，それぞれ排他的に存在するものではない．

　市民は，それぞれの特徴と力量を見定めながら自治会・町内会等やNPOに参加ないし協力し，地域社会を再生していく．

宮﨑伸光

注

＊1　某市社会福祉協議会については，予算について尋ねた際に，周囲を数名に取り囲まれて威圧的な言辞を浴びせられた．本文中にきわめて特殊な事実が含まれることと考え合わせて，敢えて匿名で記述することにした．

第4章
高齢者の「孤立」支援活動と地域リーダー
―「2つ」の地域を中心に―

1. はじめに

　現在，地域に高い期待がある．特に福祉の分野では，従来の「分野別」の福祉では解決できない様々な問題を「地域福祉」の課題として捉え，地域住民による「新たな支え合い」で解決しようとしている．

　このような新たな問題に言及したものとして，2000年12月に厚生省（当時）社会援護局長私的諮問機関である社会的な援護を要する人々に対する社会福祉のあり方に関する検討会がまとめた報告書が挙げられる．報告書では，社会福祉の新たな対象を，①心身の障害・不安（社会的ストレス問題，アルコール依存等），②社会的排除や摩擦（路上死，中国残留孤児，外国人の排除や摩擦等），③社会的孤立や孤独（孤独死，自殺，家庭内の虐待・暴力等）の3つにまとめ，これらの問題が重複・複合化して現れていることに特徴があると述べている．これらの問題に対応するためには，「地域社会での自発的支援の再構築」が必要であるとまとめている[*1]．もう1つは，2008年3月にこれからの地域福祉のあり方に関する研究会がまとめた報告書，『地域における「新たな支え合い」を求めて―住民と行政の協働による新しい福祉―』である．この報告書では，老人福祉法や身体障害者福祉法などの分野別福祉の外側にある，あるいは，分野別制度の外にいる人々の生活ニーズや，制度の谷間にある人達を，地域で受け止めて対応していくことが強調されている．地域で受け止めるとはどのようなことか．報告書は，具体的に，「地域社会で支援を求めている者に住民が気づき，住民相互で支援活動を行なう等の地域住民のつながりを再構築」することであると述べている．

　これら2つの報告書には共通するものがある．それは，地域住民による支援活動を通じて，希薄になったといわれる地域住民のつながりを再び取り戻し，

地域の中で支援を求めている人を取り込むことが可能であるという前提，あるいは考え方である．「地域住民による支援活動が地域の共同性を高める」と言い換えてもよいだろう．実際に，この前提をもとに自治会や小学校区単位の小地域福祉活動が推進され[*2]，地域住民が主体となって運営するサロンや宅老所などを拠点としたまちづくりが提案されている[*3]．全国社会福祉協議会は，地域住民によるこうした活動を「地域福祉型福祉サービス」と名づけ，その特徴を関わりの場を作ること，サービスの対象を年齢や障害の有無等の属性によって区分せずサービス内容も固定化しないこと，サービスの担い手も受け手も地域住民であり，活動を通してより良い地域を目指していく試みであること，という3点にあると説明する（全国社会福祉協議会 2006）．

本章では，地域住民による「孤立」した高齢者への支援活動を，2つの事例として取り上げ，そこから「地域住民による支援活動が地域の共同性を高める」という前提の妥当性について検討する．合わせて，支援活動が成功するために必要なものは何か，そして，リーダーに求められるところは何かについても検討を試みる．

2. なぜ地域の「支え合い」が重視されるのか
2-1. 地域の「支え合い」の重視

そこでまず，なぜ地域の「支え合い」＝「地域住民による支援活動」が重視されなければならないか，その点に関する確認から始めることにしよう．

1990年代に「小地域福祉活動」という言葉を提唱した沢田清方は，①日常生活リズム継続の願い②老人や障害者の生活圏との整合性③日常生活の中から問題の早期把握が可能④緊急対応の可能性⑤近隣性が生み出す信頼感と安心感⑥住民の小さい参加を結びやすい⑦地域住民の共通基盤としての福祉問題，という7点から，小地域活動の重要性を指摘し，福祉活動には「地域性」が重視されなければならないと主張する（沢田 1991）．

高齢者や障害者などの「支援を求めている人」の生活は地域で営まれる．彼らの生活上の問題を発見し，必要に応じて支援していくうえでも，また，例えば「声かけ」のようなちょっとした支援＝小さな参加を実現するうえでも，身近な地域（小地域）が有効に機能することは，前記，沢田の挙げる①，②，

③,④,⑥においてみても明らかであろう.ここでは,地域における「支え合い」の必要を,沢田の言う,⑤近隣性が生み出す信頼感と安心感,⑦地域住民の共通基盤としての福祉問題の2点に絞り,少し掘り下げて考えてみることにしよう.

2-2. 地域の親密性

沢田は,近隣が生み出す信頼感と安心感について,「近隣に住んでいるということは,不思議な感情を生み出すものである.この親近感は,お互いに対立したくないとか,お互いに嫌な思いをしたくない,という心理関係を生み出し,そのことが疎遠さを生むこともあるが,信頼感や安心感を生み出していく母体にもなり得る.この信頼感や安心感は,福祉活動を行なううえできわめて重要なものである」(沢田 1991:23)と説明する.

いま,人間関係の希薄化が強調されている.そうしたなかで,果たして,近隣が親近感＝親密性を生じさせ,人間関係の希薄化を阻止するということができるのであろうか.このことを考えるうえで,岩田正美の指摘には有用な示唆がある.岩田(岩田 2008)によれば,私たちは開放性と匿名性を特徴とする市場社会に生活している.そこでの人間関係は,店員や客といったような一過的なものである.雇用関係もまた非正規雇用の増大などで,終身雇用が主流であった時代のように永続的なものとは言えない.それゆえに人間関係が希薄化されていくのも当然と言えるだろう.しかし,一方でそれらと比較すると閉鎖性や親密性のある人間関係も存在する.それが家族の人間関係や家族の周辺にある近隣(地域),友人といった任意な人間関係である.もちろんこれらの人間関係には濃淡があるが,「市場のような開放性はもたず,むしろ人々の関係を,ある特定メンバーと特定地域の中に,一定期間ではあるが,枠付けていくような機能をもつ」(岩田 2008:8).すなわち,近隣(地域)には,そこに居住している期間という限定があるとしても,開放性や匿名性を特徴とする市場社会では求めることができない,相対的に閉鎖性や親密性をもつ人間関係があると岩田は言うのである.近隣の人間関係を市場のそれと対照的なものとして注目を促す岩田の指摘は記憶されてよい.

2-3. 地域の共同性

沢田は,地域住民の共通基盤としての福祉問題について,「地域に住む人々

は様々な考えをもち，様々な社会的立場の人がいる．その人々が結びついて地域の課題に取り組むことができるのは，自分に関わり合いのある問題については共通の立場に立ち得るからである．もちろん，利害が対立することもあり得るが，協力協働の力を発揮し得る可能性も高いわけである．老人問題などの福祉問題は今や共通の問題としての認識になりつつある．その解決にあたって，住民の連帯性を引き出し，地域全体で困っている人の問題を考え，必要な力を出し合う．ここに地域福祉活動の大きな可能性と目標性がある」（沢田 1991：24）と主張する．すなわち，ある問題をそこに住む地域住民全体に関わる共通の問題として捉えるという視点が，地域の共同性を生み出しているというのである．

地域の共同性（共同の重要性）が確認される事態は，福祉問題に直面したときに限らず，客観的・主観的を含め複数ある．いくつか例を挙げてみよう．

地域に発生する問題が，そこに住む地域住民の生活の質を決定づけることがある．例えば，公害などの地域環境を破壊する問題が典型的な例である．生活環境は生活の質を規定するから，生活環境の悪化は，そこに居住する人々の生活を質的に低下させることは明らかである．生活環境の問題を個人の問題と考えることはできない[*4]．

地域の共通課題の1つとして考えられるのが，地域の資産価値である．特に，分譲の住宅地において住宅の価値に影響するのは，環境を含めた地域の価値である．そのため，地域の価値が高まることは個人の住宅の価値を上げることになる．そうなれば，地域の問題の解決は地域住民全体の課題となる．後に事例として紹介するコスモスの家の理事長渡辺氏も，「高齢期になっても住み続けられる地域社会，障害をもつ人々にとって住みよい地域社会は，子育て世代など他の世代にも住みやすい地域社会です．誰もが住みよいまちづくりは，住宅地としての価値を高めることにもつながります．「コスモスの家」の地域福祉活動は，そこに生活する人々の地域の資産価値を高めることまで視野に入れたまちづくり活動として展開しています」（渡辺 2005：4-5）と述べている．

また，より良い地域とはこうあるべきだという思いをもった個人が，何らかのきっかけにより，地域住民全体にそれを訴えかけるような行動を起こす場合がある．藤井博志は「地域で日々の暮らしを営む住民の素朴な願いは，「地域

は安心して暮らせる場所であってほしい」ということである．そして，それは「私の思い」だけではなく，「みんなの願い」であろうと「思い込む」住民たちがいる．また，みんなが協力しなければ，そういう地域にはならないと確信している住民たちがいる」（藤井 2007：100）と述べ，そのような思い込みや確信から様々な地域活動が生起すると説明する．

事例として後述する常盤平団地自治会長の中沢氏の指摘が藤井の説明を補足する．「私が孤独死問題から何を学んだかというと，人間が本来もっている原点に立ち返れ，ということなのです．人間というものは，みな関わりをもって生きている．それなのに原点を忘れている．人間という言葉をみても，人という文字は支えあうという意味を形で表していて，「間」はコミュニケーションということでしょう．人との関わりの中で自分は生かされていると，そういうことが文字に現れているわけです．自分は自分で，俺のことは俺が勝手に決める，何をしようと指図されることはないと思っている人もいるかもしれません．しかし，現実は，自分を支えてくれるのは多くの人たちであり，社会であり，仲間なのです．このことを，この場を借りて，私は強く訴えたいと思います」（中沢，淑徳大学孤独死研究会 2008：145-156）．孤独死問題は人間の原点，みんなが関わり合って生きているという人間本来の原点からみて孤独死は不自然だという中沢氏の主張は，より良い地域とはこうあるべきだという思い込みや確信から地域住民を巻き込んだ活動が生起するという藤井の発言と重なるものであろう．

3. 地域住民による支援活動の分類
3-1. 地域特性と地域住民の多様性

一口に地域といっても，親密性や共同性には違いがある．親密さや共同の絆が濃く強い地域もあれば，薄く弱い地域もある．それを「地域特性」と表現すれば，「支え合い」やそこで求められるリーダーの存在についても地域特性があっておかしくない．

地域特性について論じる場合，様々な住民により構成されているのが地域だということを忘れてはならない．地域が多様な住民により構成されている，個別・個性的な存在であるということは，「支援を求めている人」と「支援する

地域住民」についても，地域によって違いがあるということである．地域住民による支援活動については，そのことを十分理解してかからなければならない．地域には活動する人もいれば，活動しない人もいる．リーダーになる人もいれば，そうでない人もいる．「孤立」した高齢者もいれば，そうでない人もいる．もちろん，地域住民が社会階層として一様ではないことは以前から指摘されてきたところである．そうだとすれば，「支え合い」に寄せる期待や内容にも，地域特性があって当然である．

3-2. 地域住民による支援活動の分類

地域住民による支援活動が多様なものであるとして，多様な支援活動をより正確に捉えるためには，それを類型的に把握する試みが必要である．ここでは，地域住民による支援活動の主体の違いに着目し，表4-1のような「隣人型」，「互助型」，「支援型」という3つのタイプを設定することにしよう．

表4-1 地域住民による支援活動の分類

タイプ	主体	基盤	特徴	空間的範域
「隣人型」	個人	地縁	個人的動機に基づく	向こう三軒両隣
「互助型」	組織	地縁	地域住民同士の助け合い	町内会・自治会
「支援型」	組織	関心縁	サービスの提供	小中学校区・行政区域

「隣人型」の主体は個人である．例えば，隣に住む一人暮らし高齢者への声かけやおかずのおすそ分けなどを，支援活動の例として挙げることができる．「隣人型」の活動は，近所づきあいの延長ともいうような，地縁を基盤とした活動である．

「互助型」の主体は，町内会や自治会などの地縁を基盤とした組織である．「互助型」の活動の特徴は，地域住民同士の助け合いである．例えば，担当を決めての見守りや会食会の開催などが支援活動の例として挙げられる．支援する-支援されるという関係ではなく，あくまでも地域の仲間として助け合うことに特徴がある．

「支援型」の主体は，NPO団体やボランティア団体などの関心縁を基盤とした組織である[*5]．「支援型」活動の特徴は，利用者に対して福祉サービスを提供することにある．福祉サービスを提供する組織といっても，経営を重視する事業者的な性格をもつものから，ボランティア活動として助け合いを重視する

ものまで幅は広い．ここでは，そうした違いにはこだわらず，地域住民同士が仲間として助け合う「互助型」とは異なる型の活動，すなわち，地域住民が事業者や活動者というサービスの担い手となり地域住民の支援を行なう活動を「支援型」と捉えることにしよう．

「隣人型」「互助型」「支援型」の活動は，対象とする空間的範域を異にする．「隣人型」では，向こう三軒両隣がその範域となり，「互助型」では町内会・自治会，また民生委員の担当範囲や地区社会福祉協議会の範囲などとなる．「支援型」では，より大きな範域が想定される．例えば，小学校区・中学校区などである．地域住民による支援活動は，支援する対象者の日常生活を支えることがメインとなることから，支援の範域は日常生活圏内，大きくとも行政が関与できる行政区域である．

そうした3つの型のうち，ここでは，「互助型」（常盤平団地）と「支援型」（コスモスの家）という，2つの事例を取り上げる．その狙いは，「支援活動を成功させるために何が必要か」，「リーダーに求められるものは何か」を明らかにすることであり，あわせて，活動が行なわれている2つの地域の支援活動を追いながら，「地域住民による支援活動が地域の共同性を高める」のかを追求することである．

表4-2 本章で取り上げる事例

タイプ	「互助型」	「支援型」
事例	常盤平団地	コスモスの家
所在地	千葉県松戸市	神奈川県川崎市多摩区
①活動の性格	自治会・地区社協・民生委員の三者による地域福祉活動	介護保険事業者（NPO法人）による地域福祉活動
②活動の歴史	孤独死ゼロ作戦は2002年から	ルーツとなる研究会は1989年から

4．「互助型」の支援活動—千葉県松戸市常盤平団地の事例から
4-1．自治会による「孤独死ゼロ作戦」

「孤立」した高齢者への地域住民による支援として注目されるのが，千葉県松戸市常盤平団地の団地自治会の活動である．

常盤平団地は，1960年に日本住宅公団（現・都市再生機構）が全国に先駆けて建設した大規模公団住宅である．世帯数は5,369世帯と東洋一のマンモス

団地とも言われた．また東京のベッドタウンとしても注目を集め，当時の応募倍率は20倍強，1970年代前半の最盛期の人口は2万人を超えた．しかし，近年の人口は約9,000人に減少し，高齢化率は30％を上回る．また，低所得者用の住宅への転用を進めた結果，外国人や高齢者をはじめとする単身世帯が増加しているのも特徴である．老朽化に伴い，建て替えが何度も検討されたが，そのたびに反対運動が起こり，現在もエレベータなしの5階建ての167棟の建物が並んでいる．

　常盤平団地では，2001年春に死後3年を経過した男性の白骨遺体が，2002年の4月には死後4ヵ月経過した男性のこたつに入ったままの遺体が発見されるという事件があった．これらの事件をきっかけにして，団地自治会と常盤平団地地区社会福祉協議会，民生委員が協働して「3つの柱」となり，「孤独死」への対策を模索し始めた（図4-1）．「孤独死110番」という緊急通報体制の整備，「孤独死を考えるシンポジウム」の開催（第1回は2002年7月），住民の異変に対応する新聞販売店やカギ専門店との協定などの様々な対策を講じ，2004年7月には「まつど孤独死予防センター」が設立された．このセンターを中心に「孤独死ゼロ作戦」が展開され，「あんしん登録カード」の活用，電話相談や対面相談，日常的な見守り活動なども始められた．また，松戸市に要請して警察署から松戸市全体の「孤独死」の数を入手し公表するなど，実態把握にも努めている．

　さらに，「孤独死ゼロ作戦」の一環として2007年4月には商店街の空き店舗に「いきいきサロン」がオープンした．このサロンは1人100円の入室料を支払えば，自由にコーヒーや紅茶などを飲むことができるというもので，年末年始5日間以外の360日，午前11時から午後6時（冬期は5時）まで開室している．挨拶をしない，話し相手がいない，仲間がいないという「孤独死予備群」とも言える人達に気軽に集まれる集いの場が必要だと考えたからであった．サロンは禁煙，禁酒であるが弁当などの持ち込みは自由である．空き店舗の賃貸料は家主である都市再生機構が半額負担をしてくれたうえで，運営主体である団地自治会と団地地区社会福祉協議会が折半する．サロンの運営は，自治会役員や団地地区社会福祉協議会理事を中心とした20数名が世話人となり，毎日2名ずつ交代で時給200円の有償ボランティアとして担当する．2008年4

4. 「互助型」の支援活動

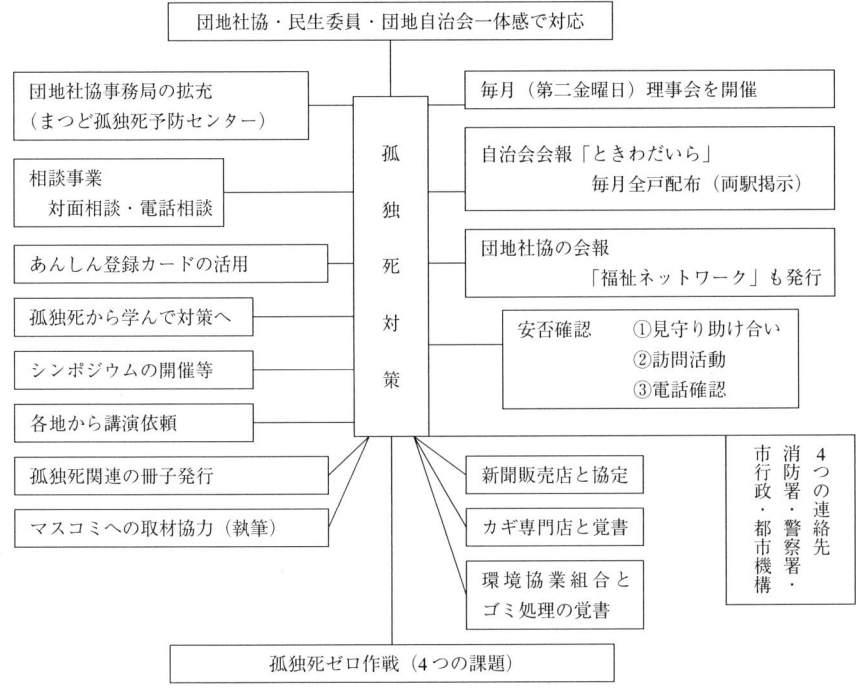

図 4-1　孤独死対策の関連図

```
                    団地社協・民生委員・団地自治会一体感で対応
                                      │
  ┌───────────────────────────────────┼───────────────────────────────────┐
  │ 団地社協事務局の拡充              │   毎月（第二金曜日）理事会を開催  │
  │ （まつど孤独死予防センター）      │                                   │
  ├───────────────────────────────────┤   自治会会報「ときわだいら」      │
  │ 相談事業                          孤   毎月全戸配布（両駅掲示）       │
  │ 対面相談・電話相談                独                                  │
  ├───────────────────────────────────┤   団地社協の会報                  │
  │ あんしん登録カードの活用          死     「福祉ネットワーク」も発行   │
  ├───────────────────────────────────┤                                   │
  │ 孤独死から学んで対策へ            対   安否確認 ①見守り助け合い       │
  ├───────────────────────────────────┤            ②訪問活動            │
  │ シンポジウムの開催等              策            ③電話確認            │
  ├───────────────────────────────────┤                                   │
  │ 各地から講演依頼                  │   新聞販売店と協定   4つの連絡先 │
  ├───────────────────────────────────┤                      消防署・    │
  │ 孤独死関連の冊子発行              │   カギ専門店と覚書   警察署・    │
  ├───────────────────────────────────┤                      市行政・    │
  │ マスコミへの取材協力（執筆）      │   環境協業組合と     都市機構    │
  └───────────────────────────────────┤   ゴミ処理の覚書                  │
                                      │
                  孤独死ゼロ作戦（4つの課題）
```

『常盤平団地「孤独死ゼロ作戦」に挑む⑧』p 4 より
『団地と孤独死』p 7 より

月までの1年間で来場者はのべ1万2,000人，1日平均35人が利用した．

　常盤平団地では，以上のような「孤独死」への取り組みを，松戸市の助成を得て『松戸市常盤平団地孤独死の課題に挑む』等の冊子にして2005年7月以来計5冊発刊した．この冊子は，地域住民のみならず興味関心をもつマスコミや研究者などへも発送されている．また，2005年9月には，常盤平団地を取り上げたNHKスペシャル『一人団地の一室で』に大きな反響があり，常盤平団地＝地域住民主体の「孤独死」対策の先進地域というイメージが定着した．その後も常盤平団地の取り組みは様々な新聞や雑誌テレビなどで取り上げられるようになり，自治体や大学などでの講演依頼が殺到し，関連書籍[*6]が何冊も発行されている．

4-2. 自治会長のリーダー・シップ
中沢氏の経歴と自治会との関わり

このように，常盤平団地は全国的に有名になったが，そこに欠かせないのが常盤平団地自治会長，中沢卓実氏の存在である．常盤平団地の自治会の発足は団地建設から2年後の1962年であるが，1961年に入居した中沢氏は，自治会の発足以降ずっと役員として自治会活動に従事する．1978年には自治会長に就任，再任も含めた現在までの会長歴は23年にも及んでいる．

中沢氏の強烈な存在感とリーダー・シップは，「大きな声でよどみなく話し続け，「ぐぁはっはっ」と豪快に笑い，圧倒される．この迫力で人をぐいぐい引っ張り強力なリーダー・シップを発揮，松戸市の常盤平団地自治会をまとめる．団地大家の住宅・都市整備公団（現・都市再生機構）という巨大組織に「家賃値上げ反対」「コミュニティを破壊する建て替え反対」などの戦いを挑み成果を勝ち取ってきた」（東京新聞千葉中央版2008年6月23日かお（Chiba People））という記事がよく伝えている．

中沢氏は1934年生まれ，出身は新潟県である．高校卒業後に産経新聞社に入社したが，1984年に50歳で退職し，近隣市である船橋市のタウン誌編集長として「月刊myふなばし」を発行してきた．常盤平団地では自治会発足以来，毎月自治会会報「ときわだいら」を発行しているが，その8割の記事を中沢氏が執筆しているのはそうした中沢氏の職歴にもよるのであろう．

中沢氏が自治会長としてリーダー・シップを発揮したのは「孤独死」問題だけではない．それが，前述の記事にもあった1988年頃から本格的に始まった家賃値上げ反対運動である[*7]．1988年に10年ぶりに自治会長に就任した中沢氏は，この年の10月から実施された一斉の家賃値上げに対して，「弱いものいじめ」「住民への説明不足」「家賃決定ルールの不明確さ」などを訴えた．そして，中沢氏を含む4名が原告となり，公団を相手に「家賃裁判」に踏み切ったのである．この裁判を闘う過程で，中沢氏は会報「ときわだいら」などをとおして地域住民への啓蒙活動を行ない，多くの署名やカンパなどを集めた．また，記者会見も頻繁に行ない，マスコミを味方につけて公団側の対応のまずさを社会に訴え続けた．さらに1991年からは，障害者や年金生活者の家賃減免を求める「福祉裁判」，1996年からは団地建て替え反対運動を展開した．

このように常盤平団地では，中沢氏の強力なリーダー・シップのもと，自分達の生活を自分達の手で守るために地域住民が一丸となって運動を続けてきた．また，公団や松戸市側との長い年月にわたる交渉を通して，最終的には深い信頼関係が築かれ「協働」を実現した．

リーダーとしての役割

中沢氏は，「私自身，同団地自治会の役員歴は46年．うち会長23年目．半世紀近い地域活動の経験をもつ．「孤独死を地域福祉の課題」と位置づけ，地域ぐるみでその課題に取り組むことに抵抗がなかった．それだけでなく「人のために働くことは自分のため」「人々の幸せづくりは自分のため」が身に染み付いた信念となっている」(時事評論2008年7月号) と述べている．長い年月にわたる地域との関わりの中で，理念と行動力を兼ね備えたリーダーとなっていったのであろう．実際に中沢氏と対面すると，物腰は非常に柔らかく目の前の人を包み込むような優しさを感じることができる．強力なリーダー・シップをもっている一方で，他の自治会や社会福祉協議会などの役員の方々が世話を焼きたくなるような面もあるようだ．講演会などにはたいてい5～6名の役員が共に参加するが，彼らもまた入居開始当初からの入居者であり，中沢氏とは長く共に活動してきた仲間でもある．中沢氏も，地域をまとめるポイントとして「役員会の成功が事業活動の成功となり，地域コミュニティ再生の原動力となる」[*8]と述べている．

中沢氏は，リーダーの役割は「大いに汗をかき，時には恥をかき，大いに原稿をかく」ことだと言う．活動すること，そして伝えること，このどちらも運動によって培われたものであろう．また，中沢氏はトップに欠かせない3つの配慮として，①目配り②気配り③思いやりを指摘し，リーダーの役割としては，①道を示すこと②企画を立てること（その能力を磨くこと）③一緒にやる配慮④人の悪口を言わない⑤各政党とは公平に⑥やさしく，思いやり，⑦補って，補ってもらう，という7つのモットーを掲げている．中沢氏は，自分がリーダーであることを常に意識し，ともに活動する役員との調和を重視しながら，地域住民に自らの考えを訴え続けるリーダーなのである．

5.「支援型」の支援活動—神奈川県川崎市多摩区三田　NPO法人秋桜舎コスモスの家の事例から

5-1.「地域に孤立する人を作らない」—コスモスの家の活動

1999年にNPO法人格を取得した秋桜舎コスモスの家（以下コスモスの家と省略）は，介護保険事業をはじめとする在宅高齢者への様々なサービスを提供している事業者である．コスモスの家は介護保険事業者であると同時に，地域住民と連携して「年をとっても安心して住み続けられるまちづくり」を目指した活動をしている点に特徴がある．合言葉は「地域に孤立する人を作らない」．そのために，1989年にコスモスの家が発足して以来，常に地域住民のネットワークづくりを重視し，川崎市多摩区三田の公団西三田団地を含む三田小学校区（約4,500世帯，人口1万人弱）を中心とした活動を展開してきた．現在は介護保険事業や配食サービス事業などの他に，商店街の空き店舗を利用した「三田ふれあいセンター」の運営や，地域福祉計画づくりにも積極的に取り組

表4-3　2007年度　NPO法人秋桜舎コスモスの家の事業

I. 介護保険3事業	
	ケアプランセンター
	デイサービスセンター
	ホームヘルプサービス
II. 予防介護保険2事業	
	予防通所介護
	予防訪問介護
III. 委託事業	
	有馬コスモスの家
	認定調査
	地域包括支援センター予防ケアプラン
	いこい元気ひろば（川崎市介護予防普及啓発事業）
IV. 給食宅配事業（夕食：毎週火・金，1食600円）	
V. 日帰り介護事業及び訪問介護事業	
VI. 情報提供事業	
	三田ふれあいセンターコスモスの家
	転倒予防教室
	めだかの地域学校（多摩区魅力ある区づくり推進事業）
VII. その他の法人事業	
VIII.「三田小学校区の地域福祉計画づくりの活動」	

2007年度事業報告より作成

んでいる．2007年度のコスモスの家の事業は八事業（表4-3）にまで拡大し，スタッフは20～60代の主婦を中心に約80名（ボランティアを入れると約100名），年間予算は9,000万円となっている．

コスモスの家の事業の中で，「孤立」した高齢者を支援する活動として挙げられるのが，「三田ふれあいセンター」での活動である．このセンターの設置は，地域福祉計画づくりに生かそうと2002年に三田小学校区全世帯を対象に実施されたアンケート調査がきっかけとなっている．自由に集まれる場所がないという高齢者側のニーズと，地域で何か役に立ちたいと考える男性の定年退職者などのニーズに応えるために，2003年7月にセンターが設置された．川崎市空き店舗活用事業を利用しているために，家賃は行政が半額補助している．センターは誰もが自由に集まれる場所であり，コーヒーや紅茶はセルフサービスで1杯100円で飲むことができる．また，センター内では週1回の昼食会（1食400円）をはじめ表4-4のような様々な企画が実施されている．このような企画がない日には，地域住民への場の提供も行なっているが，1時間光熱費込みで500円の料金を設定することで，センターの運営費に充てている．

表4-4 2007年度 三田ふれあいセンター 事業概要

	1回平均人数	開催回数	備考
昼食会	18人	46回	
喫茶室	13.8人	12回	
ケーキづくりの会	6.8人	11回	
ヨガクラブ	13.6人	23回	開催場所は中学校
三田俳句の会	16.1人	12回	開催場所は中学校
パソコン教室	12人	26回	開催場所は中学校・男性多い
健康麻雀クラブ	7.5人	15回	2007年12月よりスタート・男性多い

2007年度事業報告より作成

また，家に閉じこもりがちな人に外出の場を提供するために，転倒予防教室も実施されている．2007年度の実績は，月1回，計12回の開催で1回の平均人数は6.8名である．こうした実績が認められ，2007年10月より，川崎市介護予防普及啓発事業である「いこい元気ひろば」の委託を受けている．

5-2. 理事長のリーダー・シップ─コスモスの家の展開
渡辺氏の経歴とコスモスの家との関わり
なぜコスモスの家は介護保険事業者でありながら，介護保険外の地域に根ざ

した活動を広範に展開することができているのだろうか．コスモスの家の発足の経緯とリーダーであるコスモスの家理事長，渡辺ひろみ氏の経歴から考えてみることにしよう．

コスモスの家のルーツは1989年に西三田団地で発足した「多摩・麻生高齢者福祉研究会」である．この研究会は渡辺氏を中心とする7名の主婦によって始められたものであった．西三田団地は前述した常盤平団地と同時期，1966年に分譲が開始された公団団地である．分譲当初の世帯数は1,108世帯，多くが30代の家族層であり，男性は都心通勤，残された女性が幼稚園や保育園，学童保育などの設立を求めて積極的に運動を行なってきたという歴史がある．1934年生まれ，大阪府出身で大阪の大学を出た渡辺氏も1966年に団地に入居し，そうした運動の先頭に立ちながら子育てをしてきた．

ゴールドプランが策定され在宅福祉が唱え始められた1989年，渡辺氏をはじめとする子育てがひと段落した40～50代の主婦達が前記の研究会を発足し，それぞれが仕事をもちながらも高齢者の勉強を開始した．転機となったのが，配偶者を亡くし団地内で一人暮らしをする70歳の女性が発した「一番怖いのは孤立すること．誰かと話す場所があれば……」という言葉であったという．勉強だけではなく実践が大事と，その年の10月から団地の集会所で週1回2時間半，リハビリ体操をしたり，お茶を飲んだりするミニ・デイサービスが始められた．それがコスモスの家である．会費は月1,000円，利用者は10名ほどで研究会のメンバーがボランティアで活動を行なった．

翌1990年5月には10数名の出資者の協力を得て一軒家を借りることとし，本格的な活動をスタートさせた．こうした活動が地域に浸透していき，1995年には川崎市ミニ・デイサービス補助事業施設として認可され，1999年には国の委託事業になった．介護保険制度施行に伴い，NPO法人格を取得し介護保険事業にも参入した．しかし，地域の高齢者を孤立させない活動を続けることがコスモスの家の真骨頂であるとし，介護保険事業のみならず，さらに活動を広げていった．2003年には，地域づくり総務大臣表彰を「人と自然にやさしいまちづくり部門」で受賞するなど，コスモスの家は地域福祉活動の先駆的な実践例として全国的にも注目を集めてきた．

研究会を始めた当初の渡辺氏について，コスモスの家の理事として専門的な

アドバイスを続けている山本敏貢氏は「夢見る主婦たち」と称した．そして，「生活史の異なった方々，いろんな生活体験をもった人々が全国各地から集まってこられており，そこでは新しい生活基盤を作る必要があります．（中略）安心して住み続けられる地域社会を作るためには，人間の一生涯に深い関わりをもって，生活している女性がもっと社会参加する必要があります．介護の問題は女性の地位向上と切り離すことができません．とりわけ在宅介護は女性に担わされるのが現状です．女性が女性として自分らしい人生を実現していくことと，在宅介護を社会化していく，そういうことに取り組んだのが「コスモスの家」のグループではないかと思います」（渡辺 2005：73-75）とコスモスの家の特徴を述べている．

リーダーとしての役割

渡辺氏は声を大に，拳を振り上げて活動するというよりも，問題は何かを冷静に分析して，粘り強く活動するような人である．幼稚園などの設立運動の際の住民アンケートや，高齢者福祉研究会の開催，地域福祉計画づくりを前に実施された 77 項目にも及ぶアンケート調査の実施など，現状分析をもとにした活動を行なっている．こうした現状分析があって初めて，地域住民の納得を得ることができ，地域住民を巻き込んだ地域活動を展開することができるのだろう．

また，渡辺氏の，女性ならではの視点とネットワークとが，多彩な活動を支えている．例えば，会食会で余った食事をスタッフが入札制で買い取ることで無駄をなくすと同時に資金を貯めるというのも，主婦ならではのアイデアと言えるだろう．ボランティアを含めると 100 名にものぼるスタッフは，地域に住む友人や知人のネットワークで集まったという．また，会員制にすると会の趣旨に縛られて自由な活動ができない，会費を払えない人が参加できない，といった理由から今日まで会員制を取っていない．コスモスの家は，ニーズがあればそれに応えるという姿勢で，こうあらねばならないと型にはめることなく柔軟に地域の人すべてに開かれた活動を展開してきたのである．

こうした柔軟な姿勢は，コスモスの家が行政に対して示す姿勢にも示される．コスモスの家の場合，行政には「やってくれない」ではなく「しっかりやってもらいましょう」と要望する．渡辺氏が目指しているのは，一人ひとりが

地域に目を向け，自ら問題を発見し，解決していくという，「提案型」の地域住民の育成である．行政と対決するのではなく協働して実現させていく．そのために，行政のみならず様々な機関との連携を重視している．例えばコスモスの家が主催する地域交流会には，自治体や地域包括支援センター，社会福祉協議会の職員，民生委員などが一同に会し，情報交換をする場となっている．また，三田ふれあいまつり，三田お花見の会といった地域行事を開催するなど，町内会・自治会と連携することも欠かさない．渡辺氏は，強力なリーダー・シップでぐいぐいと人を引っ張るというよりも，コーディネーターとして地域住民同士の，また地域住民と行政や他機関との協働を促すリーダーということができるだろう．

6. 支援活動と地域の共同性

6-1. 常盤平団地＝「互助型」とコスモスの家＝「支援型」の成功の秘訣
堅固な組織と柔軟な情報発信，他機関との連携

常盤平団地が地域ぐるみの「孤独死」対策に成功した理由として挙げられる2つのキーワードが，「堅固さ」と「柔軟さ」である．

堅固さとは，まず団地自治会，地区社会福祉協議会，民生委員という3つの地縁組織が活動の基盤となっていることである．そして，これらの組織の役員として活動する人々の間には強い仲間意識が存在している[*9]．第二には，中沢氏という強力なリーダーの存在である．こうした堅固な組織を中心に活動を展開することで，「孤独死」という地域問題を地域住民全体が共有し，その解決に取り組むことができたのである．

一方の柔軟さは，情報発信や他機関との連携に見ることができる．前出の図4-1のように「孤独死」対策には，会報などの地域住民向けの情報発信と，シンポジウムの開催，講演，孤独死関連の冊子発行，マスコミへの取材協力（執筆）などの外に向けた情報発信が明確に位置づけられている．これらの情報発信により，地域問題を地域住民全体と共有すると同時に，それを普遍的＝公共的な問題として提起することに成功した．

もう1つが柔軟な他機関との連携である．同じく図4-1では，消防署，警察署，市行政，都市機構が4つの連絡先とされている．また，新聞販売店との

協定，カギ専門店と覚書，環境協業組合とゴミ処理の覚書といったように，地域住民の見守りを行なうために連携でき得るかぎりの機関と明確な協定を結んでいるのである．市行政に対しては，孤独死予防センター開設の際に，福祉公社の会議室を譲ってもらう交渉をするなど，協議を重ねてきた歴史がある．さらに，冊子作成の助成やシンポジウムの共催，後援などに加えて，「孤独死」対策に最も必要であるデータの提供を依頼するといった積極的な働きかけもしている．国に対しても，2005 年と 2006 年に厚生労働大臣への陳情を行なうなど，単なる地域住民の互助を超えた活動を展開しているところに，成功の秘訣があったといえよう．

高齢者への熱い思い・冷静な判断と他機関との連携

一方，コスモスの家が地域に根ざした活動を展開できた理由をキーワードとして挙げるとすると，「熱い思い」と「冷静な判断」であろうか．コスモスの家の活動を支えているのは，活動当初から変わらない「地域に孤立する人を作らない」という熱い思いである．この思いを共有する女性（主婦）達が中心となって，活動を展開してきた．このような主婦を中心とした「住民参加型在宅福祉サービス活動」は 1980 年代後半から全国各地で見られるようになったが，コスモスの家の活動もまさにこの典型例であると言えるだろう．一番ヶ瀬康子は，「くらしの知恵の社会化」としての女性達による活動の重要性を述べている（一番ヶ瀬 1992）[*10]．また，「団塊世代の女性層は，自らの動機づけ，価値観，行動様式に共感するかたちで地域への柔らかな参加，また諸活動・運動へのボランタリーなかかわりが見られる」（東京都社会福祉協議会 1991）と言われるように，思いを共有する女性達のネットワークの拡大が活動の拡大にもつながっていったとも言えよう．

こうした熱い思いをやみくもに主張するのではなく，アンケートの実施や勉強会の継続的な開催，そして専門家からのアドバイスを常に受けることなど，冷静な判断により活動を続けてきた点も成功の秘訣である．

また，常盤平団地と同様に「柔軟さ」という特徴も見られる．その 1 つは，NPO 活動でよく見られる会員制をとらずに，地域住民すべてに開かれた活動を展開したことである．もう 1 つは，役割分担を明確にした他機関との連携である．「私たちがボランティア的にがんばれることはどんどんやるけれども，

住民の力だけではできないこと，行政が責任を負うべき課題についてはお願いしますと言えるような関係を，「コスモスの家」は追求してきました．そこには，地域住民自身の相互扶助で高齢者の体力低下を防ぎ，機能を維持し，介護予防をすることで，少しでも福祉や医療予算の急増を回避できるよう，国や地方自治体の政策を応援しているという自負があります」（渡辺 2005：17-18）と渡辺氏も述べている．こうして，コスモスの家は，自らの思いを地域全体の問題として提起することに成功したのではないだろうか．

表 4-5　常盤平団地自治会とコスモスの家の活動が成功した理由

	「互助型」＝常盤平団地自治会
堅固さ	①自治会・社会福祉協議会・民生委員という地縁組織
	②自治会長の強力なリーダーシップ（データ入手と分析）
	⇒地域問題を自ら発見し，行動し，解決していくことに成功
柔軟さ	①情報発信（マスコミの利用等）
	②行政を含む他機関との連携
	⇒地域問題を普遍的＝公共的な問題として提起したこと
	「支援型」＝NPO法人コスモスの家
熱い思い	①「地域に孤立した人を作らない」
	②思いを共有する女性（主婦）たちのネットワーク
	⇒地域問題を自ら発見し，行動し，解決していくことに成功
冷静な判断	①アンケートや勉強会などでデータ入手と分析
柔軟さ	①会員制をとらず地域住民に開かれた組織
	②行政を含む他機関との連携（役割分担）
	⇒自らの熱い思いを地域全体の問題として提起したこと

6-2. 支援活動と地域の共同性

以上，地域住民による支援活動を「互助型」と「支援型」に分類し，それぞれの活動の事例を通して，なぜそれらの活動が成功してきたのかをまとめてきた．

2つの活動は，分類の根拠にも示したように地縁と関心縁という異なる地域住民の組織によって推進され，一方が地域住民同士の支え合いを重視するのに対し，もう一方は地域住民ではあるが福祉サービスの担い手として対象者を支援するという性格をもっていた．また，「互助型」の活動が伝統的な活動であると言われるのに対し，「支援型」の活動は特に1998年の特定非営利活動促進法（NPO法）の制定以降に台頭してきた新しい活動であるとも言われている．

事例でも,「互助型」のリーダーは男性で,社会運動に長く従事してきたような「奮闘力行型」[*11]のリーダーであるのに対し,「支援型」のリーダーは女性で,「住民参加型在宅福祉サービス活動」を発展させたNPO法人の理事長であった.

このように2つの支援活動は一見するとまったく異なる活動のように見える.しかし,成功の秘訣をまとめてみると,①伝統的な活動と言われる「互助型」の活動においても,マスコミを利用した情報発信などの新しい試みが見られる②両者とも行政をはじめとする他機関との柔軟な連携をし,協働して問題解決にあたっている③「孤立」した高齢者の問題を地域全体の問題として,さらには普遍的な問題として提起したことという3点において,非常に似通っていることがわかる.すなわち,そこでは,どのような組織を母体とする活動であれ,他機関との協働や情報発信などを通して,自らが発見した問題を地域住民全体に関わる共通の問題として還元していく,そのことの重要性が示唆されているのである.

それでは,なぜ事例で取り上げた2つの支援活動は,「孤立」した高齢者の問題を地域住民全体に関わる共通の問題として捉え直すことに成功したのであろうか.そのことを確認するために,あらためて2つの事例を比較してみたのが表4-6である.

2つの事例は,活動のタイプ,活動の特徴においてみるかぎり明らかに異なるものである.しかし,地域特性をあらためてまとめてみると,非常に似通っていることが明らかになる.まず,賃貸と分譲という違いがあるものの,両者はともに,1960年代に建設された公団住宅で,若い家族が多く入居した.そして,すべてが賃貸である常盤平団地では家賃値上げ運動が,施設がほとんどなかったコスモスの家が拠点とする西三田団地では施設建設運動が,地域住民によって活発になされている.両者は,公団団地に見られる共通の地域問題を抱えていて,地域の共同性が成立しやすい条件があった.

リーダーについてみても,あらためて比較してみると,偶然にも年齢も同じであり,地方出身で,団地の入居開始当初よりそこに住んでいること,運動に長く関わってきたという共通性が浮かんでくる.もちろん,2人は,学歴と性別を異にする.そしてそれが,確かに,それぞれの活動に特徴を付与している

表4-6 2つの事例の比較

タイプ	「互助型」	「支援型」
事例	常盤平団地	コスモスの家
所在地	千葉県松戸市	神奈川県川崎市多摩区
〈活動の特徴〉		
①性格	自治会・地区社協・民生委員の三者による地域福祉活動	介護保険事業者（NPO法人）による地域福祉活動
②歴史	孤独死ゼロ作戦は2002年から	ルーツとなる研究会は1989年から
〈地域特性〉		
①性格	1960年 公団住宅（世帯数5369）入居当初は20代と30代中心	1966年 公団住宅（世帯数1108）入居当初は30代中心
②住宅	団地エレベーターなし すべて賃貸	団地エレベーターなし 分譲
③歴史	度重なる家賃値上げ反対運動	保育所，幼稚園，学童保育等の建設運動
〈リーダーの特徴〉		
①性格	男性	女性
②年齢	1934年生まれ	1934年生まれ
③出身地	新潟県	大阪府
④学歴	高校卒	大学卒
⑤住居歴	入居開始当初より（1961年）	入居開始当初より（1966年）
⑥職歴	新聞社→タウン誌編集長	子育て・仕事→NPO法人理事長

とも考えられる．しかしながら，そうした違いはあるにせよ，地域住民による支援活動は，地域特性，すなわち地域における共同性のありように大きく規定されるのではないかという仮定は動かない．団地以外でも，過疎地や企業城下町など共通の地域問題を抱える地域の場合，「互助型」「支援型」を超えて，地域住民全体を巻き込んだ活動となる可能性が高い．そして，そのような地域において活動するリーダーは，事例で取り上げた2人のような，「コア」的な地域住民ではないか．すなわち，地域に長く居住し，地域住民とのネットワークがあり，熱い思いをもった人物である．

7．おわりに

本章では，地域住民による支援活動がなぜ重視されるのかの確認を行なったうえで，地域住民の多様性をおさえ，タイプの異なる2つの事例から活動を成功させた秘訣についても考察を行なった．そして，成功には欠かせないリーダーのあり方についても触れてきた．取り上げた事例は，ある程度の成功をおさ

7. おわりに

めた先駆的な例であり，数も内容もきわめて限定されている．しかしながら，そこには記憶に値する知見もあった．

　地域住民による支援活動が成功するために何よりも重要なことは，地域の共同性を成立させる基盤を地域がどれくらいもっているかということである．そのことを明らかにするためには，地域の共同性に関連して，現実の地域を深く観察することが必要である．共同性の問題を抽象論的な議論にとどめることは，「地域における共同」の追求から距離をおくことになる．「地域における共同」の実現に向けては，「地域住民による支援活動が地域の共同性を高める」のではなく，「地域特性を踏まえた地域住民による支援活動が，地域の共同性を引き出し高めるのだ」という認識は不可欠である．

　多少具体的に言えば，現実の地域には，「コア」に位置する住民と「周縁」[*12]に位置する住民がいる．地域活動の多くは，「コア」に位置する住民の内側で行なわれており，そこに「周縁」に位置する住民が入ることが難しい．あるいは，「周縁」に位置する住民の声が地域住民の声として届けられることはほとんどない．仮に，地域の共同性が，地域住民全体が共有できる地域問題の有無に規定されるとすれば，地域リーダーは，いかにすれば地域住民全体が問題を共有できるかということに力を注がなければならない．その問題が，いかに地域住民全体の問題であるのかを住民に納得させることができるか，言葉を換えて，その問題が個別特殊な問題でなく，共同の問題であることを納得させる，あるいは「普遍化」させるような配慮が必要である．そう考えた場合，地域リーダーにはコーディネーターとしての機能が期待されることになろう．

　最後に，少子高齢化や未婚化の進展，非正規雇用の拡大などにより，これからの地域は，「周縁」に位置する住民の数を増加させると予想されるのである．今後，「コア」に位置する住民こそが地域の中心であるという認識にも修正が必要となる事態も考えられるであろう．例えば，これまでは「周縁」におかれていた一人暮らしの短期居住者が参加しやすい地域活動などについても積極的な検討が求められるであろう．多様な地域住民が共存するのが地域である．1つの型，従来の型だけに固執することは「新しい共同」への道を塞ぐことにもなりかねない．これからの地域活動には，地域住民「総体」のニーズに柔軟に対応することが期待されるであろう．

第4章　高齢者の「孤立」支援活動と地域リーダー

黒岩亮子

注

* 1 報告書では，新たな福祉課題への対応の理念として，「今日的な「つながり」の再構築を図り，すべての人々を孤独や孤立，排除や摩擦から援護し，健康で文化的な生活の実現につなげるよう，社会の構成員として包み支え合う（ソーシャル・インクルージョン）ための社会福祉を模索する必要がある」と述べている．また，「つながり」の再構築は地域社会においてなされるものであるとし，地域福祉を重視している点も重要である．
* 2 厚生労働省は 2008 年度予算の概算要求で「小地域福祉活性化事業」の創設を計上した．その内容は，身近な地域において，住民相互の支え合い運動を促進し，地域において支援を必要とする人々に対し，見守り，声かけをはじめとする福祉活動を活性化するため，地域福祉活動を調整する役割を担うコミュニティソーシャルワーカーを市町村に配置するとともに，拠点づくり・見守り活動等の事業を支援するモデル事業を実施するというものである．
* 3 2004 年には，全国社会福祉協議会が地域住民を主体としたこれらの活動を「地域福祉型福祉サービス」として位置づけ，その浸透をはかっている．「地域福祉型福祉サービス」の特徴を詳しく述べると，第一は，関わりの場（「人間関係・社会関係」の回復・維持，「役割」の設定）を作ることによって，「その人らしい生き方・生活」が尊重できる条件を整備しているということである．特徴の2つ目は，「その人らしい生き方・生活」の実現のために，従来の福祉サービスのようにサービスの対象を年齢や障害の有無，程度，種類等の属性によって区分・限定せず，サービス内容も固定化しないことである．対象は，人間関係や社会関係が希薄で，地域社会の中で「生活のしづらさ」を抱え，支援を必要としている住民すべてである．特徴の3つ目は，地域社会との「つながり」を強く意識していることである．「地域福祉型福祉サービス」はサービスの担い手も受け手（参加者）も地域住民であること，それ以外の住民も含めて地域から多様な参加を得ていること，受け手の生活が地域全体との関わりで初めて成り立つこと，地域の社会資源とのネットワークを作ること，こうした事が重要である．また，「地域福祉型福祉サービス」の実践者は，地域社会の支えあう力の欠如や対立・摩擦，周囲への無関心といった弱体化に着目し，地域社会の一員として「まちづくり」を強く志向し，地域にはたらきかけ，住民に「地域福祉型福祉サービス」への共感を呼び覚まし，態度の変容や意識の向上を図っていこうとしていると説明され，活動を通してより良い地域を目指していく試みとしても捉えられている．
* 4 「受益圏」「受苦圏」（梶田 1979）という概念がある．牧里毎治はそうした概念を援用して，「共楽圏」「共苦圏」を提唱する．「公害や環境破壊で苦痛を受ける，受けた被害者が連帯して立ち上がり，生活防衛をしようとする地域社会を「共苦圏」，1 人あるいは個々の家庭だけでは十分楽しめたとはいえないイベントやお祭り，お花見など楽しさを共有する地域社会を「共楽圏」ということができます．今求められている福祉コミュニティは，住民が積極的に，持続的に誰もが参加できる「共楽圏」づくりを目標にして，反福祉的な地域社会を変えていこうという取り組みでもあります」（牧里 2007：6）．
* 5 牧里毎治は，関心縁を基盤とした組織を「テーマ型組織」と呼んでいる（牧里・山本 2008）．

7. おわりに

* 6 『一人誰にも看取られず』『常盤平団地発信孤独死ゼロ作戦生きかたは選べる！』『団地と孤独死』などが発行されている．

* 7 実はこのような家賃値上げや共益費値上げ反対運動は，中沢氏が自治会役員として活動を始めた 1965 年頃から何回も実施されている．その運動の中心となったのが中沢氏なのである．

* 8 常盤平団地自治会の「孤独死」対策は，『地域における「新たな支え合い」を求めて―住民と行政の協働による新しい福祉―』報告書にも事例として取り上げられている．中沢氏のこの発言も報告書に載せられている．

* 9 この点について淑徳大学孤独死研究会の一員でもある結城博氏は，「全国でも常盤平団地自治会が孤独死対策の先駆けとして，住民主体で取り組むことができた要因はいくつか考えられますが，何よりも自分達の「地域・すまい」を自分達でよりよくしていく意識が高かったからでしょう．中沢会長のリーダー・シップもありますが，住民意識が低ければ「地域福祉」の取り組みは難しいといえます．特に，常盤平団地はすべて賃貸住宅であり，住民がすべて同じ環境でした．多くの旧公団住宅は「分譲」と「賃貸」が入り混じっており，住民間の境遇も違います．そして，1960 年代に入居した人達が中心となって自治会活動を盛り上げ，古くからの仲間意識が芽生えていることも重要です．住民が同じ意識をもちながら人生の半分を生きてきたという，仲間意識が高いといえます」（中沢・結城 2008：52-53）と述べている．

* 10 常盤平団地の中沢氏も，「女性は何が強いのかというと ...... まず今晩のおかずは何にしようかと考える ...... それから洗濯をする，掃除をする，子育てをする，子どもの教育に携わる．さらには知り合いを作ることによって，一般的には女性は自分達の住んでいる地域に明るいのである．つまり，私に言わせると，昼間の主役は主婦で，地域福祉を進めていく場合に核となり，中心的な役割を果たすのです．地域福祉の主役は主婦である，あるいは女性であると言っていいと思います」（中沢 2008：149）と述べている．

* 11 倉沢進編『現代のエスプリ 328 地域社会を生きる』至文堂，1994 年 11 月

* 12 岩田（2008）は，社会的排除の議論の中で，この概念を使用している．すなわち，「社会を空間的に表現すれば，当然社会それ自体を維持するために重要な中心部と，この社会を他の社会と隔てる縁＝境界部分がある．周縁とは，この社会の縁や境界の部分を意味し，中心に対する周辺や末梢，あるいは町外れなどが含まれている」（岩田 2008：109）．と述べている．

参考文献

藤井博志，2007，「小地域福祉活動へのまなざし」全国コミュニティライフサポートセンター編『校区の時代がやってきた　住民が築く 17 の小地域福祉活動』筒井書房

一番ヶ瀬康子，1992，『地域に福祉を築く』労働旬報社

岩田正美，2008，『社会的排除　参加の欠如・不確かな帰属』有斐閣

梶田孝道，1979，「紛争の社会学　受益圏と受苦圏『大規模開発問題』におけるテクノクラートと生活者」『経済評論』

倉沢進，1994，『現代のエスプリ 328　地域社会を生きる』至文堂

牧里毎治，2007，「地域福祉活動が辿りついた現在と未来の姿 ...... その課題と展望」全国コミュニティライフサポートセンター編『校区の時代がやってきた　住民が築く 17 の小地域福祉活動』筒井

第4章　高齢者の「孤立」支援活動と地域リーダー

　　　書房
　　　────・山本隆，2008，『住民主体の地域福祉論　理論と実践』法律文化社
松戸市常盤平団地地区社会福祉協議会，2005，「常盤平団地　孤独死の課題に挑む　①〜②」
　　　────，2006，「常盤平団地　孤独死の課題に挑む　③〜④」
　　　────，2007，「常盤平団地『孤独死ゼロ作戦』に挑む　⑤〜⑥」
　　　────，2008，「常盤平団地『孤独死ゼロ作戦』に挑む　⑦〜⑧」
　　　────，2007，「講話集　常盤平団地『孤独死ゼロ作戦』に挑む」
森岡清志，2008，『地域の社会学』有斐閣
中沢卓実・結城康博，2008，『常盤平団地発信　孤独死ゼロ作戦　生きかたは選べる！』本の泉社
　　　────，淑徳大学孤独死研究会，2008，『団地と孤独死』中央法規出版
NHKスペシャル取材班＆佐々木とく子，2007，『ひとり誰にも看取られず　激増する孤独死とその防止策』阪急コミュニケーションズ
大山眞人，2008，『団地が死んでいく』平凡社新書
沢田清方，1991，『小地域福祉活動　高齢化社会を地域から支える』ミネルヴァ書房
東京都社会福祉協議会，1991，『福祉コミュニティを拓く　大都市における福祉コミュニティの現実と構想』東京都社会福祉協議会
渡辺ひろみ，2005，『デイサービスからまちづくりへ　主婦たちがつくったNPO「コスモスの家」』自治体研究社
全国社会福祉協議会，2006，『地域福祉型福祉サービスのすすめ─小規模，地域密着の可能性を探る─』全国社会福祉協議会
　　　────，2008，『地域における「新たな支え合い」を求めて─住民と行政の共同による新しい福祉─』全国社会福祉協議会

第5章

安全・安心の地域づくり
―災害時要援護者把握と自治会・町内会―

1. はじめに

いくつかの災害を通して，我々は直接体験したか否かにかかわらず，地震・津波・豪雨という自然エネルギーのすごさを知っている．その経験を踏まえて，災害範囲の拡大・長期化・深刻化につながらないように，災害予防，減災に向けて様々な取り組みが各地で行なわれている．

また，社会学のアプローチによる災害と地域社会との関係については，災害の拡大・長期化・深刻化が，『地域社会の脆弱性』と関係するのではないかとの指摘がされてきている．

本章では，最近の地域社会に投げかけられている災害時における要援護者の把握が，地域社会にどのように受け止められているのかをみることで，今日の地域社会の脆弱性とは何か，災害に強いまちづくりとはどういうことなのかを考察してみたい．

2. 要援護者の把握が投げかけたこと

2-1. 最近の災害時対応の動向

2004年7月の全国的な豪雨被害を契機に，2005年3月に内閣府，消防庁，厚生労働省連名で「災害時要援護者の避難支援ガイドライン」が策定され，2007年8月には厚生労働省の「要援護者に係る情報の把握・共有および安否確認等の円滑な実施について」では，「要災害時要援護者対応」をこれまでの都道府県・市町村の防災計画の中に盛り込むよう指示をしている．

阪神・淡路大震災の被災者に占める高齢者の割合が多いことは判明していたが，新潟県等を襲った豪雨被害は，その被害状況においても高齢社会における災害時対応のありようへの関心を一層高めることとなった．

とりわけ，避難行動が困難と思われる高齢者にあって，声を掛け合うなどの近隣関係の結びつきは，地域社会以外からの援助の力にはないものであることが見出されることにもなった．つまり，インターネット・携帯など通信・情報網の発達による社会関係の結びつきとは異なるものへの着目であると言える．

この結果，高齢者を中心とした「要援護者の把握」が災害予防の観点からも地域社会の取り組み課題となったのである．

折しも，平成2005年4月からの「個人情報保護制度」の全面施行直後ということもあり，「要援護者の把握」は，全国各地において地域社会における個人情報をどう扱うか，何を保護し，何を誰と（どこと）共有するかという課題にも直面することとなった．

2-2.「要援護者の把握」に向けて
―地域社会との接点と合意に向けての課題

内閣府は，「要援護者の把握」は個人情報保護制度との関係も考慮しつつ，災害時の個人情報把握について，次の3つの方式を提示している[*1]．

　①手上げ方式（要援護者本人の自発的な申し出による）
　②同意方式（行政機関が有するデータを元に，本人の同意を得る）
　③関係機関共有方式（本人の同意なしに，関係機関相互で情報を共有する）

特定非営利活動法人参加型システム研究所が2007年に実施した調査結果によると，全国自治体が採用している要援護者情報の把握方法は，①関係機関共有方式30.8％，②同意方式55.0％，③手上げ方式45.8％，その他3.3％であった（併用もあるため，合計は100％を超える）．つまり，①，②の何らか地域住民の理解協力を必要とする方式が採られているのである．

自治体は，その協力を地域社会の代表的組織である自治会・町内会にどのような期待等をもって寄せているのか．

同調査において，自治体が地域社会との連携にあたっての課題について，自治会・町内会側と行政側のそれぞれの立場からの自由記述内容に，次のような指摘があった．

災害時における要援護者の情報把握ひとつとっても，行政の立場にある人，自治会・町内会の立場にある人によって，把握の範囲・方法についての考え

2. 要援護者の把握が投げかけたこと

図5-1

〈行政側の自由意見から〉

①要援護者の情報は，自治会・町内会，あるいは自主防災組織などで把握されていることが，人間関係の希薄化と見守り活動など日常活動との関連づけるためにも必要．
②自治会・町内会，自主防災組織は，情報管理体制に不安がある．
③要援護者の把握にあっての困難は，留守宅や病院・社会福祉施設などの入院・入所の該当者，および死亡・転出・転入者の把握が適切に行なわれる体制があること．
④本人が援護の必要がないと考えているのに，自主防災組織など外部に情報を提供すること，あるいは，同意方式や手上げ方式の場合，非同意等の人への具体的な対応行動が描けないことによって引き起こされる住民間等での混乱．
⑤要援護者情報があることと，安否確認，避難行動支援などの行動が地域で取ることとがなかなか結びつかないと（「要援護者マップづくり」「要援護者を含めた防災訓練」など具体的な動きが進んでいないなどの指摘）．

〈自治会・町内会側の意見から〉

①住民の無関心と防災はあまりに広範な事項にわたり，自治会など地域社会では取り組みが難しい．行政，国の仕事ではないか．
②できるだけ要援護者の情報を収集すべきだが，集めた情報をどこで一元管理するかが問題．
③行政の情報を共有化して利用するより，（要援護者の状況などは刻一刻変わるので）直接，組長や構成員が訪問した方が早い．
④要援護者に対する具体的な支援方法がわからない．
⑤防災訓練をしても，人が集まらない．
⑥防災ボランティア自体高齢化が進み，思うような行動が取れなくなってきた．
⑦防災拠点までの避難に際して，階段や坂がある，狭い道路が多いなど，地域環境の特性を勘案する必要がある．
⑧連絡網や掲示など，情報の伝達手段等の確保．
⑨防災に関して，自治会・町内会の役割は防災訓練，研修会，防災情報の提供などを通した防災意識，危機意識を持続させること．

方，ウェイトの置き方が異なっている．その違いは，「……だから行政がしっかり把握を」と，「……だから地域（自治会・町内会）でしっかり把握を」と，正反対の帰結を含んでもいる．

共通しているのは，情報管理に関わる不安である．

ここで注意しておきたいのは，自治会・町内会には，行政の立場にある者も住民として生活しており，自治会・町内会の役員に含まれている場合も現実であり，何らかの話し合いの場面では，「行政の立場」「地域住民の立場」が入り混じったやり取りが生じるということである．

要援護者の把握が地域社会に問うている力のひとつに，様々な見方の意見をどのように集約し，具体的な行動に結びつけていけるか，そこに地域社会のリーダー・シップのあり方と関係してくることを指摘しておきたい．

2-3. 新潟中越沖地震における情報入手行動

要援護者世帯の把握がなされていることと，災害時に必要な情報内容とはどのように関連してくるのか．

要援護者に関する情報の内容は，要援護者個人の属性などに関することであり，避難行動が必要な場合に，支援が必要か否か，どのような支援が必要かを判断するための情報である．

災害時には，避難が必要か，どのような生活困難があるかなど多くの人が行動するに際しての情報があって，そのうえで，要援護者個別の情報により必要な支援行動が行なわれるのである．

このため，災害時の行動に影響を与える情報がどのように伝えられるのか．その情報は地域住民組織などと関係するのかに関心を払わざるを得ない．情報伝達が要援護者の避難行動や避難生活に結びつかなければ，要援護者に関する情報を活かし，支援に結びつけるという本来の目的にはつながらないからである．

中越沖地震の場合には，どのような生活情報が求められたのだろうか．

災害が起こったときの情報源は，事柄によって異なることが明らかにされている[*2]．

表 5-1

地震による被害の様子や余震に対する情報 …… テレビ（62%），行政広報（54%）
家族・親戚・知人の安否情報 …… （携帯）電話（76.1%），口コミ（19.3%）
電気・ガス等ライフライン復旧情報 …… 行政広報（72.5%），ラジオ（31.2%）
炊き出し情報 …… 行政広報（58.7%），口コミ（45.9%），自治会（22.9%）
店・銭湯・病院営業情報 …… 行政広報（46.8%），ラジオ（45.9%），口コミ（28.4%）
ゴミ処理情報 …… 行政広報（75.2%），自治会（33.0%），ラジオ（25.7%）

（『新潟県中越沖地震 体験は活かされたか』所収より）2008 年 2 月

以上のように，実際の情報源は，身近なものほど電話，口コミ，自治会などを通して得られる．つまり，普段からの「連絡網」に近い地域社会の人間関係が災害時には相当の影響をもたらすことがわかる．

2-4. 被災地の地域社会における情報共有

口コミ情報は，どのような内容の情報がどのように伝わるのか．災害時の状況下でのケースを柏崎市松美町自治会会長夫人の例で見てみたい．

㋐避難所を中心とした生活で得られた情報の内容

　　飲み物・食べ物に関する情報，トイレ用の水の確保に関する情報，目撃できない周辺地域の情報，外出先の家族の安否情報．

　→避難所に避難した人相互の情報共有につなげる．

㋑町内会・自治会の役員として得られた情報の内容

　　自治会・町内会活動の拠点；自治会館・コミュニティセンターなどに寄せられる住民の様々な情報とその処理に関わる情報．

　→住民から寄せられた情報は，生活圏エリアで処理できる事項と外部に支援を求める事項に仕分け，それぞれ関係者に情報提供などをし，必要な援助に結び付ける．

㋒町内会・自治会以外の組織などを中心とした情報の内容

　　生活協同組合，消費者協会，留学生仲間，宗教団体など生活情報を共有するネットワークがある団体など．

　→「会員の連絡網」などにより，会員相互安否確認行動や必要な物資などの調達に結びつける[*3]．

㋐の避難所を中心とした情報は，臨時的な「共同生活の場」として必要な情報を避難してきた人相互が共有し，助け合うことにつながるものである．

一方，㋑の町内会・自治会を中心とした情報は，元々もっている町内会自治会の機能がもたらしたもので，とりわけ役員としての行動につながっている．

具体には，災害直後からの地域見回りや夜警，自衛隊の給水・炊き出し，あるいは県内外ボランティアによる家財処理など応急復旧活動が円滑に運べるよう地域住民との窓口となっている．

単体の老人クラブや消防団などは，それ自体はまとまりはあるが，いつも同じメンバーなど人間関係はおよそ限られるが，柏崎市松美町では，敬老会，祭りなど大きな行事については，実行委員会を老人クラブ，青年会，民生委員協議会等から数人ずつ出して構成し，自治会役員は実行委員には加わらないという工夫で，より住民相互が知り合える関係を日頃から作ってきており，それが災害時には柔軟かつ即応した動きができた要因と総括している．

町内での，当初は知らない者同士が協力し合う実行委員会方式の活動経験は，災害時に救援に駆けつけた兵庫県からのボランティアコーディネーターな

第5章　安全・安心の地域づくり

どの円滑な受け入れにもなり，地元独自のボランティアへの感謝の集いの開催にも繋がった．

2-5. 地域社会と要援護者の位置

先に述べたように，要援護者の把握は，比較的情報が届きにくいと考えられる「要援護者」に必要な情報が届けられることが目的であり，要援護者を支援する立場の者が「地域社会」からの情報を含め，生活に必要な情報を共有できていることが肝要である．

平常時においては，サービス提供に必要な情報において，水や食料の確保ができることを前提として介護などのサービスを行なっており，水などの不足によって要援護者へのサービスにどのような支障が生じるかなどはあまり想定されていない．

災害時の要援護者への対応は，既存の福祉施設・医療機関など，利用できるところにつなげることが主眼となっている．

このため，対応できるところにいち早くつなげるための情報源のネットワークが身近にどのように構築されているかが課題となる．

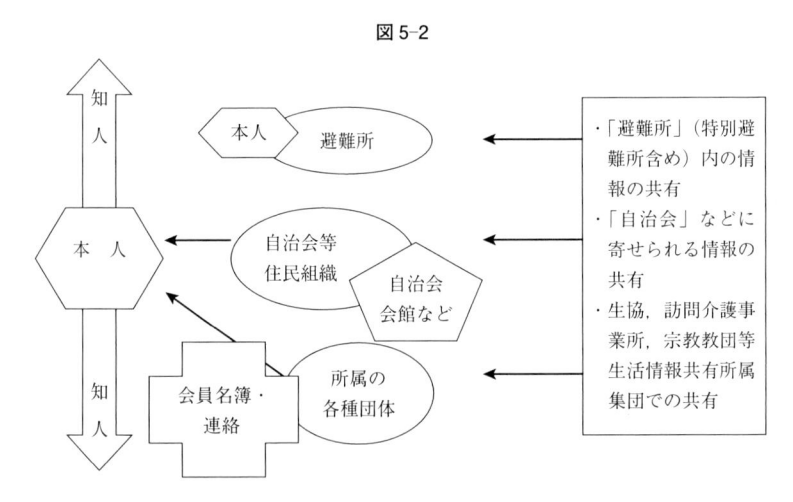

図5-2

本人が避難所にいる場合，その他の場合に情報が伝わった経路を図示したのが図5-2である．中越沖の資料からは，避難所にいる場合には情報が得やすく，また人々が相互に伝え合えるが，避難所にいない状態にあって，自治会な

どその住民組織や帰属集団の連絡網などが機能しない場合には，様々な情報が届きにくく，孤立化しやすくなるのではないかと推測される．神戸・淡路大震災における「仮設住宅」における孤独死の多発などの背景と重なる面があると思われる．

また，個々要援護者の情報は，地域社会の各種情報ネットワークと結びつかなければ，支援活動にもつながらず，災害時にあまり役立たない情報となる結果を招く可能性はないだろうか．

支援活動の例から，どのような情報源のネットワークが有効なのかを再度掲示してみると次のように整理できよう．

　ⅰ：地域社会として，同窓生，趣味のサークル，消費者組合員等々，住民相互が複数の情報チャンネルで相互につながっていること
　ⅱ：お祭りなど様々な行事などを通して要援護者を把握し，自治会役員なども複数のチャンネルがあることを認識し，必要に応じてその力を住民各々が引き出すよう促がす習慣があること

すなわち，お祭りも含め年間の事業計画が組まれ，その事業に住民の参加を得るために会議が開かれ，事業のノウハウが積み上げられている（習慣化している）地域社会であるか否かが，大変意味あることと思われる．

本章では，自治会等の住民組織がどのように機能しているのかを検証することができれば，災害に弱い町か，強い町かの目安と考えることができるのではないか．横浜市の一例を元に考察したい．

3. 要援護者把握の取り組み事例を通して

3-1. 横浜市の要援護者把握のフロー図

横浜市では要援護者の把握から，災害時での活用までを行政の視点から図5-3のフローを描いている．

このフローのポイントは，同意方式・手上げ方式にせよ，自治会・町内会などが住民の理解・協力を得られるように活動すること，把握したデータの共有・管理について，どのような相互信頼を得られるかにある．

民生委員児童委員，自治会・町内会などいわゆる「地域組織」がどのようにこのフローを受け止めたか次節以下に述べたい．

第5章　安全・安心の地域づくり

図 5-3

行政保有情報（介護保険要介護認定システム，難病患者など）
↓
要援護者名簿（基本情報．年2回更新．消防署等防災機関と共有）
↓
要援護者本人または家族の同意〈同意事項　地域への要援護者情報の提供，民生委員などの訪問の可否等〉
↓
要援護者情報の地域組織（民生委員等）への提供
↓
民生委員等による個別訪問
↓
地域の要援護者台帳の作成保管
↓
個別支援プラン作成のためのカンファレンス ──〈主体〉自治会町内会など自主防災組織，地域防災拠点運営委員会，民生委員，保健活動推進員，友愛活動推進員，当事者団体等
↓
個別支援プランの作成　　避難支援者・避難経路，避難場所等具体化して，本人・支援者，地域組織が同意の上共有．
↓
発生時　個別支援プランの活用

3-2. 横浜市内の地域社会の一般的な状況

　学校・中学校単位に「防災拠点（避難所）運営委員会」が自治会役員などにより組織されている．行政の防災計画上では，代表的な住民の防災組織である．

　しかし，連合自治会や地区民生委員協議会などのエリアと合致しないところも多く，「防災拠点」には地域で作成した要援護者リストを防災拠点にも置くことに躊躇するなど，地区により要援護者情報の保管方法にバラツキがあるようである．

　また，日常的な災害時対応の住民組織と，行政計画上の「防災拠点」とが噛み合っていない状況もあり，ある学校を防災とした地域防災拠点運営委員会の代表者は，「避難所に来た人への対応」だけを考えていて，避難所に来ていない人に援助物資をどのように届けるかなどのシステムはまだできていないと指摘する．

　この地域防災拠点運営委員会の構成員には，エリア内の単位自治会・町内会役員が主たる構成員となっているが，経験が浅い自治会・町内会長には，様々

な募金活動・ゴミの処理・清掃活動など単位自治会で，諸手配・取りまとめを前例通り，ひとつひとつこなすのが精一杯で，単位自治会を超えたことは手が届かないという．

　消防署の協力で行なう家庭内の初期消火や炊き出しなど部分的な「防災訓練」は行なわれている．

　しかし，「地域全体」の取り組みという視点での「災害時対応」などは，多くの人にとっては経験がないことであり，自治会として各世帯の理解・協力を取りまとめた経験がなく，自治会としてどう取り組むかという課題は，大変重いものであることは想像できる．

　さらに，自治会と民生委員との連携などについても，毎年役員が代わる単位自治会などにおいては，前任の自治会会長などから引継ぎを受けても，民生委員児童委員の役割まではとても理解しきれないという．

　いわゆる行政資料は，「民生委員と自治会の連携」など社会制度上の人的資源を組み合わせることで，より可能性を高めようと考えていると思われる．こうした資料を読み込める自治会役員は少なく，役員から自治会会員世帯にその内容が伝えられる機会は少ない．

3-3.「災害時一人も見逃さない運動」のＰ区内の全般的な成果

　自治会・町内会における「要援護者世帯の把握」においては，全国的に民生委員児童委員が取り組んでいる「災害時一人も見逃さない運動」による影響もある．

　民生委員児童委員サイドからの取り組みを見てみよう．

　民生委員児童委員は，担当世帯の中での要援護者について把握に努めており，近隣情報などによって把握した世帯の把握をしている．そこには把握漏れなどが多くあることも現状である．

　災害時に備えた要援護者世帯の把握は，日頃の把握漏れを自治会・町内会などの全面的な協力，および自治会未加入世帯（Ｐ区内では世帯の２割が未加入）に対しては民生委員児童委員が直接訪問して把握するなど多様な方法で進められたところに特徴がある．

　ある地区での取り組み例から住民・民生委員・自治会の相互関係をみてみよう．

第一段階：全世帯に調査用紙配布．封筒に調査用紙を封印したものを回収
　　　※単位自治会の協力
　　　※調査用紙記入欄（自力避難能力，避難支援の要否，相談の要否，世帯形態等）
第二段階：要支援，要相談世帯を民生委員が個別訪問
　　　※あんしんカード（かかりつけ医，保健福祉サービスの提供状況，緊急時連絡先などを記入）を作成
　　　※自治会内のあんしんカード作成．世帯の統計処理結果を単位自治会長に提供
第三段階：あんしんカードの共有・保管

以上は，いわゆる「手上げ方式」によるものだが，次の成果を挙げている．
①民生委員児童委員がこれまで把握していた以上の数の世帯が把握できた．
②とりわけ，障害者世帯など，一般的に民生委員児童委員からアプローチしにくいといわれる世帯からの「手上げ」があった．
③一方で，民生委員が把握しているといわれる「独居高齢者」において，災害時に援助が必要と意思表示した人は，把握者数の6割程度だったとの結果もあった．

　以上のことから，「民生委員に知られたくない」とか，「個人情報を知られたくない」と一般的に言われる「住民感情」は，手上げ方式のためか，結果的にこの地区にあっては皆無であった．
　むしろ，要援護者の把握活動を契機として，『自分のことを知っていてくれる人がいてくれて安心だ』との感想が民生委員に伝えられたという．さらに，薬名など求めていないにもかかわらずアンケート用紙に糊付けするなどして詳細を記載されているケースもあったという．
　また，「手上げ」のあった住民に対し，初めて面会する高齢者には「民生委員児童委員」と名乗るより，自治会・町内会から来ましたと，自治会・町内会の役員の一人として自己紹介する方が相手の方は理解しやすいようだとの感想もあった．

以上のことは，自治会・町内会が十分機能していることと，民生委員への住民の信頼度とが相関している例と思われる．

自治会・町内会が機能していなければ，民生委員の訪問もなく，高齢者が安心感を得る機会も少ない．民生委員の役割が認知されにくく，民生委員の地域推薦が円滑にできない，民生委員のなり手がいないという悪循環につながると推察される．

4. 要援護者世帯把握活動が地域社会に与えた影響分析
　　― 3地区の比較から

4-1. 要援護者把握に伴う自治会関係者共通の危惧

横浜市内では，前述したような状況がある中で，災害時の要援護者の把握とそれにつながる民生委員児童委員の活動から，自治会・町内会の機能などを再発見する状況が見えつつある．

横浜市A区内（19の連合自治会エリア）の民生委員に対するヒヤリングの結果，次のことが，自治会役員などとの討議の焦点になっていることがわかった．

①「要援護者の把握ができていない」という現状認識に関して

自治会・町内会関係者から，個人情報保護の意識が高い中で情報収集自体に協力を得られないなど消極的な意見があった．その背景には

　　ⅰ：「把握に伴う労力」（班長・組長への説明，会員住民からの苦情など）に割く時間が取れないことや説明の仕方がわからないなどの実情があること．

　　ⅱ：「把握したデータ」を元にした対応への期待に応えられないとの不安．

　　ⅲ：自治会未加入世帯もあり，その扱いは任務の範囲外である

との考え方があった．

②把握した情報の共有範囲と保管方法に関して

近い立場（近い所に住むなど）が保有（共有）していることが望ましい．この場合，「要援護者情報」も住民全体に包含させて単位自治会長が保有の第一優先とする考え方と，「要援護者情報」は，民生委員児童委員が優先保持とする考え方があった．

これには，民生委員児童委員の担当世帯が，複数の単位自治会にまたがる場合など，単位自治会の規模などによりその扱いが変わってきていた．

保管方法は，防災拠点運営委員会は学校が拠点となっているため「金庫」での保管が可能など疑義はないようであるが，単位自治会長などは，毎年交代するところもあるなどのため，「開封しない」「自治会館の金庫に」などその保管に腐心しているとのことであった．

こうした「保管」の悩みから，地域が調べた結果を行政が保管し，災害時に民生委員や自治会会長に届けるという提案もあった．

「要援護者の把握」に伴っては，把握→マップづくり→防災訓練などの展開が一般的に示されているが，前述したような要援護者情報の把握に関わる様々な事柄が何らの合意も得られず，把握が頓挫しかかった，把握はしたもののその後の活動は頓挫しているなどの自治会・町内会もあった．

「要援護者の把握」がある程度進んだ地区と進まない地区の比較をすることによって，その違いの要因を次に述べてみたい[*4]．

4-2. 3つの地区の状況比較

P区内のほぼ人口等が似ている地区を表5-2のとおりまとめた．

5. 地域社会の脆弱性の抽出の試み
―三地区の相違点の主たる要因分析から

要援護者の把握ができていないC地区の要因をA地区，B地区と比較することで解析してみたい．

5-1. 連合単位での会議頻度の違い―A地区C地区との比較から

両地区は比較的似ている．特に地区内の単位自治会が規模なども多様で，しかも単位自治会役員が毎年交代するところも多い．

単位自治会で単独で行事をするなど住民相互の交流の機会が乏しく，運動会や敬老会など「連合自治会」「地区社会福祉協議会」が行なう「事業への協力」による参加が主となっている．

両地区の違いは，単位自治会を取りまとめる連合自治会や地区社会福祉協議会の運営にあった．

A地区では，連合自治会長は地区社会福祉協議会会長も兼ね，「行政（施策）

5. 地域社会の脆弱性の抽出の試み

表5-2 地区対比表

	A 地区	B 地区	C 地区
地区の概要	昭和40年から農家周辺の土地が徐々に住宅地となった住宅地。 2,650世帯。 8単位自治会。 最大単位自治会630世帯，最小単位自治会は100世帯のマンション住民のみの自治会。 民生委員児童委員数12人。	昭和40年初めに県・市のプロジェクトにより山林・丘陵地帯を開発してきた公社型（分譲・賃貸）団地。 6,600世帯。 棟などに応じて10単位自治会。 民生委員児童委員数21人。	昭和30年代後半に山林の丘陵地帯が開発された住宅地域。 2,800世帯。 18単位自治会。 内2つは公営低家賃住宅団地の自治会。 他は戸建住宅地。 民生委員児童委員数12人。
連合自治会と地区社協	連合自治会毎月，地区社協年9回程度開催。 連合自治会長が地区社協会長を兼ねているため，連合自治会と地区社協合同で実施する場合も。 広報紙も，連合自治会と地区社協が合同で年4～5回発行。	連合自治会，地区社協毎月例会を開催。 区などの行政情報は自治会などの系統と福祉関係各種団体を主とする地区社協の系統の双方から流され，さらに，全戸に向けた「新聞」が毎月発行され，地区内の住民相互の動きが幾重にも確認できるようになっている。	連合自治会の会合，地区社会福祉協議会の会合は総会を除いては年5回程度。 運動会・敬老会など大きな行事前に実施。 連合自治会長と地区社会福祉協議会会長（元連合副会長，民生委員児童委員協議機会会長）が会議で同席する機会はない。 連合自治会は広報紙発行なし。 地区社協は広報紙年5回発行全世帯配布。
要援護者の把握方法	民生委員が実質的な主体となって把握する。把握するためのツールとして「自治会町内会」の仕組みを使う。 このため，未加入世帯については民生委員児童委員が直接訪問して理解を求めた。 ※各単位自治会長への協力依頼文書は，連合自治会長と民生委員協議会の連名。 単位自治会から各世帯への依頼文書は，単位自治会長名。 単位自治会において，組長・班長などへの説明。	大規模団地では管理組合の機能として，世帯の基本台帳がある。 それをベースに自治会が会員への協力を呼びかけた。 1次調査では，自治会が災害時に援護が必要と名乗り出た世帯を把握，2次調査は，特に心身状態など救援に詳細が必要と思われたケースについて民生委員が訪問。 そこで把握された情報は民生委員が保管し，段階に応じて活用することとしている。 ※集合住宅特有の，「棟」など共有物は，災害時においてもその被災は共通であるという認識に立っているところが，戸建住宅地域との相違と思われる。	取り組みなし。 なお，防災との関係では連合自治会に毎年1回，小学校主催の「消火訓練」と，小学校・中学校の「地域防災拠点運営委員会」主催の「避難所」を想定した訓練がある。
行動の成果	自治会活動，民生委員児童委員活動双方にとって，漏れがちな住民の把握ができたことが「個人情報保護」の壁を超えられた。 また，調査結果を統計処理して自治会役員に提供することで，「災害時」だけでなく，街づくりの課題として，今後の自治会活動，民生委員自治会活動に活かせるものとしたこと。	要援護者世帯の有無は「自治会」として把握すべきということがさらに意識づけられた。 これは，自治会の入居の「転居・転入情報」と密接に絡んでいることとして素直に受止められていた。 また，「要援護者」の避難，安否確認は，向う三軒両隣の助け合いで，これも「棟」の組長など自治会役員の基本の所管範囲。	
今後の課題	要援護者全てが把握できたわけではないが，「地域の状況認識」の共有ができたことを，現在の自治会役員はまた新年度に交代となっても如何に継続していけるか。 民生委員児童委員が積極的に動いて自治会の協力は得られたものの，今後，単位自治会毎に対応は異なるので，さらに連合自治会など場を活用して，要援護者情報の更新などの協力で継続性を担保すること。	様々な各種の行事があるが，各種団体のリーダーが高齢化して，また世代のギャップがあるため，後継者の養成が活動継続の鍵。 「要援護者」の災害時の「ケア」は，普段からの高齢者，障害者の各種のサークル，サロン活動などの当事者活動やその支援ボランティアの日常的な支援の延長で対応するとしている。	行事開催のための会議などはあるが，諸団体の活動調整などの機会はないため，共通の課題は不明。

105

とのパイプ」，地域内の親睦交流など経費がかかる面は「地区社会福祉協議会」を前面に出している．

連合自治会・町内会の役員会は毎月定例，地区社会福祉協議会の役員会は連合自治会の役員会後の時間帯に，年間5回開催されている．

C地区では，連合自治会と地区社会福祉協議会は会長も会議も平成12年までは兼ねて行なっていたが，連合自治会の運営をめぐって，当時の連合副会長が連合から分離する形で地区社協運営を切り離している．

両者の事業スタイルは似ており，単位自治会の人材不足（なり手がいないので，輪番制で回覧など最低限のことを）もあり，いわゆる「行事（イベント）を請け負う住民団体として，いわゆる体育指導委員や青少年指導委員，保健活動推進員，民生委員児童委員など行政委嘱による各種委員を各行事の担い手として依存している．

A地区では，民生委員児童委員の代表が「賭けだった」と感想を漏らしているが，連合自治会の会議の議題にすることができたのである．また，この取り組みを通して，初めて「地区としての一体性」を関係者が抱くことができたという．

一方，C地区では，議題にするかしないかの話の場すらなかったという（連合自治会長も民生委員を兼ねているが，民生委員協議会の中でさえ話題にならなかった）．

なぜなのか．さらにその要因を探ると，単位自治会では，老人クラブも敬老祝賀会や敬老金品の支給などの事業が一切ないため，民生委員児童委員の立場で高齢者世帯などを把握しようにも，把握の手がかりすら掴みかねているという状態があった．

C地区の単位自治会において，要援護者を把握しなければ事業が実施できないなど差し迫った状況がない．

図5-4は，一般的に行政情報は，連合自治会長を通して，あるいは各種団体長会議などを通して伝達される．

違いができてくるのは，様々な団体を通して提供された行政情報を地区のレベルで共有したり，行政課題を地元の現状と付き合わせる場があるか否かである．

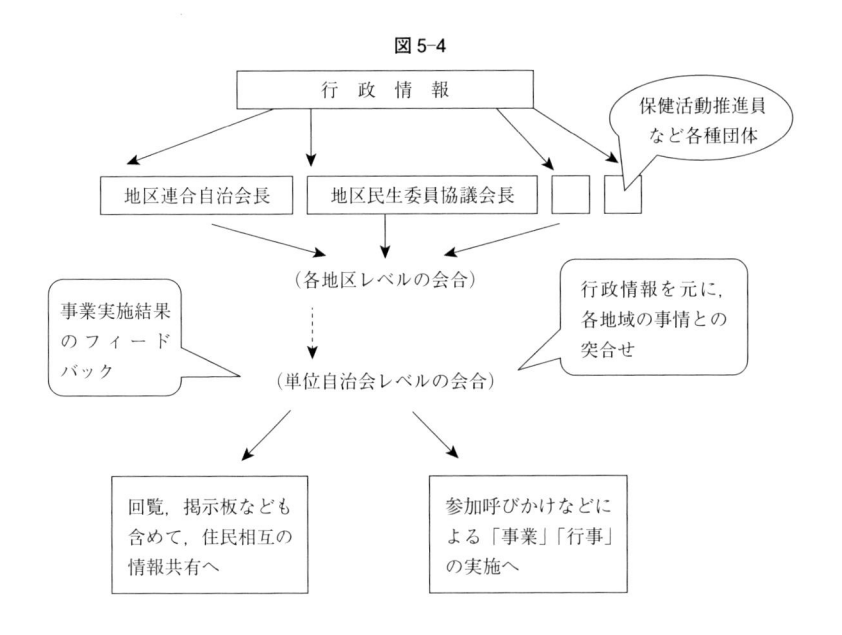

5. 地域社会の脆弱性の抽出の試み

図5-4

```
            行 政 情 報                    保健活動推進員
                                          など各種団体
    ↓         ↓         ↓      ↓
  地区連合     地区民生委員
  自治会長     協議会長

              (各地区レベルの会合)
  事業実施結果                    行政情報を元に,
  のフィード                      各地域の事情との
  バック                          突合せ
              (単位自治会レベルの会合)
         ↓                    ↓
  回覧,掲示板なども        参加呼びかけなどに
  含めて,住民相互の        よる「事業」「行事」
  情報共有へ                の実施へ
```

　また，地区で住民相互が活動した結果を振り返る場があり，そのなかから行政課題として投げかける事柄を抽出する場があるか否かである．

　そうした場がなければ，あるいは，意識的に課題を抽出することなどをしなければ，行政情報の受け手としての組織は地域に存在しないも同様である．それを"ザル状態"にあると表わそう．

　また，要援護者情報は，蓄積しつつ，更新継続することが伴う．しかしながら，行事の招待者や祝い金などの支給対象数のカウントのためのリストは，終われば捨てられている．蓄積保管され，更新するという扱いをしていない．つまり，単位自治会に対しあまり経験のない情報の扱い方を災害の要援護者情報については迫ってるのである．

5-2. B地区とC地区との比較

　B地区は，何棟もある集合住宅であるとの環境面からみると，要援護者把握の取り組み姿勢にみられたように，B地区は開発当初から，居住者の共有資源として，銀行・病院・大型スーパーなどが地域の中央に設けられ，当然いわゆるコミュニティセンターなども住民相互に便利なロケーションに建てられてい

107

る．棟の近くには，公園やスポーツが可能な運動場もある．

住居も，住居に至る階段，エレベータすべてが共有財産である．

さらに，高齢者専用住宅，住民参加型のホームヘルプ組織などが早くから立ち上がるなどしてきた．

このように「共有財産」を共同管理するための仕組みや協議の場が必要であり，いわゆる「管理組合」を超えた事柄を自治会として扱うことを積み重ねていた．

一方，C地区は，戸建住宅があるエリアは県が開発，あるエリアは鉄道会社が，あるエリアは土建業者が，とバラバラに開発が進められてきた．

住民の大規模な利用施設はない．中心部に大きな公園がないなど住民相互の共通財産がない．

最近では，平屋の連合町内会館の建設でも，その経費の支出などを巡ってなかなか結論が出ないまま数年を費やし，やっと完成した．会館の管理責任は単位自治会が支えるという実態は弱く，「連合自治会長が何から何まで管理している状態」と地元では言われている．

B地区では，連合自治会の役員，地区社会福祉協議会の役員と組織上はそれぞれあるが，何らかの実行委員会となると，その役職にこだわらず，あるいは，フォーマルな住民組織での地位の有無とは関係なく，実態的には声掛け合って「組織」され，役割が終えると解散している．

例えば，ここ3年間だけでも，小中学校の廃校・統合問題検討会，跡利用検討会，地区社会福祉協議会の障害児の余暇生活支援講座，特別支援学級誘致検討会などは，いわば途切れることなく連続し，その機能・役割を連合自治会や地区社会福祉協議会に結果を戻しつつ展開し，平成21年にはNPO法人を発足させるという段階にもきている．

C地区では，連合自治会長，地区社会福祉協議会会長の後を引き継げる人物がいないことが話題となっているのと比較すると地域の課題に対する受け止め方の違いは明らかであろう．

5-3. 比較を通して見えてくるもの

B地区において地域課題をどのように受け止めたのかを図示したのが，図5-5である．

先の行政情報の流れでみると，行政情報を地域事情と突き合わせる機能や実践した結果をフィードバックさせる機能がB地区にはある．

その機能が担保されるには，まず居住環境など住民の相互が交流しやすい物理的環境が用意されていること，またその結果生まれている住民の交流を様々な事業の取り組みを可能にする仕組みがなくてはならない．

地域社会における「リーダーシップとの関係」は，自治会長など住民組織の「肩書き」でその機能が明らかになるのではなく，その仕組みの理解と期待に応える各々の役割発揮があってこそ明確になると考えられる．

地域社会の仕組みの中で，住民組織の「肩書き」をもった者が，どのような役割期待を意識し，そして，その役割を実行しているかであろうか．再度，地区比較でみてみたい．

A地区においては，連合自治会長と民生委員児童委員協議会会長が，それぞれにおいて，住民から期待されている役割を相互に確認しながら果しているともいえよう．

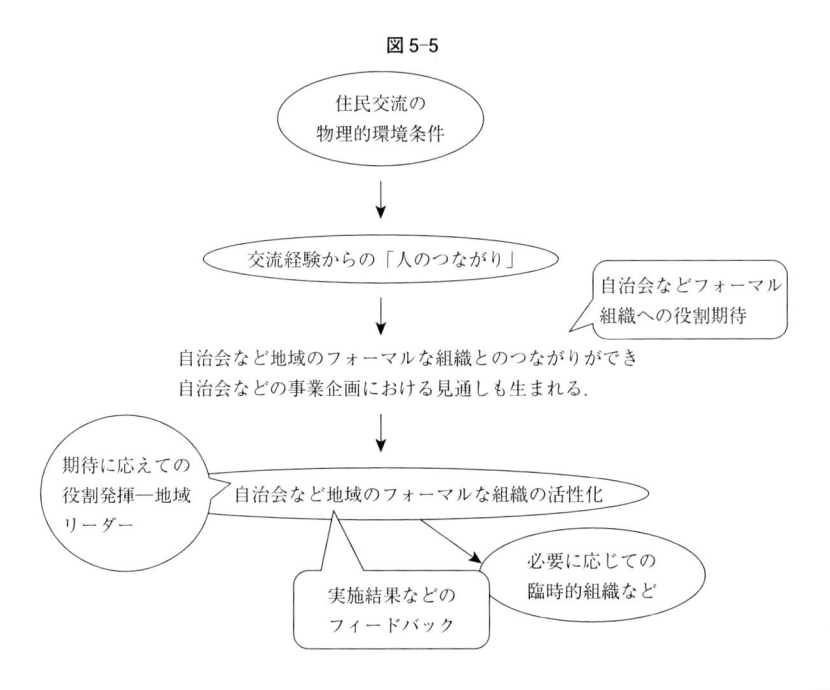

図 5-5

```
        住民交流の
        物理的環境条件
              ↓
    交流経験からの「人のつながり」      自治会などフォーマル
              ↓                        組織への役割期待
    自治会など地域のフォーマルな組織とのつながりができ
    自治会などの事業企画における見通しも生まれる．
              ↓
  期待に応えての
  役割発揮―地域    自治会など地域のフォーマルな組織の活性化
  リーダー
                    ↓                    ↘
              実施結果などの          必要に応じての
              フィードバック          臨時的組織など
```

C地区では，同じような地域状況に客観的にはありながら，住民に期待されている役割を十分確認する場をもたないまま，毎年繰り返し行なわれる各種行事の遂行者としての役割を果しているといえよう．

　リーダーからみて，この地域課題は誰に受け止めてもらいたいのか，受け止めてもらうためにはどういうことが必要か，そのために自分はどうするかという意識と行動があれば，そのリーダーはその地域社会の誰の眼から見ても「リーダー」として認知されるのではなかろうか．

　そのような関係を作り出すための社会環境と諸活動の経験を積み重ねる経過があってこそ，その条件が活かされると考えられる．

5-4．災害時のボランティア活動と地域社会との関係について

　災害時において，住民組織への期待とともに，いわゆる「ボランティア活動」への期待が自治体などから発信されている．

　内閣府のホームページ，県市町村社会福祉協議会のホームページなどではいつでも災害時ボランティア活動に関するその発信ができ，併せて「災害ボランティアセンター」がその核となって支援の窓口となるようになっている．

　被災地住民が何を望んでいるか．ボランティアニーズを引き出し，ニーズにあったボランティアとを結びつけ，細かな援助が迅速に展開されるようにすることが災害時ボランティアの動きとして期待されている

　阪神・淡路大震災以来，被災地には，「被災地以外」からのボランティアが駆けつけるという動きがでてきているが，長野・新潟県の豪雨被害などの頃から，被災地の住民感情と，駆けつけたボランティアなどとの関係が取り沙汰されるようになった．

　ボランティアのマナーに関することは論外として，「よそ者」を被災地住民がどのように受け入れるか，あるいは，被災地でのよそ者によるボランティア活動にいつ終止符を打つかが，災害の当初と，被災後2〜3ヵ月の時期に課題としてでてきている．

　ボランティア諸団体として，どのような支援活動を行なったかの詳細な報告書などはまとめられている反面，被災地住民相互の細かな「助け合い」は，いわゆる活字になることは少ない．結果として，ボランティア活動に関する情報がクローズアップする．

そうしたなかで，被災地域の代表的な立場（自治会・町内会役員など）の人が，友人・知人関係の動きも見つつ外部から訪れたボランティアに対して当該地域社会のガイド役となっていることは見逃せない働きである．

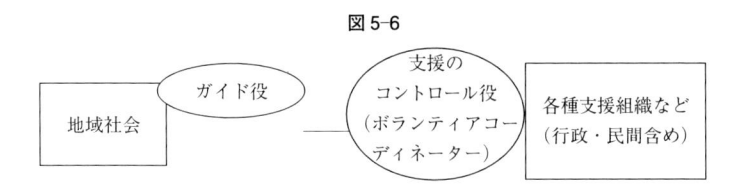

図 5-6

地域社会 — ガイド役 — 支援のコントロール役（ボランティアコーディネーター） — 各種支援組織など（行政・民間含め）

例えば，岩手県の被災地の宗教組織が受け入れ側となり，新潟県の当該宗教組織が支援体制を組んでのボランティア活動が展開されたなどという例がある．

それは，他県の檀家組織のコーディネーター役と被災地地域の檀家組織の代表などが窓口となって支援活動が展開されている．救援にあたっての生協などの組合員組織での支援の場合にも組織内コーディネーター役があった．

被災地地域の住民の被災前からのネットワークを活かし，必要な援助を行なえれば，にわか仕立てでチームを作るよりは望ましいことには違いない．

同様に要援護者の支援にあたっては，資源として，福祉施設などもボランティアに対して地域社会の窓口となれるよう日頃から要援護者の生活支援にあたることが一層求められる．

以上のように，地域社会の様々なネットワークを把握している人，すなわち地域社会のリーダーが，地域内に被災前から数多く存在していることが，支援を円滑にさせ，災害被害を抑止する力となることは被災地の地域事例からも容易に推測できる．

6. 結びに代えて

「災害時要援護者の把握の促進」という行政情報が包含する様々な意味とその受け止め方の違い．その受け止め方の違いが，地域社会にどのような影響をもたらすのか．

さらに，その受け止め方の違いはどうして生じるのかを記述してきた．

地区の事例紹介は，紙幅の関係もあって詳細は割愛した．

大都市部においては，事例に取り上げたように高度成長期に開発された新しい地域社会が多く，自治体から示された「自治会規約」などの「書類」を見本としつつ住民相互で経験を積み上げてきていると思われる．

取り上げた地区はいずれも 40 年以上の自治会の歴史はあるが，現状としてはどれほどの地域課題を受け止め，取り組んできたか，その違いがある．

最近の災害時に際して「災害ボランティア」が自然に展開するようになってきているが，いわゆる「被災地住民感情」など，被災地外に住む人達による「ボランティア支援」に様々な受け止め方があることも浮かび上がってきている．

自治会などを代表とする組織を「地縁型」とし，ボランティア・市民活動グループと行動原理などが異なるとの認識から，様々な排他的な行動が見られたとの災害支援活動報告もこれまであった．この結果，災害時対応について様々な操作概念が生れ，それが冒頭に掲げた行政側の期待概念，自治会・町内会などの受け止め方などの違いに影響していることを憂う．

行政区域にとらわれず，地域毎に異なる地域社会のリーダーとその役割についての理解が的確になされれば，万一，災害に会ったとしても，被災地地域の支援の窓口機能としての働きができ，支援が順調に行なわれることに結果としてつながると考えたい．

地域社会のリーダーは，住民相互の時間と手間をかけた試行錯誤のうえに育ち，自治会等様々な組織を真に機能させ，築かれるものである．

徳久和彦

注

* 1　平成 18 年 3 月 28 日「災害時要援護者の避難対策について」資料「災害時要援護者の避難支援ガイドライン」)
* 2　特定非営利活動法人新潟県消費者協会と新潟大学人文学部松井研究室の共同調査
* 3　「災害に強いまちづくり」2008 年 1 月新潟県柏崎市松美町町内会発行「主婦からみた震災」所収を参考に筆者が整理)
* 4　区連合自治会加入は延 215 自治会数，内 66 自治会（全体の 3 割）が集合住宅のみで構成．

引用文献

神奈川県横浜市旭区社会福祉協議会，2008，平成 20 年度旭区地区社会福祉協議会カルテ
新潟県柏崎市松美町内会，2008，災害に強いまちづくり―災害に強いまちづくり
静岡県社会福祉協議会，2008，平成 20 年度関東ブロック組織担当者会議（春）資料
特定非営利活動法人参加型システム研究所，2008，災害時要援護者の支援に向けて―情報共有化の現状と今後の課題
特定非営利活動法人新潟県消費者協会／新潟大学人文学部研究室，2008，新潟県中越沖地震 体験は活かされたか
横浜市都市経営局調査・広報行政課，2007，特集 地域で取り組む防災―調査季報，161 号
神奈川県横浜市旭区，平成 19 年度自治会町内会（旭区）

参考文献

阿部北夫・三隅二不二・岡部恵三，1988，自然災害の行動科学 応用心理学講座 3，福村出版
神奈川県横浜市旭区役所，2007，旭区区民意識調査集計結果
神奈川県県民部・保健福祉部，2007，災害時における要援護者支援マニュアル作成指針
新潟県総合生活協同組合新潟県中越沖地震災害対策本部，2008，新潟県中越沖地震活動の記録
沖縄県社会福祉協議会，2008，社協の防災活動ガイド
大矢根淳・浦野正樹・田中淳・吉井博明編，2007，シリーズ災害と社会 災害社会学入門，弘文堂
――，2008，シリーズ災害と社会 復興コミュニティ論入門，弘文堂
災害ボランティア・市民活動支援に関する検証プロジェクト，2006，「災害ボランティア活動センター」の運営と支援に関する調査事業報告書，中央共同募金会
災害時要援護者の避難支援における福祉と防災との連携に関する検討会，2007，災害時要援護者対策の進め方について―避難支援ガイドラインのポイントと先進的取組み事例，内閣府
鈴木広編，1998，災害都市の研究―島原市と普賢岳，（財）九州大学出版会
特定非営利活動法人新潟県消費者協会／新潟大学人文学部松井研究室，2005，新潟中越地震 被災地の声
全国民生委員児童委員連合会，2009，災害時一人も見逃さない運動ハンドブック
全国社会福祉協議会地域福祉部・全国ボランティア活動振興センター，2008，月刊福祉 特集，全国社会福祉協議会

第6章
伝統的関係を基盤とした共生生活圏再生の試み
―倉敷町衆のリーダー・シップによる地域活性化―

1. はじめに

　近年，地域における活性化の取り組みはその地域の特色や資源を活かした観光，地場産業，コミュニティビジネスの展開など様々な取り組みが地方でなされている．その活動は地域における経済的基盤の確立を目指すものにとどまるものではなく，地域の文化や伝統また景観，風土の保全，人的なネットワーク資源の活用など，各々の地域性を見直し，地域の社会的関係や資源を活用し，活性化を図ろうとするものである．地域の再生を経済性のみに視点を当てれば，その地域が有している産業の蓄積や観光資源の豊かさや質といったもののみが強調され，そのような資源をもたない地域は活性化を期待できないことになってしまう．しかし現代においてなぜ地域再生や，活性化，コミュニティ復活，といった点が注目され，様々な活動がなされているかを考えると，大都市圏を中心とした考え方に基づく地域開発による地方の衰退や格差，高齢化によるコミュニティ維持や福祉等の課題が地方にとって切実なものとなっているからである．行政などによって「共助」や「地域活性化」等の取り組みを支援する，または新たに作り出そうとする動きが見られるが，本来地域生活における共助の仕組みや，関係性はきわめて地域固有の物であり，計画によってつくられ得るものではない．人はその居住している環境や風土にあわせた生活を長い歴史のもとに育んできたのであり，そこに固有の文化が生まれる基盤があるのである．人的な繋がりはそのうえに成り立つものであって，あくまでも生活者の視点が必要であろう．行政による制度の整備も必要不可欠なものであるが，地域の生活にとって最も必要であるのは近隣住民による相互扶助的な活動であり，そのような活動によって地域の防災，防犯といった活動が維持されてきたのである．地方においてはそのような町内会，子ども会といった活動すら維持

が不可能な地域もある．地域再生とは，地域の経済的基盤の確立のみが課題ではなく，そのような日々の生活の営みにも焦点を当て，取り組まれるべきものであると考えられる．地域の「公共の生活圏」をどう改善していくのか，誰が取り組むのかはその地域がもともと有している固有の文化の影響もまた考慮されるべきであろう．「公」を担うリーダーを生み出すのは地域の文化であり，リーダーに「公」を担う住民の理解と支援という正当性を付与するものである．革新的な人材や地域の改革はもはや外から求めるしかない，少子高齢化や地方の衰退によって地域の創造性や信念をもってまちづくりにチャレンジしていくというリーダー・シップもまた失われつつある，といった概念にとらわれるのではなく，むしろその地域がこれまで「公共生活圏」に対し，どのように対応してきたのかという伝統をあらためて見直す必要があるのではないだろうか．経済性に偏れば，ともすれば企業誘致に走りがちであり，それに伴う若い人材の流入や活性を考え，そのようなリーダーを期待する．しかし，生活，地域福祉の基盤としての地方における共生や繋がりによる相互扶助に対しての公共の担い手は，そこに居住する生活者自身から「郷土愛に基づいた公共への信念」をもったリーダーが必要なのである．必要なのはそれを支援する力である．地方分権が進む中で行政による地域活性化事業への支援などがなされ，地方においても様々なイベントの創り出した物産品による町おこし事業，文化事業など盛んになりつつあるが，成果をあげている地域も多く見られるものの，活動に偏りが見られ本来の地域固有の伝統や風土から離れたもの，または単なる観光産業創出というような移植の感が否めないものもあるというのも事実である．重要なことは住民が生活の視点から，その地域の将来のあり方を自ら設計する，考えていくことなのである．地域の過去と現在，そして将来の姿を把握し，最もその地域のニーズに沿ったまちづくりを計画し実践するリーダーのあり方をしっかりと捉える必要があるだろう．本稿では「町衆」[*1]という伝統的なまちづくりのリーダーによる倉敷におけるまちづくりの取り組みについて考察する．「町衆」というと保守的で排他的な地縁関係で新しいまちづくりとは無縁なもののような印象を与えるが，その地縁が他地域との文化の交流に積極的であり，他者への寛容性に富む人達という精神を有している人達であり，自主的にまちづくりを担ってきた文化と伝統が地域にあるならば，最も「郷土

への愛情」を核とした個性あるまちづくりにリーダー・シップを発揮し機能していくのである．倉敷の町衆文化という伝統的な共同体関係は天領の時代から自主的な地域福祉活動や民主的な村政の運営，また大原美術館や倉敷労働科学研究所，農業研究所の設立等によってその社会事業による貢献活動が全国的にも有名となった．倉敷紡績の住民達による創設など，古い伝統的な共同体の形をとりながらも，新しい文化を積極的に地域に受け入れ，住民と共有し，その時代における社会問題にも常に視点を当て，個々の地域のみでなくその時代の社会と自分達の関係を常に意識し，時には社会より先行する形で解決してより良い生活を追及してきた．倉敷の人々は現在でもその性質を〈クラシキ者〉[*2]という言葉で表現し意識している．倉敷の事例は地域の個性や文化的な独自性の歴史的基盤が自然にリーダーを生み出していくという点で地域の再生と公共の担い手を地域の視点から考える１つの要素となり得るものと考えられる．

2. 観光都市倉敷

2-1. 町並み保存の歴史

倉敷はその独特の町の景観によって「一度は訪れてみたい町」として一時期は京都に次いで観光客を引き付けてきた．特に大原美術館を中心とした一帯は有名であり，美観地区として2000年に委任条例である倉敷市美観地区条例を制定されている．倉敷においては伝統的に行政主導ではなく，住民自身による自主的なまちづくり，町並みの景観保存に対する活動が進められてきたという歴史がある．金井利之の調査によれば，倉敷市当局は倉敷の町並み保存活動は行政による主導型ではなく，むしろその住民の〈気質〉ともいうべきものに端を発していると考えられるという．その〈気質〉とは，前述したようなクラシキ者と呼ばれる倉敷の住民の自主的，自治的精神ともいうべきものであろう．倉敷は天領として栄えたが，かつては古録と呼ばれる有力者達によって村政が支配されていた．古録派は代官と結託し様々な地域内における特権を得ていたが，それに対し新録派と呼ばれる商人達がその特権の排除と村の自主的運営を主張してこの後，村内の民主化ともいうべき争いが起こり，約30年の「新録古録騒動」[*3]の後，新録派が勝利し，村役人の公選など地域の民主的政治を進め，明治には義倉制度という相互扶助制度の整備による貧民救済，教育の振

興，水利開発等地方自治に尽力した．後に倉敷紡績の取締役社長となった大原家もこの新録派であり，2代目の倉敷紡績社長となった大原孫三郎が倉敷の都市整備事業のために1919年に設立した「倉敷住宅土地株式会社」による道路整備事業，病院，銀行，幼稚園などの施設の建設によって倉敷の近代的な整備事業が行なわれた．このような整備事業もまた大原孫三郎一人の事業ではなく「町衆」のネットワークという協力関係があって進められたものである．大原孫三郎が行なった都市整備は，紡績会社を中心とした倉敷の工業都市としての経済活性化と都市整備計画の具現化の時代であった．戦後，大原総一郎，倉敷民芸館館長外村吉之助を中心として建築家の佐藤重夫ら有識者が「倉敷都市美協会」[*4]を発足し，地域住民による街並み保存運動が起こり，1968年から自主条例としての伝統美観保存条例を制定し，特に重要な地区として別に特別美観地区を指定した．また，「住民の建築協定案」を作り建築物の調和を協定を結ぶことで守ろうとした．昭和20年代にすでに倉敷では町の景観をどのように守るかという課題に対し，住民が主体となって組織を作り活動していたのである．1978年にはこのほぼ全域を対象として伝統的建造物群保存地区指定を受け，文化財保護法に基づく条例によって運用されることとなった．このように住民主体による都市美協会を中心として倉敷の景観保存やまちづくりは進められ，行政に先駆けるという特徴を有してきたのであるが，行政が町並み保存に積極的に乗り出したのは，倉敷市，玉島市，児島市の合併にあたり，倉敷の洋風，和風建築が混在したこれまでの歴史的景観を観光資源として観光客誘致を図る構想を打ち出してからであった．しかし，これまでまちづくりを担ってきたのは伝統的に倉敷住民自身という認識が行政にも浸透しており，行政主導ではなく，むしろ協力や支援という形をとったところに倉敷の特徴がある．

2-2. 観光都市倉敷の課題

倉敷は，天領時代の古い町屋通りや明治以後から住民主体となって造られた新しい建造物とが融合し，独自の町並みを作りそれが観光都市倉敷として全国的にも有名になり，人気を集め，観光客も増加していたが，本州（岡山県倉敷市）と四国（香川県坂出市）を結ぶ瀬戸大橋が開通した1988年をピークに観光客は減少傾向に転じた（図6-1）．倉敷市については観光地としての評価は高く，また来訪意向も高い[*5]．しかし，実際に倉敷を訪問した観光客からの評

価はあまり高くない「イメージ先行型」観光地として分類され、また社団法人倉敷観光コンベンションビューローの調査では、2003年の観光客数646万1,000人に対し、市内宿泊者数は96万2,000人と倉敷を訪れる観光客は、日帰りまたは他地域宿泊という通過型の観光客であり、滞在時間も約2時間ときわめて短い時間しか留まっていないことが明らかとなっている。倉敷は大原美術館を中心とした「美観地区」[*6]のイメージが強すぎるために逆に観光客の動きが美観地区内に限定され、天領からの町屋通りまで足が伸びない、また美観地区以外の駅周辺の整備が立ち遅れ、大店舗の撤退等により衰退するといったアンバランスが目立つ結果となっており、短い滞在でも観光できてしまう、通過型で事足りるという結果を生み出してしまっていた。美観地区内の土産物店等も世代交代が進み、かつては美観地区内に居住していた店主も郊外からの通勤スタイルをとる人がほとんどであり、夜間の居住者不在や連帯感の意識の形成も薄らいでしまったという課題が生まれてしまった。また美観地区から続く古い商家の町屋通りも限定的に高齢化が進み、古い町屋の後継者不在や空き家の増加等コミュニティ活動維持や生活文化の継承すら難しい状況となっていた。

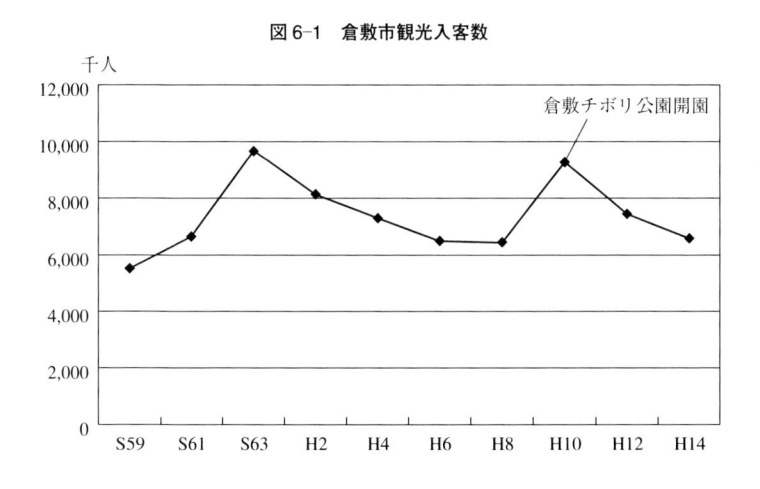

図6-1　倉敷市観光入客数

3. 町衆文化と「12人衆の結成」

3-1. 倉敷屏風祭の歴史と町衆の伝統

このような倉敷の課題に気づいて再生のために取り組まなければならないと，自主的に取り組みを始めたのは倉敷商工会議所内において2001年に発足した「くらしきTMO」の岡荘一郎氏を中心としたメンバーであった．岡荘一郎氏は倉敷の抱える課題についての対応策を模索する中で，郷土史家の書いた「倉敷屏風祭」を読んだことをきっかけとして，伝統的に倉敷がもつ町衆や商家の人達がもつ「おもてなしの心」といったホスピタリティや「粋」が倉敷の魅力であり，屏風祭を復活させることで，地域の活性化や希薄化しつつある住民によるまちづくり意識を今一度再生させる1つの機会となるのではと考えた．倉敷の屏風祭というもの自体が岡氏によれば「100歳近い人がうっすらと記憶している程度であり，詳細はわからなかったが郷土史では阿智神社大祭の日に町の商家が格子を開け放し屏風をしつらえ，花を活け訪れた人の目を楽しませるといったものであり屏風が飾られている家であれば，知らない家でも土間に入り拝見し時には屏風談義に華をさかせるといった時間を過ごせる祭であったらしい」ということであった．また古い町屋通りの路地が自然な共有空間として機能し，人々の自然な交流を促していた．そのような祭の際，屏風をしつらえたり，雛人形などを飾り花を活け，路地を歩く人の目を楽しませるといった風習は京都の祇園祭に見られる．倉敷が天領時代より商人の町として栄え，商人達が当時の芸術文化の中心であった京都などの交流を通じて，地域へその華やかさや雅さといった高い文化を伝える役割を担っていたのである．町衆の間では京都などで買い求めた器などを披露する場を作り，集まってもらうための「回章」[*7]をまわす風習もあった．倉敷では商家の旦那衆である町衆が，経済のみでなく地域文化を高めることや文化交流に対してもリーダー的役割を担いまた，屏風や持ち帰った器類などの芸術作品のお披露目を地域の住民すべてに対して開放的に行なうことで，お互いのコミュニケーションや繋がりを深めていたのである．

3-2.「倉敷屏風祭の復活を願う衆」の結成

倉敷の屏風祭を復活させたいという岡氏の発想は単なる伝統行事による町おこしではなく，倉敷が有していた「おもてなしの心」という精神的な文化を守

り，継承させ，倉敷を離れた若い世代の里帰りの機会の創出，地域住民同士の交流を深める場作り，といった現代失われつつある地域住民同士や世代間のコミュニケーションという新しい機能を伝統行事に付加させたいというものであった．このアイデアに対し，賛同したくらしき TMO のメンバーおよび町屋通りの住民によって「倉敷屏風祭の復活を願う衆」という 12 人のグループが結成された．メンバーは独自に動き岡荘一郎氏のアイデアを支援する形で自ら 5 万円を出し合い，労力を提供することを決定した．賛同したメンバーの一人である倉敷商工会議所の加藤清次理事は「日本の組織は皆で協議し皆が納得したのだから良い，という風になるが，それでは誰も責任を取らないしこのことが日本全国でどこでも似たようなイベントで個性のないものを作る一因ではないかと思う．そう考え，この際岡さんがやりたい，というのだから自分達でやろう．アイデアに賛同する人だけで集まってお金と労力を提供しようという形をとった．アイデアというのは芸術と同じ．一人が生み出すのだから芸術となるのであって皆が納得するという物は個性のないものになる」と参加理由を述べている．確かに日本では何か新規な事業を実践しようとした場合，「事例があるか否か」にこだわる傾向が見られ，新しい取り組みや前例のないことに尻込みしてしまうといった場合が多い．新しいことをするチャレンジ精神という創造力と支援するネットワークの存在が倉敷紡績の数々の社会事業を特徴づけてきたと言える．12 人衆はまず 100 年前に屏風祭が行なわれていたという美観地区から続く古い商家の町並みを残す，本町，東町にかけて一軒ずつ訪問し，住民の理解と協力を求めた．また 12 人衆と地域住民の説明会の開催，ボランティア募集などの準備も進め，第 1 回の屏風祭は 33 軒の協力が得られ，実施されることとなった．屏風祭開催にあたっては，歩く距離を全長 600 m と往復しても疲れない距離に留める等の配慮をし，協力して屏風お披露目について協力が得られた家についても，毎年一切強制はしないことなどを取り決めた．あくまでも住民が主体となって自然な形で「おもてなしの心」によって参加できるよう工夫したのである．このようにして復活した屏風祭は予想外の来場者数となり，第 1 回には 5 万 5,000 人の観光客が訪れ，以降 5 年間増加し，第 5 回では 8 万 2,000 人となった．倉敷の阿智神社大祭とあわせて開催される屏風祭はそのような活動によって定着し，観光客についても県外のみでなく，岡山県

内からの来訪者も目立ち，倉敷商工会議所の来訪者に対するアンケートにおいても「郷土としての倉敷を見直し，好きになった」「あらためて伝統的な文化を誇りに思った」と郷土に対する認識の高まりが見られる．協力している戸数は30件程で変化もあまりなく，12人衆の出し合う費用も変化しないにもかかわらず，祭復活によって美観地区の土産物店などへの経済的波及効果，市民の倉敷文化の再発見による郷土への帰属意識の強化とその貢献は大きいものであった．行政や新規の町おこし事業や，多額の予算計画によらなくとも，地域のリーダーのアイデアに対する住民の支援という文化が，住民同士の交流を深める活性化事業として成立し得る例として，伝統的な住民の精神が地域活性化の大きな1つの要素となり得るのである．文化や伝統を残すとはいえ，その時代のニーズに合わなくなったものや祭等は残りにくい．古いものに新しい付加価値を加えるという工夫は伝統行事を残すうえでも重要な要素の1つであると言えるだろう．

4. 町衆の地域活性化の活動と共生生活圏への視点

4-1. 町衆を中心としたまちづくりへの参加の広がり

屏風祭復活という取り組みの中で，地域の生活文化の継承，育成，創造の重要性，またあらためて地域住民同士の新たな共同体意識など〈伝統と経済〉の連動をどう考えていくか，また地域の個性は歴史によって作られてきたものであり，それが失われつつある，という課題が住民の間に共通の認識として生まれていった．また居住という視点からの公共圏の問題に関しての関心についても倉敷の観光の代表というべき美観地区の倉敷川河畔の建築物の大半が居住者不在の店舗や事務所として利用されている，町屋通りの高齢化によって希薄化していたことにもあらためて住民自身が気づいたのである．実際に屏風祭開催にあたって町屋通りを訪問し歩いた岡氏は「町屋通りは小学生が2人しかいないほど高齢化し，また後継者不在の家も多くこのままでは維持が不可能という実態がわかり，また夜間も明りが灯らない町となっている．これではいけないということを痛感した」と述べる．「倉敷屏風祭の復活を願う衆」を中心とした，住民相互のネットワークによりこのような課題に対して自主的な活動をし，住民が主体となった公共生活圏再生の取り組みが生まれ波及しはじめてい

った．また行政もこのような町衆を中心とした地域再生への意識の高まりを受け，倉敷市のまちづくりおよび地域づくりの方向性として，倉敷市第5次総合計画において市民と行政の協働によるまちづくりを進めることとして，その基本理念の重点項目の1つに「個性ある地域づくり」を掲げ，「各地域・地区がそれぞれ育んできた歴史・文化・伝統や自然環境などの個性や地域資源を活かし，地域の独自性を尊重し自立した個性あるまちづくりを推進していくこと」を決定した．このような行政区分としての概念とは別に倉敷のまちづくりのリーダーは，倉敷のこれまでの発展は高梁川という流域全体の恵みが生み出したものであり，「高梁川流域全体」が共生生活圏であるという視点に立ち，川を中心とした「郷土への愛着」と連帯が地域固有の文化再生と再構築につながると，自分達の郷土のルーツを生み出したものの重要性を行政の区分と明確に分けて認識している．このような流域全体が共生圏であるという考えは，昭和20年代からすでに当時の地域リーダーとして存在していた大原総一郎によって立ち上げられた「高梁川流域連盟」[*8]によっても地域住民の精神の基盤として深く自覚されていた．現在の倉敷商工会議所副会頭の森田昭一郎氏は共生生活圏再生について「私達の生活は川を中心に営まれてきた．川の上流部で素材が生産され，中流域で加工され，河口部で消費され，それが対価として上流部へさかのぼり再生産が行なわれる．いわば川のサイクルによって生活は成り立っていた．川は健全な食を育て，自然を育て，海を育て，そして人を育てていく．川を中心にデザインされたそれぞれの地域固有の文化が川によって運ばれていった．私たちはそのサイクルを復活させることによってバラバラに崩壊しつつある"この地"という個のアイデンティティを再びよみがえらせることができると信じている．それが地方の再構築のカギになると信じる」と述べている．このような住民独自の共生生活圏に対する意識は自治体の概念とは異なるということを，行政は自覚して地域づくりへの支援のあり方を考えるべきであろう．

4-2. 新しく生まれた活動とネットワーク

地域の個性や伝統的な基盤の継承をどのように倉敷の将来へつなげていくかという課題に対し，町衆をリーダーとして様々な活動がなされ始めた．特に町屋通りの高齢化，居住者の不在化は地域活動の存続に関する重要なテーマであ

ることから,町衆,倉敷ケーブルテレビなどの企業,NPO団体,建築士等が主体となって「倉敷町屋トラスト」を立ち上げ倉敷市伝統的建造物群保存地区内およびその周辺市街地内の調査を実施し,現状を正確に把握し,空家の状態や建築形態などの基礎資料[*9](表6-1)を作成し,行政と住民の理解と協力のもとに空家や空地の地域再生への活用,また伝統的建造物群保存地区内における住民の活動の場作りなどの整備も様々な人的資源を活用しながら開始した.このような活動や調査において倉敷の行政による施策は観光に偏っており,地域の生活や暮らしに関わる施策が少ないことや,伝建地区内に市民の活動や交流の拠点がないことなどがわかり,暮らしに関する組織作りや支える基盤作りの重要性が認識された.高齢化などによる空家の利用や維持管理については特に専門職の参加が不可欠であるが,それに対しても住民の中から主体的に建築士や不動産関係者の参加があり,維持管理に対しての相談を行なうなど相互のネットワーク形成を図り,人材育成についても取り組みがなされた.同時に地域住民により「倉敷伝建地区をまもり育てる会」の発足,その他複数の市民団体による活動も活発となった.倉敷独自の町衆がリーダーとなってきたという伝統から,これら複数のグループのメンバーは重複しており,グループ間のコミュニケーションの円滑化が図られ,今後の多様な活動と相乗効果が期待される.これらの活動の特徴は観光資源の活性化という経済的視点ではなく,「共通の生活圏を守る」「公共空間への取り組み」「居住による地域の再生」である.空家再生による利用活動も,観光利用よりも居住と生活に視点を置き,住んでみたい人が居住し活動をできる場,またすでに故郷を離れ血縁などによる関係者は不在であっても,かつて倉敷に住んでいたという祖先をもつ人などがあらためて倉敷で居住体験できる場としての

表6-1 空家の構造,材料,敷地環境

	第1種	第2種	景保全地	対象外
調査総戸数	361	82	52	239
空家計	32	16	0	20
和　風	32	9	0	11
漆　喰	26	5	0	7
接道4m以上	14	8	0	7
4m以下	9	1	0	1
路地のみ	11	0	0	3
伝建指定建物	10	0	0	0
廃　屋	3	0	0	0
店　舗	4	0	0	0

活用ができることを目的としている．伝統的な町並みの個性や歴史に対して独自の視点をもった「倉敷町屋トラスト」や住民は，これまで倉敷の発展の重要な要素となってきたのは倉敷商人による他文化との積極的な地域間交流であった伝統もまた意識し，他の衰退しつつある同様の課題を抱える都市との協働とネットワーク作りを計画し，全国で古い町並みを残す都市に，自ら訪問し「伝統的建造物群町会議・継ぐプロジェクト」の結成，ネットワーク作りを提案した．この呼びかけに応じているのは現在，近江八幡市，倉吉市，川越市，金沢市，高山市，美馬市，柳井市，高岡市，竹原市などの10都市である．賛同した都市は各々の地域の地域再生に取り組むリーダーが地域づくりに対する共通課題や各々の町の取り組みについて情報交換をしていく，また各都市がもつ歴史的文化遺産を継承することなどを目的としており，主体的に動くリーダーも地域独自のこれまでまちづくりに取り組んだ人や組織と多様である．「継ぐプロジェクト」は倉敷のまちづくりに取り組んだ町衆を中心とする，リーダーが主体となって，あらためて「町並みを作った先人たちの思い」という創造性の重要性に気づき，それを次世代につないでいくという考えを日本中の同じような風俗をもつ多くの町と連携し，互いに知恵を出し合い，交流する場を作り出そうとする発想によるものである．行政に依存せず主体的に地域のために行動力を発揮するという主体性や自主性というものはまさに倉敷のリーダーの特徴と言えるだろう．天領の時代の頃から積極的に他の文化を取り入れ交流し，そのことで地域の文化力や創造力を育んできた「町衆の精神」はこのように現在のまちづくりのリーダーの精神的基盤として息づいていると言える．

5. まとめと考察

　倉敷のまちづくりの取り組みの特徴は，まず町衆という独自の地域活性化のリーダーの創造性と実践力である．またその古い伝統的な地縁組織が先進的で閉鎖的ではない，むしろ他者への寛容性に富んでいるということであろう．このように多文化との交流に積極的な町衆文化とその伝統に基づいたリーダーが，主体的に行なう地域活性化や「公共」への取り組みについて，行政も含め市民が自然な承認を与えるという「信頼」はどのようにしたら得られていくのであろうか．倉敷の場合は，町衆という複数の有力者が強い公共心をもってお

りアイデアを出し合い，強いリーダー・シップを発揮し実践したことと，自らの地域がどのようにしてその関係性が作り出されているのかという共生生活圏域を認識していることが現代においても市民的共通の理解につながっていると言える．それがまちづくりを担うリーダーとしての町衆の主体的活動に正当性を与えているのである．倉敷では市民のみでなく，行政もその伝統を認識しており，地域計画は住民が主体的に参画し，行政は協力，支援といった形をとり続けている．そのことがリーダーと市民の自由な活動を担保しているのである．かつての町衆は地主層であり有力商人のネットワークではあるが，恩顧や庇護主義という垂直的関係ではなく，常に住民が地域の文化力を高め交流を促す媒介者としての機能をもち，まちづくりに対する市民的関与の伝統を作る役割を果たしてきた．市民の地域に対する関与の意識の強さに対する地域の伝統性の強弱については，Patnam が現代イタリアにおける州ごとの「市民度」の歴史的経緯を探求するための5つの指標を用いた1860年代から1920年代の調査によって，1世紀という長い時間軸の中で様々な社会変動があるにもかかわらず，市民的関与の点で州の伝統に連続性が見られること，1世紀前に社会的連帯と市民的な動員の新たな形態にイタリア人が最も熱心に取り組んだ地域でこそ今日でも政治的，社会的生活において最も市民性が徹底していることを証明している．また Patnam は地域のリーダーのあり方によっては，市民の活動を抑制するかまたは積極性を強めるかには伝統的基盤が関係していると述べている（Patnam 1993）．地域再生とリーダーには伝統的基盤が大きく関わるという点は，地域の将来像を計画するうえで1つの重要な要素と言えるだろう．現在の地方の市町村合併などによって旧来の地域の姿と制度上の地区割りには大きな変化があるが，上からの地区割りと住民の共同体意識は必ずしも一致するものではない．過疎化地域においては高齢者が交通手段や自らの馴染みなどの関係から，隣りの町の病院に通うなどといったことはよく見られることである．生活のあり方と行政の地区割りは異なり，人は計画されたもの通りにネットワークを形成し，動くものではないのである．地域再生にはその地域の人々の生活をよく理解するという視点が不可欠なのである．そのような視点に立って初めて地域の「個性」あるまちづくりは成果のあるものとなり得る．地域再生に対するリーダー・シップを発揮するのは，地域の伝統的基盤が生み出した

5. まとめと考察

人材であろう．行政が主体的に地域再生を担う伝統がある地域もあれば，個人の場合もあるだろう．または外部者の参入やネットワークによるものであるかもしれない．前述の「継ぐプロジェクト」に参加した町の1つである近江八幡市では，やはり近江商人による地域再生の独自の伝統があり，現在の八幡堀再生の成功による観光経済の復活という活性化事業に強いリーダー・シップを発揮したのは，近江商人の血筋をもつ元市長であった．新しいコミュニティをどのように創造していくのかを考えれば，地域再生を担う住民に求められていくのは積極的な多文化と人との交流の場作りの実践と，地域にないものを作り出すだけでなく，あるものを活かす，付加価値を加えるといった創造力であろう．日本全国ではどの地域も少子高齢化が課題となっているが，たとえ高齢化しても交流できる場があれば若い世代の流入も期待できるし，地域活性化は期待できるのではないだろうか．振り返ってみれば，歴史上どのような地方であっても，人口が少なくとも人は地域に応じて工夫し，相互扶助や交流によって生活をしてきたのである．倉敷は屏風祭など町衆が担ってきた交流の場作りによって一地方都市でありながらも，多様な文化資産を蓄積してきた．他文化と人との交流は新しい文化の創造へとつながっていくのである．異質なものを排除するのではなく寛容であることもこれからのまちづくりに必要な視点であろう．黒川紀章はこれからの時代は，創造性の時代であり，個性，創造力，知力，教養，経験，などと同時に，周りに気を配る心や人に対するやさしさがパワーとなると共生と協力の重要性について述べる（黒川 2006）倉敷の屏風祭復活に対する岡氏の熱意はまさに「倉敷が有していたおもてなしの心」という人に対する優しさをパワーにというアイデアである．ハードとソフトの融合を将来的予測をもって構想しチャレンジする精神をもつことであろう．地域の文化力もまた資源となるものである．かつて倉敷の町衆は連帯と協働によってその文化力向上に尽くしてきた．外部との積極的な交流がなければ地域の発展は促進され得ないし，文化力も向上しないのである．かつて倉敷の都市計画において大原孫三郎が「地方に文化都市があってもよい」と考えたり，大原総一郎が「倉敷を日本のローテンブルク」にしたいと実践していったように，地方都市であっても様々なネットワークを活用することで文化都市となり得るのである．「継ぐプロジェクト」もまたそのような精神的基盤のうえに成立した他都

第 6 章　伝統的関係を基盤とした共生生活圏再生の試み

市とのネットワークであろう．地域再生を担うのはその地域をよく知り，その地域に対する「思い」をもつ人々に他ならない．「思い」をもつためにはその地域の生活や環境や人との結びつきが前提となるが，倉敷の町並みや人を居住し，体験することで「思い」をもつ人を増やしたいという発想に基づいた「町屋トラスト」などはその実践である．地域に対して「思い」を失えば，直面するまたは将来的な課題に対し，市民は「誰か」がそれらの問題を処理してくれるだろうといった無関心に陥り，また行政や制度依存の体質となる．個人や人と人との関係性だけでなく「公共」や「生活圏」に対して常に意識することこそが必要なのである．そのような公共心をもつ創造性豊かなリーダーを育むという点で倉敷の町衆の事例は，歴史的な軸に目を向けて見ればその伝統的基盤という地域の個性が常に時代に先駆けるリーダーを生み出しているという事実から，個々の地域において将来のコミュニティ作りを計画していくうえで今一度自らの地域の伝統や風土を見直し，地域再生を考える必要性を示していると言えるであろう．

石川隆代

注

* 1　町衆とは室町時代において町を構成した商工業者であり，酒屋や公家等も含む．その性格として自立・自治・自主という精神が共通するとされる．
* 2　倉敷市教育委員会文化財保護課によれば，クラシキ者には，倉鋪，倉子城，倉敷，暗式，の 4 つの当て字を用いる．倉鋪者とは近代から明治前期の近世の倉敷を引きずったような集団であり，倉鋪者から派生した「封建的な束縛から離脱し民権の伸長や近代産業の移植に寄与した」人々を倉敷者という．倉鋪や倉敷の 2 代目を中心として，新しい文化の創造や都市計画まで手を拡げる人々のことを倉子城として分類する．
* 3　1970 年にいわゆる新録派と呼ばれる商人の代表である児島屋がそれまでの古録派と癒着した役人と代官，庄屋の公金の横領等を摘発し「村割参与権の要求」「特権的問屋の追放」また「年番による村の自主的運営」を要求した．新録と古録とは 1828 年まで約 30 年にわたり争った．この騒動は倉敷の村内民主化運動と記録されている．新録派は 25 軒の商人達であり，児島屋は現大原家．
* 4　倉敷市で行政が町並み保存に取り組んだのは昭和 40 年代に入ってからであるが，外村吉之助を中心とする「都市美協会」は昭和 24 年に発足し倉敷の町並み保存，民家の活用などに取り組み米蔵を再生した民芸館，旧小山家を改修した考古館など行政よりも 20 年以上も先駆けた

5. まとめと考察

形で倉敷のまちづくりを進めていた．

* 5 　財団法人日本交通公社アンケートによる．
* 6 　美観地区は都市計画法 8 条における地域区内の 1 つであり，建築基準法第 68 条に基づいて美観地区内における敷地，構造または建築設備に関する制限で美観地区保持に必要なものを委任条例に定め建築確認申請対象法令として運用することができる．
* 7 　当時の回章が倉敷の小河原呉服店に保存されている．その回章により招待された客は器を披露され楽しみ，会食をしたと記録されている．
* 8 　「高梁川流域連盟」は昭和 29 年大原総一郎の提唱によって郷土を流れる「高梁川流域」に住む人々はその川の恵みの恩恵を受けた運命共同体であるという認識によって流域全体の文化向上と川とともに生きる人達が理解しあい協力しあうことを目的として設立された．
* 9 　空家や空き地対策に関しては，町屋トラストが中心となり一軒ごとの地主・家主・現状等の情報を収集し，データベースを作成し，「空家バンク」として可能なものは情報発信できるよう整備し，他地域の人々が活用できるようにする．

文献

金井利之・島田暁文・光本伸江，2007，「倉敷市「美観地区」の文化と伝承」『自治総研』4 月号，財団法人自治研究所
小林重敬編，2002，『条例による総合的まちづくり』学芸出版社
黒川紀章，2006，『都市革命』中央公論社
Patnam, R. D., 1993, *Making Democrascy work* Princeton university press
鈴木廣・木下謙治・三浦典子ほか編著，1997，『まちを設計する―実践と思想―』（財）九州大学出版会

第7章
プロジェクト化・ネットワーク化する家族とコミュニティ
―ステップファミリーの支援とリーダーの役割―

1. 家族・コミュニティの変容と家族支援

　1980年代に上野千鶴子が提示した「選択縁」という概念は,「地縁・血縁こそが重要である」,「頼りになるのは地縁・血縁である」という伝統的な社会学の通念を覆したという意味で脱常識的なインパクトがあった(上野1987). 狭い範囲の「地域」に限定せず,広範な空間における「同類結合」, すなわち興味・関心や抱えている問題・悩みなどが似ている人同士が結びつく「選択縁」が新しい社会状況においては独自の重要性をもち, 地縁・血縁以上に頼りになることがある点に眼を向けさせたからである. このような視点は, 社会的ネットワーク論の系譜が蓄積してきた知見とも響き合う点が多い(野沢2009).

　この章では, 社会的ネットワーク論の視点から, 様々な状況にある家族を支援する組織や団体の役割, とりわけ当事者による支援とリーダーの役割に注目してみたい. ネットワーカーとしてのリーダーという側面に着目し, ステップファミリーの事例を紹介しながら, 少数派の家族に対する当事者支援の意義を考察することが本章の目的である. その前提として, まずは現代のコミュニティや家族の変容について概観しておこう.

2. プロジェクトとしてのコミュニティ

　まず「コミュニティ」に眼を向けよう.「コミュニティ」とは何かという問題については様々な角度から定義され, 論じられてきた(Delanty, 2003 = 2006). しかし, 一般にノスタルジアとともに語られる伝統的な地域的コミュニティのイメージは, 居住地域を基盤とした永続的な集団によって構成されて

いることが多く，それこそが「本物のコミュニティ」(Fischer and Stueve 1977) だと考えられる傾向は今なお根強い．にもかかわらず現実には，「自然に」醸成され，維持される地縁コミュニティはなかなか見つけにくいため，コミュニティは損なわれ，失われたものとして想念されがちである．

しかし，コミュニティに参加する個人の視点に立って，コミュニティを眺めてみると異なった議論が展開できる．コミュニティは，個人にとって重要なサポート源となる参加集団であり，紐帯の束である．個人が人生の各段階において依拠し，サポートを動員するコミュニティは，自然に醸成・存続する静態的な現象ではなく，自分の関心や目的に沿って選ばれ，ときにつくられ，つくり変えられていくものでさえあることに気づくだろう．その意味で，現代では（そしておそらくは過去においても）コミュニティは，「人工的な」構築物であり，動的な現象である．

このような観点からすると，現代のコミュニティは，個人が永続的に埋め込まれる所属の場ではなく，より短期的に変動しながら動いている「プロジェクト」として捉えることができる．コミュニティが比較的短期の「プロジェクト」という性格を帯びている事例としては，上野千鶴子（2008）が「えんじょいすと」と呼んだ1980年代の大都市の中年期の主婦たちの選択縁ネットワークを挙げることができる．上野はこれを「女縁」と名づけた．彼女が紹介した多岐にわたる活動を展開した「えんじょいすと」たちのその後の人生を辿ってみると，人生の転換点において新たな課題／テーマに対応して選択的にサポートが動員されたり，また逆に新たな出会いによって新たな活動（事業）のテーマや機会が見つかったりしつつ，それぞれのテーマが追求されたことがわかる（上野 2008：第 II 部）．

筆者自身も，1980年代の東京の大規模集合住宅をフィールドとした調査に基づいて，育児期にある主婦たちの多様な活動グループの生成を報告したことがある（野沢 1990）．子どもの出産やそれをきっかけとした自らの退職などの出来事によってもたらされた新たな状況に適応する形で，自分のテーマを（再）発見し，実現する場と仲間を居住地域内に形成している事例にいくつも出会った．冒頭で触れたように，共通の状況や関心を基盤として選択に形成される社会関係を上野は「選択縁」と呼んだが，その典型的なモデルがこうした

主婦同士が形成するネットワークであった（上野 1987）．

　夫の転勤や子どもの誕生・成長に合わせて変化する生活状況や生活課題に適応しながら自らの役割アイデンティティや関心を変容・発展させつつ人生の道筋を切り開く傾向の強い，いわゆる専業主婦たちの所属するコミュニティを「プロジェクト化したコミュニティ」と呼ぶことができるだろう．比較的短期の目的に沿って所属するコミュニティのメンバーが入れ替えられる傾向は，例えばサラリーマンである男たちの社縁（職場）コミュニティに比べると不安定で，移ろいやすいものとして否定的に評価されることもある（Imamura 1979）．しかし，移ろいやすいからこそ，拘束が小さく，選択性や柔軟性が大きいという強みがある．

　1990年代以降の日本社会においては，離職や転職の増加に伴って，職場は，多くの男性にとっても，一度手に入れたら半永続的に所属し続け（られ）る安定したコミュニティという性格を弱めている．転職を含む人生の転機とともにコミュニティは変遷し，個人のコミュニティはこうした人生の転機を支え，ストレスを乗り越えるための重要なサポート資源となっている（渡辺 1999；Granovetter 1973 = 2006）．つまり，現代人にとって，コミュニティは，所与の安定した所属集団というよりは，ライフコース上の変化に対応して意図的につくり，関わる「プロジェクト」という性格を強めていると考えられる．

3．ネットワークとしてのコミュニティ

　現代におけるコミュニティの変容は，その組織・構造の側面からも論じられる．社会的ネットワーク分析の視点からこの点を明確に主張したのが，社会学者のB．ウェルマンである（Wellman 1979 = 2006）．ウェルマンらは，上述のような個人の視点からみたコミュニティ把握の必要性を提唱して，「パーソナル・コミュニティ」という概念を提示している（Wellman et al. 1988）．個人にとって重要な親密で支援的な紐帯の全体，すなわち「パーソナル・ネットワーク」をその個人の所属するコミュニティと見るのである．そうすることによって，現代人が所属するコミュニティがどのような構造をもつネットワークとして組織化されているかが検討できるようになる．

　ウェルマンたちがトロント郊外のイースト・ヨークという地域で1970年代

に調査したデータをもとに，住民の典型的なパーソナル・ネットワークを描き出したものが図7-1である．この図が示すように，現代都市住民のコミュニティは，ネットワークに含まれるメンバー全員が境界の明確な連帯した集団を成しているのではない．いくつかの部分に分岐した多様な人々（親族，友人，近隣，職場の同僚など）との紐帯で結ばれた，比較的緩やかなネットワークによって構成されている．そして，このパーソナル・ネットワーク全体が，多様なサポートを一通り提供している，というのがウェルマンらの調査が導き出した知見である．

したがって，現代の都会人がコミュニティを失ってしまったという見解

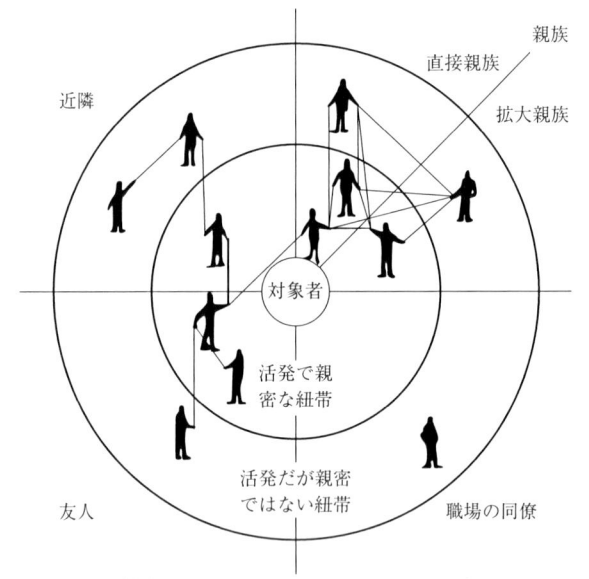

図7-1　イースト・ヨーク住民の典型的なパーソナル・ネットワーク

(出典：Wellman and Berkowitz, 1988：27)

（「コミュニティ喪失論」）も，かつてのように地縁・血縁を基盤とした単一の連帯的なコミュニティに埋め込まれているという見解（「コミュニティ存続論」）も却下される．そのうえでウェルマンは，視野を居住地域内に限定せず，空間的に離れた場所にいる家族・友人との繋がりにも目を向ければ，現代都市居住者が地縁・血縁の連帯から解放されたコミュニティに暮らしている現実を

把握できるとして「コミュニティ解放論」を主張した（Wellman 1979 = 2006）．

　日本においてもパーソナル・ネットワークに関する経験的研究の蓄積が進み，基本的には「コミュニティ解放論」が支持されている（大谷 1995；松本 1995）．しかし，日本の場合，高度経済成長期のマクロな社会変動（産業化，都市化，そして後述する家族の標準化など）によってもたらされたコミュニティの変化は，必ずしもコミュニティの「解放化」だったと言い切れない部分もある．伝統的な地縁・血縁の拘束から解放された「サラリーマン」の核家族が大都市郊外に増加したが，こうした新しい性別役割分業型の核家族は，それを支える連帯的コミュニティに夫・妻・子どもがそれぞれ別々に埋め込まれる傾向があったことに留意しておく必要がある（Vogel 1963 = 1968）．夫たちの職場コミュニティと妻たちの居住地近隣コミュニティは，連帯性の強い小集団を成している傾向が強かった（野沢 2009：1–2 章）．政治学者の原武史が，子ども時代に住んだ東京郊外の団地から通った小学校に，強力な規範の浸透する連帯性の強いコミュニティがつくられていたことを鮮明に描き出して話題を呼んだ『滝山コミューン 一九七四』の世界もその一例である（原 2007）．職場の人間関係も，近隣や親族間の人間関係も「選択縁」化が進み，領域的に分岐した「コミュニティ解放論」型のネットワークへの変化が進んだとすれば，おそらくそれは 1980 年代以降だろう（野沢 2009）．

4. プロジェクト化する家族／ネットワーク化する家族

　コミュニティに関するこうした傾向は，「家族」に関してもあてはまるだろう．この点は，高度経済成長期に一般化した，性別役割分業に基づく教育する（初婚）核家族モデルの支配力・自明性が次第に弱化してきたことと密接に関連している．結婚適齢期規範が強く，離婚率が低かった高度経済成長期においては，一般的な家族周期（段階）を想定した家族研究（森岡 1973）が妥当性をもっていた．しかし，未婚化・晩婚化の進展に加えて，離婚・再婚の増加などいくつもの要因によって，こうした標準的な家族のライフサイクルと現実のライフコースが一致しないケースが増えている．高度経済成長期にあたる 1960 年頃と 2000 年以降を比較すると，普通離婚率は約 3 倍に上昇している

第7章　プロジェクト化・ネットワーク化する家族とコミュニティ

（離婚の約6割は未成年の子どもをもった夫婦によるものである）．最近結婚した日本の夫婦が離婚に至るリスクは，ヨーロッパでも離婚の多い国であるドイツ，フランスなどとほぼ同水準に達しているとの推計もある（レイモ他2005）．また高度成長期には新規婚姻10組中1組程度だった再婚も近年では4組に1組程度にまで増加している（野沢他2006：1章）．

こうしたデータを前にした私たちは，「現代の家族は解体しつつある」という結論に誘導されやすい．しかし，実際に起こっている変化を冷静にみれば，結婚が，子どもの出産・子育てを使命とした1回限りの長期的コミットメントという性格を弱め，相手を代えての再挑戦も可能な暫定的プロジェクトという傾向を強めているにすぎない．このようにプロジェクト化した家族は，形態的にはいわゆる核家族世帯ではなくなるが，それを家族の崩壊と見なす必要はない．連鎖・拡大するネットワークという形態の家族に移行したと捉えることも可能だからである．

「ファミリィ・アイデンティティ」という概念を駆使して様々な家族状況にある個人にとっての「家族」メンバーの範囲を調査した上野千鶴子の刺激的な研究が，世帯メンバー間や夫妻・親子間で「家族」の境界がずれる例が珍しくないことを指摘したのは15年も前のことである（上野1994）．その後，スイスの家族社会学者，E. ウィドマーらは，より厳密なネットワーク分析の方法によって，家族を境界のない拡散するネットワークとして析出している（Widmer and La Farga 1999）．彼らは，2度の離婚を経験した米国西海岸に住むヒスパニック系の50歳代の女性にインタビューして，その「重要な家族メンバー」を同定し，これを出発点としたスノーボール・サンプリングの手法によって，指名された9名の「重要な家族」メンバー（自分の娘や母親，親密な同僚などの他に，離婚した元夫2人も含まれていた）にそれぞれインタビューし，被指名者の「重要な家族」ネットワークを析出した．その結果をネットワーク・グラフとして示したのが図7-2である（野沢2009：7章）．おそらく，離婚・再婚の経験が1つの要因となって，この対象者の「重要な家族」に関する認知ネットワークは，メンバー相互の知り合い関係が少ない，緩やかに結合した，境界のない拡散する連鎖ネットワークという特徴を際立たせている．

これは極端な例だと思われるかもしれない．しかし，少なくとも1960年代

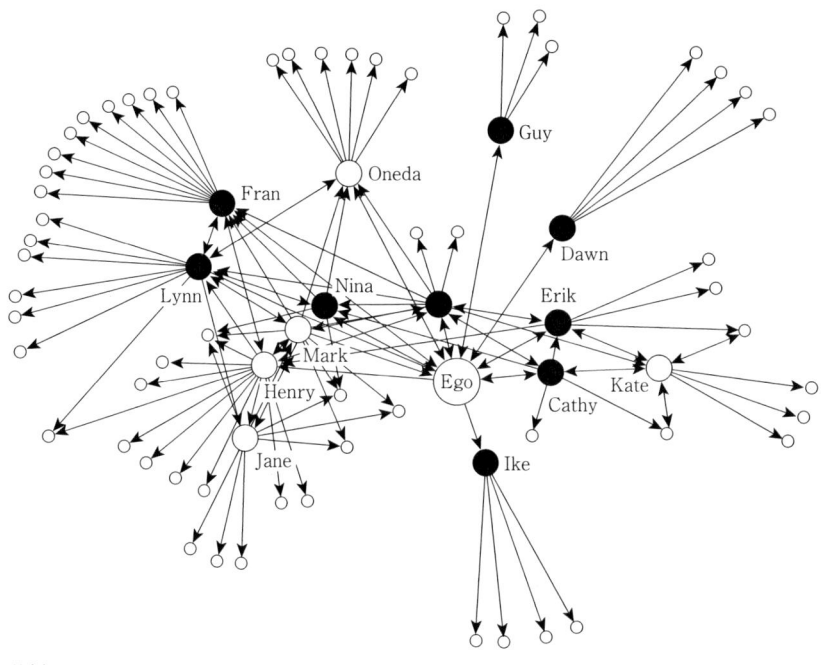

4. プロジェクト化する家族／ネットワーク化する家族

図7-2 誰が誰にとって「重要な家族」メンバーか

凡例
- ● Ego が指名した相手
- ◐ Ego が指名した相手のうち少なくとも2人から指名された（が Ego 自身は指名しなかった）相手
- ○ その他

（出典：Widmer and La Farga, 1999：32）

以降，離婚・再婚が増加したアメリカにおいては家族のネットワーク化がかなり進んでいる可能性がある．アメリカの家族社会学者，C. アーロンズは，父母の離婚・再婚後も子どもの共同監護権を義務づけるアメリカなどの欧米社会では，子どもが複数の世帯（離婚した母親と父親の世帯）にまたがるネットワークとしての家族のなかで育つことになることに着目し，これを「双核家族 (binuclear families)」と呼んでいる．そして，両親の離婚の20年後に成人した子たちにインタビューしたアーロンズの研究は，子どもたちの多くが両親との関係を長期にわたって維持しており，2つの世帯にまたがる「ネットワークとしての家族」が充分に機能し得ることを示唆している（Ahrons 2004 = 2006）．

一方，親の離婚後は単独親権となる現在の日本の法制度では，離婚した父母のどちらか一方だけが親権をもつことになり，親権をもたない親と子どもの関係が途切れやすかった（野沢他 2006）．しかし，日本においても，非親権親と子どもの面会交流を支持する見解が一般化し（菊地 2008），面会交流も少なからず行なわれ（厚生省 1999），それを仲介・支援する民間の事業も展開し始めた（FLC安心とつながりのコミュニティづくりネットワーク 2006）．日本においても，離婚が家族の崩壊をもたらすわけではなく，再婚によって失われた家族が「代替」されるとは限らなくなった．「継続」しながら再編される複雑な構造の連鎖ネットワークとして家族が維持される可能性が拡大していると言えるだろう（菊地 2009；野沢 近刊）．

　離婚・再婚に未成年の子どもが関わっている場合，子どもを誰がどのように養育・教育していくかという課題を含む家族形成が新たなプロジェクトとなる．より複雑化した家族・コミュニティのネットワークを再編成しながら家族メンバーはこれに取り組んでいくことになる．以下では，プロジェクト化・ネットワーク化した家族・コミュニティの典型例として日本のステップファミリーをめぐる状況を取り上げて，家族支援におけるリーダーシップのあり方について考察してみたい．

5. ステップファミリーというプロジェクト
　　――「代替家族モデル」の限界

　英語の"stepfamilies"は，日常語としても学術用語としてもよく用いられ，「成人の少なくとも一人が以前の［パートナー］関係での子どもをもっているような家族」（Ganong and Coleman 2004：2）を指している．つまり，継親子関係を含む家族である．従来，日本語には，このようなタイプの家族を一言で指示する語が存在せず，したがって家族カテゴリーとして社会的に認知されることもなかった．英語同様，否定的な語感を伴う「継母（stepmother）」や「継子（stepchild）」という語は存在するが，継親あるいは継子になるという経験についての参照可能な知識・情報は近年までほとんどなかった．したがって，こうした家族の難しさは当事者でない部外者にとってだけではなく，当事者自身にとってさえ理解されにくい状況が続いていた．

5. ステップファミリーというプロジェクト

　理解されにくい理由のひとつは，初婚核家族モデルの「寡占状態」にある（Levin 1997）．私たちは，家族と言えば，社会に独占的な位置を占める「初婚（核）家族」を思い浮かべる．なかなかそれ以外の家族イメージを思い浮かべることができない．したがって，親の再婚によってつくられる家族も，継親が「新しいお母さん／お父さん」として不在の親の代役となり，失われたかつての初婚核家族を代替的に再構築する「代替家族モデル」（菊地 2009）を前提にしがちであった．それゆえ，例えばひとり親家庭などとは違って，ステップファミリーに対する社会的支援のニーズがあるとは考えられなかった．

　しかし，ステップファミリーは，新しい継親子関係，継きょうだい関係，夫婦関係，および古い親子関係，元配偶者（親権をもたない親）やその親族との関係を含む（擬似）家族・親族関係ネットワークをどのように形成し，維持し，変えていくかという課題を目指すプロジェクトであり，そこには初婚（核）家族とは異なる独自の家族動態や葛藤・ジレンマがある（アメリカの研究蓄積の要約としては Ganong and Coleman（2004），最近の日本での調査研究については野沢他（2006：3 章）および野沢（近刊）参照）．さらに言えば，ノルウェーの家族研究者，I. レヴィンが言うように，ステップファミリーは 2 度目の結婚ゆえに，「何としても『成功』し，再度『失敗』することを回避しなければならないと強く動機づけられた」プロジェクトでもある．そして，レヴィンに従えば，「ステップファミリーのメンバーは，きわめて特殊で逆説的でさえある状況の罠に囚われている」．なぜなら，ステップファミリーというプロジェクトは，採用できる家族モデルが社会のなかに存在しないため，どうすれば成功に導いたことになるのかが明確でないにもかかわらず，成功が強く動機づけられている家族だからである（Levin 1997：125）．

　筆者らがインタビューしたステップファミリー当事者（親や継親）の多くも，初婚核家族モデル以外に参照可能な家族モデルがないため，愛情や善意をもって関わり合えば，すぐに他の初婚家族と同じ家族関係がつくれるのではないかという漠然とした見通しをもって結婚に至ったケースが目立った．しかし，同居生活を始めてしばらくすると，2 つの家族の異なる慣習や暗黙の家族観がぶつかり合う「カルチャーショック」を経験したり，継親役割の遂行や継親子関係形成の困難に直面したりして，初婚家族の再構築プロジェクトが継親

(とりわけ継母)や継子に予想外に大きな心理的苦痛をもたらすことが少なくない.自明視されている唯一の家族モデルが実現されないと,継親あるいは継子個人の(往々にして性格的な)問題と解釈されて,個人の内面に,あるいは家族メンバー間に大きな葛藤が生じることがある(野沢他 2006:3章;野沢 近刊;菊地 2005).

こうした困難に直面した場合,失敗回避を義務づけられたプロジェクトとしてのステップファミリーは,社会的孤立によって問題を深刻化させやすい.現在では,多数派である初婚核家族向けの公的な子育て支援サービスは多様な形で提供されるようになったが,継親子関係の築き方に特化した知識や支援は今なお入手が難しい.特におとぎ話などによって否定的なイメージが社会に浸透している継母にとっては,当事者でない相手(家族支援の専門家を含む)に継母の悩みを打ち明けにくい.打ち明けてもうまく理解してもらえなかったり,場合によっては非難されたりするリスクが大きいと感じられるからである(野沢他 2006:4章).周囲からは一組の父母が揃っている核家族世帯と区別されにくいため,少数派である継親や継子が同じような経験をもつ相手と出会うことも難しい.とりわけ親族の反対に抗して結婚したような場合には,新しい家庭内の困難(失敗の兆候)を周囲に知られまいとして,悩みを一人で抱え込みやすくなる.

もちろん,初婚核家族の代替・再構築がうまく機能しているようにみえる例もある.特に子どもがごく幼少の時期からじっくりと時間をかけて継親子関係を築いた場合などには,満足感の高い家族関係になる場合もある.しかし,親子関係と遜色のない継親子関係を再構築するという周囲および自らの期待に応えようと努力し続けることが,継親子間の葛藤や孤立した継親(特に継母)の自己否定感を募らせる事例は筆者らのインタビュー調査でも少なくなかった(野沢他 2006;野沢 近刊;菊地 2005).

6. 当事者支援組織の形成——同類結合による連帯と解放

こうしたステップファミリーをめぐる状況が示唆しているのは,一見個々の家族内の個別的問題と見える現象が,実は社会の諸制度が暗黙の内に基盤としている家族モデルの硬直性がもたらす困難であることである(Cherlin 1978).

相互に孤立していて, 利用可能な情報資源が限られている少数派家族は, 標準家族モデルを目指してうまくいかない場合, その原因を個人の資質や性格などの個別的な問題と捉えやすく, 結果的に家族関係形成がさらに困難になるという悪循環が生じる.

しかし, こうした非標準的な家族プロジェクトが, 世帯外の新たなネットワーク形成を通じて支援を手に入れる機会は拡大している. 近年, 少数派の立場に置かれている人々の『当事者主権』(中西・上野 2003) への社会認識が拡がり, 当事者同士の同類結合ネットワークを通じて様々なセルフヘルプグループが形成されるようになってきた. 同じような悩みやストレス状況を経験した当事者同士は共通の地盤に立っているために, 周囲の非当事者には伝えにくい感情を共有することがはるかに容易である. したがって, 互いに知り合い, 交流することが, 孤立感から解放され, 独自の連帯感を育むための大きな転換点となる (岡 1999). 20世紀末以降に急速に普及したインターネットは, 社会制度から排除されて相互に不可視だった少数派家族が偏見のリスクなしに地理的距離を超えた同類結合を可能にし, 当事者のエンパワメントを促進してきた (宮田・野沢 2008；Delanty 2003 = 2006：9章). 現代の家族とコミュニティの関連を考えるうえで, インターネットを基盤にして形成される新たなセルフヘルプグループに注目する意義は大きい.

ステップファミリーの当事者によって創設された支援組織SAJ (ステップファミリー・アソシエーション・オブ・ジャパン) は, 不可視の孤立者から連帯した少数者への過程を考察するうえできわめて示唆的なセルフヘルプグループの一例である (茨木 2008；菊地 2003；野沢 2008；野沢 近刊). 2001年に設立されたSAJは, 夫妻それぞれが1人ずつ子どもを連れて再婚した家族の継母である春名ひろこさんが中心になって設立された. 設立の端緒は, 再婚の準備を進めていた1999年に放映されたテレビ番組でアメリカのステップファミリー支援団体SAA (Stepfamily Association of America) の存在を知ったことにある. SAAのウェブサイトから情報を得るとともに, そこで紹介されている書籍を入手してステップファミリー研究・支援実践の先進国アメリカの情報を吸収し始める. 2000年に再婚して新しい家族生活を開始したが, 予想外の困難の連続に苦しんでいた彼女は, インターネットで見つけたコロラド州で開催さ

れる継母向けのセミナーに参加するために単身渡米する．このときの経験が，SAJを設立する強い動機づけとなり，SAAの創設者夫妻や当時のSAA会長からSAJ設立のための様々な支援を受けるきっかけとなった．

アメリカから帰国すると間もなく春名さんは，継母たちが運営する個人やサークルのウェブサイトを検索・発見して他の当事者たちと出会う．また（筆者を含む）家族研究者・臨床家との新たなネットワークを築いていく．電子メールによるコミュニケーションを駆使して日本各地に点在する人々と関係を築くなかで，次第に集まり始めた当事者と非当事者（専門家）の中心メンバーによってSAJ設立準備委員会が組織された．2000年末にはウェブサイトが立ち上がり，会員制組織としてSAJが正式に発足するのは翌2001年6月である．この年には，SAAの創設者ヴィッシャー夫妻が当事者向けに書いた書籍（Visher and Visher, 1991 = 2001）を翻訳出版し，当時のSAA会長を招いて東京と関西で講演会・セミナーを開催しており，その後も支援プログラムの提供を受けるなど，設立以来SAAから様々な形で情報や知識の提供・支援を受けている．当該の問題に関して先進的な外国の団体と連携している点にSAJの第1の特徴がある（設立までの経緯の詳細については，Visher and Visher (1991 = 2001)日本語版「監修者あとがき」および茨木（2008）参照）．

SAJは，ウェブサイトのオンライン掲示板を使って当事者同士の交流やスタッフによる相談支援活動を積極的に展開してきた（後にソーシャル・ネットワーク・サービス利用に移行）．同時に，関東や関西など複数の都市圏で，対面的な小グループで交流を図る支援実践プログラムも定期的に実施している（茨木・吉本 2007）．こうしたSAJの活動はマスメディアでも紹介され，「ステップファミリー」という言葉が次第に社会的に認知されるようになってきた（2005年春にはTBS系で「うちはステップファミリー」というテレビドラマも放映された）．とりわけ初期にSAJの活動に参加した当事者の多くは，自分の置かれている家族状況がひとつの言葉（概念）で表現できることを知り，また自分以外の「ステップファミリー」経験者と出会うことで，それまで個別的で特殊だと思っていた自らの経験に一般性があることに初めて気づき，孤立感や自己否定感からの解放と連帯を経験する（菊地 2003；茨木 2008；野沢 近刊）．SAJ設立の時期に筆者らが実施した調査も，とりわけ家族関係に悩みを

溜め込みやすい継母において，同類結合の相談相手を含むネットワークや密度の高い（連帯した）ネットワークをもっていると家族役割ストレーンが低減する効果があることを示唆している（野沢 2008）．インターネットの利点を活用し，地理的に分散している少数派当事者の同類結合を促進し，対面的な関係形成と組み合わせて連帯感を維持している点に SAJ の第 2 の特徴がある．

　SAJ に参加する当事者の多くは，同じような経験をした他のメンバーと情報や意見を交換し合うなかで，これまで自明視していた通念的で標準的な家族モデルの背後にある暗黙の前提を相対化し，自らの家族形成モデルを意識的に修正している．すでに紹介したレヴィンは，ノルウェーでのインタビュー調査の結果に基づき，ステップファミリーの 3 類型を導出している（Levin 1997）．レヴィンが「再構築派」と呼ぶのは，性別役割分業を前提として子育てする伝統的初婚核家族モデルの再現を目指す家族である．SAJ のプログラム参加者の多くも，当初は「再構築派」であり，暗黙のうちに標準家族の再構築を目指して家族役割の葛藤や緊張に苦しんでいた．しかしその多くが，当事者同士の交流などを通してこの家族モデルと自分の状況の両方を相対化し，継親が「新しい母親／父親」になろうとせずに時間をかけて柔軟に子どもに関わる「じっくり派」（SAA も SAJ もこれに近いモデルを推奨している）への移行を経験している（菊地 2003；野沢 近刊）．

　一方，レヴィンは，第 3 の類型「革新派」の例として，妻と夫がそれぞれの子どもとの生活の独立性を維持し，ひとつの家族としての連帯を目指さない事例を紹介している．このような事例は SAJ のなかにはほとんど見られないが，日本ではまだ充分に制度化されていない離婚後の子どもと別居親との面会交流を実践している事例など，相対的に「革新」的なケースが含まれる．当事者中心の家族支援組織 SAJ の第 3 の特徴は，先進的な外国の情報やアイディアを参考にして，ステップファミリーの新しい家族モデルの創出を模索し，初婚核家族モデルの寡占状態に対抗する拠点となっている点にある．

7. 支援の組織化とネットワーカーとしてのリーダー

　上述してきた当事者を中心としたステップファミリーの支援組織の成立過程とその特徴が現代の家族支援の典型例だと言うつもりはない．しかし，そこに

は様々な少数派家族支援に応用可能なヒントが含まれているように思う．最後に，SAJの事例を念頭に置きながら，それまで社会に潜在していた新たな困難・障害・問題に直面した家族（当事者）がそれに取り組む際のリーダーの役割とそれに関わる若干の問題を考察してみよう．

　結論から言えば，リーダーに要求されるのは，優れたネットワーカーとしての役割である．とりわけ組織形成期には，数多くの多様な未知の人との関係を開拓する必要がある．言い換えれば，多様な相手との紐帯からなるネットワークの中心に位置する存在――ネットワーク分析において「ハブ（hub）」と呼ばれる位置取りこそがリーダーに用意された役割だといえる．では，具体的にどのようなネットワーク形成が求められるのか．

　第一の課題は，当事者間の連帯の形成である．困難を抱える少数派家族の支援を組織する場合には，孤立からの解放と連帯をもたらす当事者同士の中核的ネットワークの形成が重要である．リーダーが当事者として抱えていた困難の経験は，孤立している間はストレス源であるが，同類結合ネットワークの組織化の局面では，結合のための動力源になる．逆説的であるが，安田（1997：39-40）が論じているように，「バルネラビリティ（vulnerability）」［弱さ／傷つきやすさ］が新たな関係形成においては強みとなる．しかし，抱えている困難が稀であるほど，社会的な偏見が大きいほど，潜在した当事者同士が出会うことが難しい．SAJの形成過程がそうであったように，インターネットがほとんど唯一の手がかりという場合もある．インターネットは，地理的距離を越え，匿名的なやりとりから相互作用を始めることが可能なので，互いのアイデンティティを傷つけずに仲間を探索しやすい道具である．これをうまく活用できることが重要な鍵になるだろう．

　第二の課題は，非当事者との関係形成である．ここで念頭に置かれているのは，多様な家族支援現場の実務家・臨床家や家族研究者，新聞・テレビ・出版などのマスメディア関係者などのとの連携である．当事者同士のネットワークによる支え合いがあれば，問題を捉え直し，家族生活を回復することはできるかもしれない．しかし，その困難が通念的な家族モデルの寡占状態や社会制度からの排除によって生じているなら，様々な専門家を含む非当事者を巻き込み，社会的認識の変革や制度の変更を目指さなければ，より根本的な解決に近

づくことはできない.

　特にマスメディアとの連携は, インターネットなどでは接触が難しい当事者にまで同類の存在を知らしめ, 結合の機会をもたらすという意味でも, 広く多様な非当事者に新たな認識を広めるという意味でも重要である. ただし, マスメディアも専門家も諸刃の剣である. メディアによる偏った報道や浅薄な理解に基づく実践によって, 社会の偏見を助長する結果を招く危険性もある. 問題の性格や当事者の状況を精確に理解してもらえるかどうかを慎重に見極めながら, 多様な世界の非当事者とのネットワーク形成を進めることは容易ではない. 当事者同士とは異なり, 非当事者との関係形成には, 自らの「バルネラビリティ」ゆえに当事者が傷つくリスクも大きい. しかし, マスメディアや専門家との連携ネットワークがうまく形成されれば, 当事者組織がより大きな影響力をもつことになる.

　第三の課題は, 媒介者としての役割である. 当事者と非当事者支援者のネットワークのいずれにおいても中心に位置するリーダーは, 複数の社会的世界の間をうまく橋渡しする媒介者としての役割が期待される. 当事者間の強い絆のネットワークのなかに生じた共通理解や立場の多様性をうまく把握・要約して, それを実際に経験していない専門家などの非当事者に伝達するという難しい仕事である. しかし, 様々な専門の立場からのフィードバックが得られれば, それを当事者に還元することによって, 同質的な当事者間の交流からは生まれない新たな視点や展開がもたらされる可能性がある. ビジネスの世界のネットワーク研究が示唆しているように, 分断されていた異質なグループ間に橋を架け, 新しい情報の交換を媒介する位置にあるものが, より大きな報酬を手にする (Granovetter 1973 = 2006 ; Burt 2001 = 2006). SAJ の場合がそうであったように, すでに当該問題について先進的な状況にある外国の支援組織や専門家からも情報や支援を仰ぐことができれば, 問題の理解や組織化のための有益な指針となる可能性がある.

　このように考えると, 社会に潜在する少数派家族を支えるリーダーは, R. マートンの「ローカルな影響者」「コスモポリタンな影響者」という古典的な地域社会のリーダー2類型で言えば, どうしても後者のタイプに近いものとなる (Merton 1957 = 1961). 特定の地域に特化した困難の支援でないかぎり,

地理的に分散した当事者を対象とする可能性が高いからである．しかし，対面的な支援活動による連帯の効果を維持しようとすれば，また個々の自治体単位で運営される多様な家族支援の機関や専門家に働きかけようとすれば，ローカルなネットワークを活用した活動を含まざるを得ない．この点でも，リーダーの役割はグローバルとローカルとを媒介する点にあるといえる．

第四の仕事は，中核的なサブリーダーによる分業体制の確立である．組織が育つにしたがって，上記のネットワークは拡大する．その開拓と維持には，多様な専門知識，外国語の能力，パソコンやインターネットを駆使する技術，文書作成能力など，多岐にわたる能力が要求される．しかし，これを1人のリーダーがこなす必要はない．リーダーに要求されるのは，得意分野をもつ多様な人材をサブリーダー間の役割分業を管理することである．

もちろん組織運営のビジョンをもって方向性を定める能力，個人の資質を見抜く能力などリーダーに要求される個人的能力もある．しかし，それらも突き詰めれば，上述のような，異質なメンバーを含み，強い紐帯と弱い紐帯によって構成される複雑なネットワークを形成する能力と言い換えられるだろう．

8. 結語にかえて―当事者支援の可能性と限界

プロジェクト化し，ネットワーク化する家族・コミュニティの時代状況を素描したうえで，社会に潜在していた少数派家族の直面する困難の事例としてステップファミリーを取り上げた．インターネットの普及によって孤立・分散・潜在していた少数者の同類結合が促進される現代では，当事者の困難経験が触媒となってリーダーシップを生み出し，新たな当事者支援ネットワークが出現している．例えば，各地に誕生している自死遺族の当事者支援組織（清水 2009；有末 2007）やゲイ・レズビアンの家族・コミュニティ形成（釜野 2008）には，ステップファミリーの事例と類似する側面が見られる（野沢 近刊）．

家族のプロジェクト化・ネットワーク化は，個人が遭遇する様々な困難に付随した現象である．しかし，多数派にはそれは見えにくく，理解されにくい．そして，常に標準的な家族モデルの価値を強調するような政策による危険が存在する．そのような政策は，後戻りできない少数者当事者の困難や苦痛，自己否定感を深め，彼らを孤立・潜在化させる恐れがある．当事者が相互に連帯す

ることによって自らの状況を再定義し,自らの支援ニーズを再発見することの意義,そしてそれを支援する意義は,強調してもしすぎることはない.

もちろん,当事者を主体とした支援組織にも限界がある.同じ困難を抱えた当事者が支え合うことの意義は大きいが,それによって問題がたちどころに解決して困難が解消するわけではない.例えば,個々のステップファミリーの抱えている困難は,必ずしもステップファミリー固有の困難だけではない.より深刻な他の問題が絡んでいる場合には,ステップファミリーの当事者支援組織に参加するだけでは改善が図れないことも多い.また,当事者であるリーダーも,自らの個人的問題を抱えていることが多い.それゆえに支援活動に関わる強い動機づけをもっているのだが,自らの問題が深刻であればあるほど,ネットワークと組織の維持のためにエネルギーと時間を奪われてバーンアウトしてしまうリスクも小さくない.逆に家族内の状況が変化したり,困難が解消したりすると,支援組織に関わる動機づけも縮小するため,リーダーの役割を継続することが難しくなる.これが当事者組織のジレンマの1つである.

それゆえに,多様な家族経験への柔軟な個人的対応として生じてきたコミュニティのプロジェクト化とネットワーク化という変化を前提とした,新たな社会的対応が望まれる.具体的には,当事者同士の同類結合および当事者と多様な専門家との連携を支援するような諸政策が,今後ますます必要とされるのではないだろうか.

野沢慎司

文献

Ahrons, Constance R., 2004, *We're Still Family : What Grown Children Have to Say about Their Parents' Divorce*, Harper Collins (=寺西のぶ子監訳,2006,『離婚は家族を壊すか―20年後の子どもたちの証言』バベル・プレス).

有末賢,2007,「死別の社会学序説」山岸健編『風景の意味―理性と感性』三和書籍,3-25.

Burt, Ronald S., 2001, "Structural Holes versus Network Closure as Social Capital," Nan Lin, Karen Cook, and Ronald Burt, eds., *Social Capital : Theory and Research*, Aldine de Gruyter, 31-56 (=金光淳訳,2006,「社会関係資本をもたらすのは構造的隙間かネットワーク閉鎖性か」野沢慎司編・監訳『リーディングスネットワーク論―家族・コミュニティ・社会関係資本』勁草書房,243-277).

Cherlin, Andrew, 1978, "Remarriage as an Incomplete Institution," *American Journal of Sociology* ; 84 (3) :

634-50

Delanty, Gerard, 2003, *Community*, Routledge (＝山之内靖・伊藤茂訳，2006，『コミュニティーグローバル化と社会理論の変容』NTT出版)

Fischer, Claude S., and Stueve, C. Ann, 1977, "Authentic Community: The Role of Place in Modern Life," in Claude S. Fischer, Robert Max Jackson, C. Ann Stueve, Kathleen Gerson, Lynne McCallister Jones with Mark Baldassare, *Networks and Places*, Free Press, 163-186

FLC安心とつながりのコミュニティづくりネットワーク，2006，『Vi-Project――子どものための面会・交流サポートプロジェクト』，女性ライフサイクル研究所

Ganong, Lawrence H., and Coleman, Marilyn, 2004, *Stepfamily Relationships: Development, Dynamics, and Interventions*, Kluwer Academic/Plenum Press

Granovetter, Mark S., 1973, "The Strength of Weak Ties," *American Journal of Sociology*, 78: 1360-1380 (＝大岡栄美訳「弱い紐帯の強さ」野沢慎司編・監訳，2006，『リーディングスネットワーク論――家族・コミュニティ・社会関係資本』勁草書房，123-154)

原武史，2007，『滝山コミューン 一九七四』講談社

茨木尚子，2008，「少数派の組織化とインターネット――オンライン・セルフヘルプグループの可能性と課題」宮田加久子・野沢慎司編『オンライン化する日常生活――サポートはどう変わるのか』文化書房博文社，47-78

────・吉本真紀，2007，「NPOにおける家族支援とソーシャルワーク――ステップファミリー当事者による支援組織の活動から」『ソーシャルワーク研究』32（4）：44-51

Imamura, Anne, 1987, *Urban Japanese Housewives: At Home and in the Community*, University of Hawaii Press

釜野さおり，2008，「レズビアン家族とゲイ家族から『従来の家族』を問う可能性を探る」『家族社会学研究』20（1）：16-27

菊地真理，2003，「ステップファミリーのセルフヘルプグループ――当事者が経験する「変化」とSAJの役割」『明治学院大学大学院社会学研究科社会学専攻紀要』27：29-38

────，2005，「継母になるという経験――結婚への期待と現実のギャップ」『家族研究年報』30：49-63

────，2008，「離婚後の別居親子の接触の賛否を規定する要因――JGSS―2006を用いた分析」大阪商業大学比較地域研究所・東京大学社会科学研究所編『日本版 General Social Surveys 研究論文集［7］――JGSSで見た日本人の意識と行動』大阪商業大学比較地域研究所，93-105

────，2009，「再婚後の家族関係」野々山久也編『論点ハンドブック家族社会学』世界思想社，277-280

厚生省，1999，『離婚家庭の子ども――平成9年度人口動態社会経済面接調査報告』厚生統計協会

Levin, Irene, 1997, "Stepfamily as Project," *Marriage & Family Review*, 26 (1/2)：123-133

Merton, Robert, 1957, *Social Theory and Social Structure*, revised and enlarged ed., Free Press (＝森好夫・金沢実・中島竜太郎訳，1961，『社会理論と社会構造』みすず書房)

宮田加久子・野沢慎司編『オンライン化する日常生活――サポートはどう変わるのか』文化書房博文社

森岡清美，1973，『家族周期論』培風館

中西正司・上野千鶴子，2003，『当事者主権』岩波新書

野沢慎司，1990，「団地社会と下位文化――女性・近隣・家族」倉沢進編『大都市の共同生活――マンション・団地の社会学』日本評論社，131-164

――，2008，「インターネットは家族に何をもたらすのか――ステップファミリーにおける役割ストレーンとサポート・ネットワーク」宮田加久子・野沢慎司編『オンライン化する日常生活――サポートはどう変わるのか』文化書房博文社，79-116
――，2009，『ネットワーク論に何ができるか――「家族・コミュニティ問題」を解く』勁草書房
――，近刊，「ステップファミリーと家族変動――家族の下位文化と制度」牟田和恵編『家族を超える社会学（仮題）』新曜社
――・茨木尚子・早野俊明・SAJ編，2006，『Q&Aステップファミリーの基礎知識――子連れ再婚家族と支援者のために』明石書店
岡知史，1999，『セルフヘルプグループ――わかちあい・ひとりだち・ときはなち』星和書店
大谷信介，1995，『現代都市住民のパーソナル・ネットワーク――北米理論の日本的解読』ミネルヴァ書房
レイモ，ジェームズ・岩澤美帆・ラリー，バンパス，2005，「日本における離婚の現状――結婚コーホート別の趨勢と教育水準別格差」『人口問題研究』61（3）：50-67
清水新二編，2009，『現代のエスプリ――封印された死と自死遺族の社会的支援（501号）』至文堂
上野千鶴子，1987，「選べる縁・選べない縁」栗田靖之編『日本人の人間関係』ドメス出版，226-243
――，1994，「ファミリィ・アイデンティティのゆくえ」上野千鶴子『近代家族の成立と終焉』岩波書店，3-42
――編，2008，『「女縁」を生きた女たち』岩波書店
渡辺深，1999，『「転職」のすすめ』講談社
Visher, Emily B. and John S. Visher, 1991, *How to Win as a Stepfamily,* Second Edition, Brunner/Mazel（＝春名ひろこ監修・高橋朋子訳，2001，『ステップファミリー――幸せな再婚家族になるために』WAVE出版）
Vogel, Ezra F., 1963, *Japan's New Middle Class: The Salary Man and His Family in a Tokyo Suburb*, University of California Press（＝佐々木徹郎訳編，1968，『日本の新中間階級――サラリーマンとその家族』誠信書房）
Wellman, Barry, 1979, "The Community Question: The Intimate Networks of East Yorkers," *American Journal of Sociology*, 84, 1201-1231（＝野沢慎司・立山徳子訳，2006，「コミュニティ問題――イースト・ヨーク住民の親密なネットワーク」野沢慎司編・監訳『リーディングネットワーク論――家族・コミュニティ・社会関係資本』勁草書房，159-200）
――, Carrington, Peter and Hall, Allan, 1988, "Networks as Personal Communities," in Wellman, B. and Berkowitz, S., eds., *Social Structures: A Networks Approach*, Cambridge University Press, 130-184
Widmer, Eric D. & Linda-Ann La Farga, 1999, "Boundedness and Connectivitiy of Contemporary Families: A Case Study," *Connections*, 22（2）：30-36
安田雪，1997，『ネットワーク分析――何が行為を決定するか』新曜社

第8章
障害者のリーダー・シップと地域社会

1. 地域における連帯と市民権

　障害者のリーダー・シップを，とりわけ地域社会との関連において取り上げることは誠に大きな意味があると考えられる．なぜなら，障害者は永らく社会的施策の対象にならないまま放置されてきたのであり，例えば障害者施策について我が国よりもはるかに長い歴史をもつイギリスを例にとってみても，何らかの施策が始められてからの年月は僅か100年にすぎない（谷口1999）．しかも，そうした社会的施策の道が開かれても，障害者はひたすら「施策の対象」とされてきたし，その主体的な意志の表明を正面に据えなければならないという認識は，今日でもなお普遍化する状況には至っていないのである．

　さらにまた地域社会という点からみると，今日の日本において「お互いに何かを共有している」あるいは「連帯し助けあう」といった意味合いでの地域社会が，どこにでも存在するというわけではない．障害者が地域社会の一員としてあるいは市民としての位置と役割をもって暮らすうえでの十分な条件があるわけではなく，社会的排除の状況に置かれていることも少なくない．

　もうひとつ，障害者に関わる社会政策をみると，昨今のそれは公的支出の抑制とともに利用者に応益負担を求め，財源を社会保険方式で調達し，制度によっては高齢者の年金から天引きというような手法すら採られるようになってきた．日本は税方式よりも社会保険を多用しており，これらの費用と給付が企業別に分かれていたり，あるいは年齢別に区分されているために，国民が実生活でも，意識のうえでも制度のうえでも分断されてしまっているのである．これに加えて，サービス利用に一定割合の負担金が求められる結果，保健・医療・福祉の制度を国民全体で支え助け合うというよりも，サービスを必要とする個々人が自己責任において負担するのが当然といった意識を定着させてしまっ

た.障害者に関するサービスについても,当然こうした認識が色濃く反映されているわけである.

さらに,この根底には日本における相対的貧困層の増大が横たわっている.OECDは加盟国の中でメキシコ・アメリカに次いで日本を3位の相対的貧困国としている(OECD 2005).人々は生活の格差をいとも容易に受け入れ,障害者を含めた市民全体の生活の質を上げようとするよりも,この社会的格差を受忍していくような社会的風潮に包まれている.

振り返ってみると,こうした状況が進行するとは予想もされていなかった1970年代に障害当事者の運動が起き,正面から「市民的常識」に立ち向かい,まさに代弁の時代を越えて,自己主張し,権利主張を行なう時代の幕が切って落とされたのである(神奈川県障害者自立生活支援センター2009).しかし,彼らが主体になったこのような運動は,冒頭に述べたような社会状況のなかで,それを持続的に発展させるのが困難になっていると考えられる.人間存在の原点を問う障害者運動の展開が足踏みし,地域社会に広く深く浸透していくことが難しく,今後の展開を模索して漂流しているような姿になってきているのではなかろうか.またここに運動の先頭に立ち,方向性を出してきた人たちの高齢化が重なってきた.そして,運動の根底にある「殺すな」「生かせ」という強烈な主張を,次世代が継承しきれないでいるというような印象も受けるのである.

したがって,格差と社会的剥奪が激しさを増し,また世界有数といわれるほど多数の自殺者が出るような日本社会を変革し,新しい展望をもとうとするならば,まさに地域社会において障害者がリーダー・シップを発揮して人間存在の根底を社会に問い続けた歩みを追い,今後の展望を描くことである.そこから我々は重要な示唆を得ることができるであろう.それはまた今後の市民社会を切り開くための,いくつかの鍵を示すものとなると考える.その要点は,おそらく以下に述べるように,ともにお互いの「市民権」を確認し共有し,これに向けて障害者が主体となった運動と,これと共同する市民運動を構築していく道を創り出すことである.これを新たな障害者のリーダーシップと地域社会として描き出してみたい.

2. 代弁の時代を越えて

　最初に障害者が越えなければならなかったのは「代弁される」時代であった．「かつて黒人の立場を白人が，女性の立場を男性が代弁していた時代があったように，今，子どもたちのために発言しているのは大人である．上からのまた，外部からの発言だ」とロシュフォール（Rochefort, C. 1976）は子どもについて述べたことがある．最近までの障害者が，まさにこうした立場に立たされてきた．過去において，最も有力な代弁者は障害者の親であった．しかし，親たちも代弁者の役割を越えて，その巣立ちと自律を支援する役割を取るようになっている．にもかかわらず，今なお障害者は健常者と称される人々によって「代弁」され，障害者自身による権利主張，あるいは真の願望が十分に表明されているとは言い難い状況がある．

　アメリカの流れを汲む社会福祉の世界にあっては，アドボカシーという言葉によって，社会的に抑圧され，市民としての権利を認められていない人々を「代弁」することがソーシャルワーカーの重要な役割であるとされた時代が長かった．しかし，例えば中産階級に属すると目されていたアメリカのソーシャルワーカーが貧困者の代弁をするには無理があった．同様に障害者のことを健常者が代弁することもできないのであり，そうした代弁には誤りと限界があることが次第に明らかになってきた．こうした代弁のもとでは，障害者は主体性を発揮することができず，地域社会において自身でリーダー・シップを発揮することから遠ざけられてしまうのであった．

　そうしたなかで，このアドボカシーを誰が行なうかということで，その意味と役割が異なることに着目され始めた．つまり当事者自身が行なうアドボカシー（self advocacy），市民が行なうアドボカシー（citizen advocacy），あるいは高齢者・障害者などが集団で行なうアドボカシー（group advocacy）などが見分けられ，区分されるようになってきた．中でも最も重視されたのはセルフ・アドボカシーで，これは障害者など当事者自身の自己主張・権利主張として捉えられるようになり，特にコミュニティ・ケア政策の下で重視され，推進されていった．

　このセルフ・アドボカシーの最も一般的な理解は，自分自身のためにはっきり物を言うということである．しかしながら，これは単に議論をすることや自

己主張するだけのことではなく，明確に意思を示すことを通じて目標を立て，これを達成する行為を含む力動的なものである．特に障害をもつ人が自身の権利，ニーズ，関心事，そして市民としての責務を当然のこととすると主張したときに，真の意味でのセルフ・アドボカシーが生ずるのである（谷口 2000）．

こうした障害者のセルフ・アドボカシーには，専門家や市民のアドボカシーに内在する問題のいくつかに対処していくという側面もあった．例えば，かつてケアにあたる障害者の親たちが障害児をもつことへの悲しみや涙といったことを強調した時代があり，これが固定的な障害者のイメージをつくり上げていくことに異議申し立てをすることなど，様々な挑戦が行なわれてきた．さらにコミュニティ・ケアの時代にあって，在宅者へのサービス提供が密室化するなかでの消費者としての立場の強化，そしてその計画立案への参加などサービスの計画立案者と提供者に対する利用者の立場の強化という側面が，アドボカシーにある．こうした代弁を超えたアドボカシーの展開は，地域社会において障害者がリーダー・シップをとるうえで必要不可欠な行動様式なのである．

3. 障害者運動で示された"エンパワメント"

障害者のリーダー・シップと地域社会について考えるときに，アドボカシーとともにエンパワメントの概念が非常に重要な意味をもってくる．一般的に，エンパワメントという言葉の中核に据えられているのは，サービスの利用者とされる人々の大半が相対的にパワーを奪われているというという認識である（谷口 1999 b）．そればかりか，障害者自身が基本的に市民権を奪われている存在であるという認識でもある．そこで，サービスの利用者が自らの生活に影響を及ぼす事項について，もっとパワーを発揮し，これをコントロールできるようにすることを意味するのみならず，地域社会に向かって主体的に市民としての権利を主張していける力を自分の身につけることである．いわば障害者運動そのものは，これを志向している．例えば「青い芝の会の行動綱領」（1971）は，次のような4項目から構成されており，これを起草した横田弘はその各項それぞれの意味を説いている（神奈川県自立生活支援センター 2009）．

「我々は自らが脳性麻痺者であることを自覚する」

3. 障害者運動で示された"エンパワメント"

（前略）やっぱり脳性マヒ者は，社会的にも精神的にも差別で殺されていく．就職は出来ない，学校教育は受けられない，基本的に社会的にも殺されているんだ．個人の自由で，自分の介助が自分で決められない，自分がどういう介助が必要か？どういう生活を生きたいか？すなわち，自分では決められない．ひっくり返そうと思えば，それはもう何度もエネルギーを使わなきゃならない，これが脳性マヒ者の現実だと，その現実をよく見ろ．それが自分なんだ．それが自分の姿なんだよ，と．

「我々は強烈な自己主張をする」

そういう自分の状況を超えていくためには，脳性マヒ者は黙っているわけにはいかないよ，いけるわけないよね．『こんちくしょう！俺の言うことを聞け！こっち向け！君達よく考えろ．君達は俺達を差別しているんだぞ』と．僕は個人的には健全者には恨みもあきらめもない．だけど，健全者という存在と障害者と脳性マヒ者という存在がある限り，健全者は差別者なんだよ．歩く者と歩けない者，事実として差別者なんだよ．それが健全者にわかれば一緒に生きていこうよと，お互い補って生きていこうよということも可能なんだと思う．（後略）．

「われらは愛と正義を否定する」

（前略）自力で障害者が暮らすのは危ないから，生きて暮らせるもんではないから，私が死んだ後，この子はかわいそうだ，今のうちにこの子を殺しておこう，これが愛なんだよ．これで殺されてるんだ（後略）．

「我々は問題解決の途を選ばない」

今の自立支援法の国会への運動のときに，全国の障害者団体がどんな考え方だろう．結局，問題解決だ．絶対，自立支援法はダメだと言うことには出来なかっただろ．これでわかるけど，問題解決だったならば，けっきょくは行政にからめとられていくんだよ……．

ここには，自分自身の存在を前面に押し出し，市民として生きる障害者自身の主張が見事に描き出されている．まさにこれこそが障害者のエンパワメントそのものであり，彼ら自身の市民権の主張である．

これと同時に，旧来の専門性に強い疑念が向けられていることも明らかにし

ておかねばならない．つまり，専門家と称される人々がエンパワメントよりも，むしろサービス利用者のパワーを剥奪する役割を果たしてきたという指摘がなされているのである．例えば，「長い間ソーシャルワークにおいては，他の援助専門職においてそうであるのと同様に，専門家がクライエントの利用できない専門的な知識を基礎にしてサービスの質や計画性を判定するということを前提にしてきた」（Younghusband, E. 1978）とされる．こうした専門家と障害者の関係が存在することで，専門家は障害者自身の自己決定と自律性を奪ってきた場合があるということを念頭に置かねばならない．ゴム（Gomm R. 1993）は，保健福祉の機関にはサービス利用者との関係において，これを抑圧もしくは解放するという構図が存在すると指摘する．つまり，利用者がサービスを必要とする本当の原因は社会的な構造から生じているのではなく，利用者自身の欠陥から生じているものであるかのように信じさせる．専門家たちは，利用者自身が問題に対処できるようにさせることで，状況に順応させ，そうすることで政治的な事柄を個人的な事柄に変質させ，こうした過程で専門家は多くの政治的なシステムが行なっているのと同様に，利用者を抑圧していくというのである．これに対して，彼らの問題の本当の原因についての認識を高めることによって，専門家は利用者を解放し，その個別的な問題とされているものを政治的なものに転換する．こうした観点からすると，専門家たちは現状維持か，それに抵抗するかのいずれにおいても，政治的な活動に不可避的に従事させられているのだと彼は主張する（Gomm R. 1993）．こうした意味で，障害者が主体的なリーダーシップを発揮していくうえで，専門家はそれに抑圧的な力を加えるか，それを解放していく立場に立つのかということで，大きな違いが現れてくる．地域社会における障害者のリーダー・シップを考える場合，専門家の役割に改めて新たな光を当て，その行動様式を再検討していく必要があるのである．

4. 市民の連帯と統合を妨げる公的施策

障害者の生命を維持し，自らが療育者となり，教育の場を確保し，成人期の生活設計を考えるという親の役割は，非常に大きい．そのうえ，日本型の福祉国家モデルは，以下に指摘されているように「家族」と「企業」に依存すると

ころに大きな特徴があり，その結果，多くの社会的なニーズの充足を家族と企業に委ねつつ，給付水準の低い医療・介護・年金の制度設計を行なってきた．国民の生活を維持する諸制度は企業ごとに分断され，さらに介護保険制度や後期高齢者医療保険制度に見られるように，保険料支払いとサービス給付の内容が年齢で分断される制度まで設定された．そのことは世代間の永続的な支え合いを基盤とする国民年金制度，さらにまた医療サービスを受けていない人々が医療サービスを受けている人々を支えるという支え合いの原理を国民の意識から喪失させ，それが急速に市民の連帯感と統合を失わせるという結果を生んできた．現代の日本における競い合い，他者のことを省みることもないような社会的風潮は，実はこのような社会保障，日本型の福祉国家モデルによって形成されてきたと筆者は考えている．

そして，障害者についても，打ち出される障害者の諸政策が（例えば，障害者に特定されたきわめて選別主義的なサービスの仕組みが，障害者を特別な社会的枠組みに囲い込み，特別な存在であると認識させるなど）さらに障害者を地域社会のなかで孤立させるものとなり，人々の相互援助に満ちあふれる地域社会というよりも，逆に高齢者や障害者はサービスを消費しつつも，そのサービスの多くを健常者の負担によって受けている，そうした負担と給付の関係を際立たせ，相互援助と連帯，そして人々の統合という視点から遠ざけていったということができるであろう．

この日本型の福祉国家モデルの状況と今後をエスピン―アンデルセン（Gøsta Esping-Andersen 1990）は，以下のように見事に書き表しており，これは非常に重要な記述でもあるので，長くなるが要点のみを引用させていただきたい．

「日本型モデルを研究している欧米の研究者は，通常，日本の経済発展の水準に対して社会的支出が驚くほど低く，社会的給付の水準も比較的低く，セーフティーネットが未発達であることを印象づけられている．（中略）まさに残余主義モデルの典型として受け取られてきた（中略）．

日本型の福祉ミックスに3つの主要な構成要素があると考える．第一の，そしておそらくは主要な構成要素は文化的な伝統と関わりがある．すなわち仏教の教説と儒教に基づく家族的で，共同体的な連帯と義務であ

る．（中略）第二の構成要素は企業の職域福祉である．日本の大企業は，あるいは中企業でさえ，医療や民間年金，住宅，対人サービスやレクリエーションに至るまでの実質的で包括的な社会福祉の供給主体である．（中略）第三の構成要素は，ある意味では目に見えないものである．つまり他の福祉国家が取り組まなければならなかった多くの重大な社会問題が，日本では深刻化していないのである．（中略）．

日本の残余主義的福祉アプローチは強い緊張にさらされることになるだろう．終身雇用制とそれに伴う企業福祉を今後数十年間にわたって現状維持するのが困難であることは，多くの兆候から窺える．同時に，日本は「ポスト工業化」の途上にあり，雇用のフレクシビリティを求める圧力も強まりつつある．伝統的な福祉介護機能の担い手としての家族の能力や意欲が衰退しているのも明らかである」．

これは今日の日本の状況を10年近く前に的確に描き出したものである．まさに資本主義社会における日本の福祉国家モデルの転換が必然であることを明確に予告していたと言える．社会政策の水準を上げ，脱商品化の原理をもつサービス供給を拡大していくという新しい福祉国家モデルをつくり上げ，そのなかで人々が連帯し統合していく道をつくっていくことが重要なのである．こうしたことこそ，青い芝の会の運動の目指すものを，社会政策として実現するものであると考える．

5. 社会的排除と障害者

社会的排除とは，障害者のみに関わる概念ではないが，障害のある人々の今日の生活上の課題を明らかにするために欠かすことできない概念であると考える．例えば，欧州委員会（EC）は社会的排除を受けている人々について，次のように定義している（Abrahamson, P. 2006）．

「教育・訓練・雇用・居住・財政的資源などについて普遍的に不利益を被り苦しんでいる人々．そしてまた主要な社会的制度や施設にアクセスできる機会が他の人々よりもより少なく配分されている人々．また，こうした不利益が長年にわたり繰り返し持続している人々」

また社会的排除と貧困は密接な関係にあるが，貧困とは工業化と関連する現

代における古典的な現象である．これに対して社会的排除は今日の主流となっている社会から周辺化された人々の状況のことである．これは不利益を被る幅広い社会階層が形成されているということであり，これは下層階級というのではない．資源は不足しているが，彼らは社会のなかで暮らしており，家族や近隣もある．

社会的排除は貧困のそれとは異なる現象として理解されるべきである．貧困になるという決定的な変数は資源である．しかるに，社会的排除に至る決定的な，あるいは重要な変数は差別である．貧困な人々は人間としての尊厳を保ってその人生を送っていくための資源が不十分か，あるいは欠けている，そういう人々である．社会的排除は社会的統合のための制度にアクセスすることを拒絶されている人々の状態をその特徴とする．彼らは，社会的権利に反して差別され，また，社会的権利をもたず，あるいはその社会的権利を行使することができないのである（Abrahamson, P. 2006）．

残念ながらこうした概念のもとで，障害者の問題が把握されたことはほとんどなかった．しかし，現実問題として地域社会で暮らす障害者が生活保護の受給によって暮らすことで他人介護料の確保ができ，一方，厚生年金の受給者である障害者はこの他人介護料の確保ができず，日常生活に多大の支障をきたすなど，まさに社会の周辺部におかれてしまう具体例である．障害者の福祉が進展するなかで，相変わらず障害者施設への入居希望者が多数存在するなど障害者の周辺化が進行し，また利用料負担が壁となって制度にアクセスすることを拒絶されるという形をとって社会的排除が進行していることを経験しているのである．こうした結果からすると，統合の制度としての社会福祉という伝統的な見解も見直されるべき時なのである．

そして，この多くの事項は今日の日本における障害者の生活を考える際の重要な事実である．まず，障害者が社会から排除されたり，社会の周辺部に追いやられる（例えば不本意に施設に入所させられたり，大都市部から周辺部の地域の施設へ入所を余儀なくされることなど）といった新しい状況が現れてきたのは，主として大都市においてであり，それは文化的な後進性のためではなく，むしろ近代社会の経済が進むことで生じた変化である．

したがって，貧困という旧来の概念によってではなく，社会的排除によって

障害者に降りかかっている現実を見つめ直し，これに向けて単一の方策ではなく，複合的な方策を編み出していく必要がある．そうしなければ，今日の障害者はこの閉塞状況を打破するために生死をかけたエネルギーを注がねばならない．「われわれは自らが脳性マヒ者であることを自覚する」という綱領は，そのことを語っているのであろう．

6. 地域社会でのリーダー・シップ

アメリカおよびイギリスにおける当初のコミュニティに関する認識は問題発生の場としてのコミュニティということであり，コミュニティに対する取り組みとともに，個人的な問題と理解されがちなものを政治問題とし，立法化によってこれを改善してきたという歴史をもつ（谷口 2002）．コミュニティは生活者にとっても，社会政策のうえでも欠かすことのできない存在であり続けてきたのである．

ところが日本では，戦前から町内会・隣組という組織を通じて住民の支配と相互扶助が行なわれてきた．これは民族的な特質といってよいであろう（例えば福武 1965 を参照）．そしてこれは草の根から社会的な問題を捉え解決しようとする運動あるいは政治的な運動に対し，長い年月にわたってこれを抑圧する前近代的な基盤として働いてきたのである．戦後には町内会は戦争協力機構と見なされ，1947 年に GHQ から解散を命じられているが，1952 年の講和条約締結に伴って解散を命じた政令が失効し，旧来の体制と意識を継承した町内会・自治体が全国的に復活するのである．

こうした町内会・自治会は歴史的に全戸加入を原則とし，全員一致の合意形成のもとで運営が行なわれるというのが常であった．今日では次第に加入世帯が減少しつつあるといわれているが，それでも，地域社会を考えるときに町内会・自治会の存在とその活動を欠いて論議することはできない有力な地域組織なのである．なおまた，これを一概に旧態依然たる組織ということもできず，非常に近代的な市民社会の形成に向けて様々な活動が行なわれているところもあって多様である．

それにしても，障害者のような少数者の意見を町内会自治会が汲み取りながら，ここで連携し，さらに新しい相互関係を展開させ共存していく，さらに市

民としての権利を認めて認識を深めていくというところには遠い状況であるというのは事実であろう．

　全戸加入，全員一致の運営原理では，周辺化された人々に関する権利保障というような問題は取り上げられず，関心を呼ばないのである．

　こうした地域社会をみると，一方の極では荒涼とした姿が描かれ，他方の極では自由で自立した市民が新しい文化の形成に積極的に参加していくという姿を描くことができる．そうしたものが混在した状況が地域社会などであろうが，それにしても，やはり市民権あるいは障害者の人権といったことにアプローチしていく地域組織というものを見いだすのはなかなか困難である．それよりもむしろ，その土地に生活するものの組織とは異なる一定の目標と手段方法をもったNPOのような組織が，新しい地域社会形成に向かって活動しているというのが，日本の現実であろう．

　しかし，日本の政府はNPOを重視しているわけではない．例えばイギリスにおいては日本のNPOに相当するボランタリー・コミュニティ・セクター（Voluntary and Community Sector; VCS）と言われる組織が福祉国家に不可欠なパートナーとされ，これらの組織の自律性を犯さないという協定書を交わし，諸々のサービス供給や地域社会開発に向けて中央政府・地方政府と協力し合っているという現実がある（中島 2007）．

　したがって，日本の地域社会のなかで障害者が本当に市民権を求め，人間的な暮らしを求めて活動していくためには，次節に述べるような新しい視点と方法での地域社会への働きかけ，新しいコミュニティ形成に向けた活動が求められているのである．

7. 地域社会での新しい共同

　障害者がリーダーシップを取ってその存在と市民権を主張し始めたときに，こうした「少数者と目される人々」と「この人たちの市民権」を，コミュニティの問題として真正面から捉え，取り上げようとする理論も実践もほとんど存在しなかったと思う．つまり，日本ではコミュニティワークの理論と実践，そしてその成果の蓄積と継承というものが一部の領域で経験的に行なわれるだけであって，社会の変革に向けての活動は社会福祉領域についてみるかぎり，ほ

とんど行なわれないままできているのである.

その一方で,今世紀に入るとサービス供給は,その多くが市場原理に委ねられ,社会福祉が基本的に実現に向かって歩むべき平等および社会的公正の原理は崩されつつあるように思われる.さらに言えば,日本という国が全体として文化的に崩壊していきつつあるに等しい,色々な組織で非人間化した営為が進行し,さらに荒廃していく文化.こうした問題を草の根から掘り起こし,障害者を含む市民の参加によって,より人間的な政治が行なわれように変更を迫るというコミュニティワークが存在しなくてはならない.

日本の社会福祉において,コミュニティワークがまったく存在しなかったわけではない.しかし,そこで行なわれているモデルは合意形成,全員一致モデルであったと考えられる.社会福祉は全員に関わるものであり,それは全住民の参加と合意のもとで進められることを最善とする考え方である.したがって,障害者などを含めた当事者グループの支援というものは,こうしたグループが権利を主張し,状況の改善変革を迫ったときに,コミュニティワーカーが関わりをもつということをしないできた.社会の周辺部におかれてしまっているような人たちの課題を全員の問題とし,また普遍的なものとして取り上げていく認識も方法論がなかったといえるのである.先の合意形成モデルによるかぎり,一部の不利益を被る集団の運動は視野から除外されてしまうのである.しかし,こうした活動のなかにこそ人間としての権利主張があり,制度政策を改善していこうとする本質的な契機が存在したのではなかろうか.コミュニティのなかで対立し,葛藤するところに位置を占め,少数と考えられる人々に社会の矛盾が集中すること,その矛盾や抑圧は解決されるべきだという視点に立つコミュニティワークが求められているのである.これは先の合意モデルに対し,「対立葛藤モデル」ということができる(谷口 2001).

この合意形成モデルと対立葛藤モデルがお互いに補いあって,日本の地域社会にアプローチしていく必要がある.後者のモデルではこれまで存在した当事者グループの運動家や活動家を高く評価し,既存の組織から独立したコミュニティワーカーとして位置づけ,社会福祉協議会などの組織に属するスタッフのコミュニティワークとの差異を明確にしながら,ともどもに共同していくことが今後の進展に繋がるであろう.そして,これまでほとんど社会福祉に関わっ

た経験をもたない普通の市民に，自ら生活するコミュニティに改めて目を注いでもらい，その観察眼を磨きながら，そこにある課題や活動の報告者となって，将来は市民コミュニティワーカーのような人々が多く誕生していくならば，日本のコミュニティへの取り組みは本格的なものとなり，社会的公正と連帯に満ちた社会への道を歩み出せるかもしれない．地域社会の新しい共同である．

谷口政隆

文献

Abrahamson, P., 2006, "International Encyclopedia of Social Policy", Fitzpatrick, T., Kwon, H., Manning, N., Midgley, J., Pascall, G. eds., *Social Exclusion*, pp.1250-1254

Esping-Andersen, G., 1990,"The Three Worlds of Welfare Capitalism"（＝岡沢憲芙・宮本太郎監訳『福祉資本主義の3つの世界』ミネルヴァ書房，2001, p. i-xiv）

福武直，1965,『日本社会の構造』東京大学出版会，p. 21

Gomm, R., 1993, "Health and Welfare and Practice Reflecting on Roles and Relationshps", Walmsley, J., Reynolds, J., Shakespeare, P., Woolfe, R. eds., *Issues of Power in Health and Welfare*, Sage Publications, London, pp. 131-138

神奈川県障害者自立生活支援センター，2009,「第11回障害者自立生活フォーラム in 神奈川」

中島智人，2007,「ボランタリー．コミュニティセクター（VCS）の基盤整備に向けた取り組み」塚本一郎・柳沢敏勝・山岸秀雄編著『イギリス非営利セクターの挑戦：NPO／政府の戦略的パートナーシップ』ミネルヴァ書房，p. 24-44

OECD, 2005,"Social Indicators 2005"（＝高木郁郎監訳『図表で見る世界の社会問題：OECD社会政策指標』明石書店，2006，p. 61）

Rochefort, C., 1976, "LES ENFANTS D'ABORD"（＝西川裕子訳『追いつめられた子どもたち』人文書院，1979，p. 8）

谷口政隆，1999 a,「障害者福祉」仲村優一・一番ケ瀬康子編『世界の福祉：イギリス』旬報社，pp. 94-101

――，1999 b,「社会福祉実践におけるエンパワメント」『社会福祉研究第75号』鉄道弘済会，pp. 49-56

――，2000,「イギリスにおけるアドボカシー運動の展開」河野正輝・大熊由紀子・北野誠一編『講座：障害をもつ人の人権3』有斐閣，pp. 209-222

――，2001,「地域福祉サービスの方法」田端光美編『地域福祉論』建帛社，pp. 136-154

――，2002,「マクロ的方法・技術の課題と展望」仲村優一・窪田暁子・岡本民夫・太田義弘編『戦後社会福祉の総括と21世紀への展望』ドメス出版，pp. 298-332

Youghusband, E., 1978,"Social Work in Britain 1950-1975"（＝本出祐之監訳『英国ソーシャルワーク史（下巻）』誠信書房，1984，p. 14）

第9章

移住社会とコミュニティ・リーダー
―小樽市高島地区の場合―

1. 問題の所在

　今日多くのコミュニティが衰退しつつある．そして衰退の中で伝統的地域行事―当該地域社会が複数世代を通じて維持してきた継承文化―の衰退がそれと歩調を合わせるように進行する．コミュニティの衰退が伝統的地域行事の衰退を招き，伝統的地域行事の衰退がコミュニティの衰退を招いている．コミュニティの衰退に歯止めをかけることを意図して，あるいは，コミュニティの活力を高め，再生させる試みとして，伝統的地域行事に対しては関心が寄せられてよい．もとより，コミュニティも，伝統的地域行事も，かつての姿をそのまま留めることはできない．社会が変化するなかで，コミュニティも伝統的地域行事も変化する．それは避けられないことである．いまその点を強く意識したうえで言えば，コミュニティと伝統的地域行事は，ともに，新たな装いをもって再生されなければならない．ここで「新たな装いをもって」ということに特別の注意が必要である．それは，単に，過去への回帰や郷愁を意味していない．それは，過去を現在と未来に活かす試みであり，「新しい共同」の確立に活かす試みであって，言葉を換えて言えば，明日を展望した伝統の活用である．

　コミュニティの衰退を防止し，再生させるうえで，伝統的地域行事は重要な位置を占めているというのが私の認識であるが，もちろん，コミュニティの衰退を防止し，再生させるという点で言えば，新しい地域行事も大事である．伝統的地域行事と新しい地域行事は，ともに，地域の貴重な資源である．地域に生きる人々の生活を豊かにする重要な資源である．行事がなぜ資源なのかと首を傾げる向きには，その点に注目を願えばよい．コミュニティの衰退防止と，再生にとって地域行事が，とりわけ，伝統的地域行事が占める位置は決して小さくない．伝統的地域行事，新しい地域行事とも，地域における社会関係の維

持・拡大に貢献するだけではない．それはコミュニティ・アイデンティティの維持・創出にも貢献する．地域行事は地域に生きる人々の「言語」媒介的なふれあいを通じて人々に地域に共属する喜びの感情をもたせ，コミュニティ・アイデンティティの創出を通じて地域の誇りを醸成する．

　高島の場合，伝統的地域行事である「越後おどり」と，複数の新しい地域行事がある．それらは，高島というコミュニティにとって，重要な機能を果たしている．もちろん，地域行事は自動作動装置をもたない．それを作動させるためには，仕掛け人，リーダーが必要である．その意味で地域リーダーに対する考察は避けられない．本章では，コミュニティ（小樽市高島地区）の衰退防止と地域の活力維持・再生に果たす，地域行事の機能と，地域リーダーの位置について検討することにしよう．

2. 移住社会「高島」の歴史と住民組織
2-1. 移住社会「高島」の歴史

　高島の歴史は，「其の端を松前慶廣が蝦夷島主と認められ，蝦夷地を数多に区画して家臣に給与したるに発している」（高島尋常高等小学校1941）．高島は松前氏の蝦夷地支配の方法，「場所」の1つであった．「場所の広さは近場所に於いては概ね今の一郡に相当し，奥場所に於いては数郡若しくは一国に相当した．場所の住民はアイヌのみであった」（前掲書1941）．「各場所の知行主は，当初自らアイヌと交易を行なっていたが士族の商法で利益を多くあげることができなかったのでやがて場所請負人（商人）にそれを委ねたのである．場所請負人は自己の代理として場所支配人を各請負場所に派遣し，運上家を設けて場所一切の事務を統轄した」（前掲書1941）．高島場所の請負人は西川傳右衛門であった．

　開拓使の設置は北海道に新しい歴史を刻むことになった．明治2年7月，開拓使が設置され，初代開拓使長官に鍋島直正が就任する．蝦夷地は北海道と改められ11ヵ国80郡が置かれた．高島はどうなったか．「高島郡（オコバチ川―オタモイ間）は，小樽郡と共に初め兵部省の管轄であったが，翌3年1月より，岩内以北八郡と共に札幌本庁所管」（高島小学校開校百周年記念協賛会1986）となった．当時高島には，元場所請負人の運上屋（網元），一般漁家，

2. 移住社会「高島」の歴史と住民組織

そして雇用人という階層構造が存在した．元運上屋西川家漁場があり，「磯吉，権三郎，久兵衛，新四郎，丑松，庄助，伊右エ門，五三郎，三蔵の9名」が漁場拝借人として名を連ねていた．「一般漁家は，一夫婦を単位として掘立て小屋に住み，漁船・漁具共に小規模で，ニシンは刺網，漁期外は沿岸の魚介，海草類，冬季は共同で鱈釣り等に従事していた」（前掲書1986）とみられている．高島郡への移住者は漸次増加する．「高島郡もまた若干の移住者を迎えてニシン漁業に前進を見せ，建て網，刺し網共にその数を増し，漁獲高も向上する......明治2年との増減（明治8年）について見るならば，高島村は8戸42人の増，祝津村は，4戸15人の増となっている．高島村の増は，本間要之丈（新潟），小田兼吉（新潟），船橋宗吉・トミ（秋田），本間新左衛門（新潟）外，石川，福井，山形県等からの初期移住の方々によるもの」（前掲書1986）と推察される．「村は次第に活気づき......明治15年には，高島郡の人口が2,914人となり，初めて高島郡漁業組合（色内―祝津）が結成され，佐藤与衛門が頭取に就任する．漁業者134人，漁夫雇154人，建網72統，刺し網2,690枚，舟506隻がその頃の数字である」（前掲書1986）．

明治中期になると高島は次第にコミュニティとしての要件を備えていく．「明治17年11月，祝津学校分校として高島学校が発足，この年にはまた高島墓地も現位置に設定，高島稲荷（元禄3年），祝津恵比寿神社（安政3年）の建立や寺院（正法寺―明治初年色内町，浄応寺―明治13年手宮裡）の開山」（前掲書1986）があった．墓地の設立はここを郷土とする人々が多くなってきたことの表れである．そして「この頃，高島，祝津も移住が相次ぐ．高島へは越後（新潟）を主として越中（富山），加賀（石川）から家族を挙げて移住・定着する」（前掲書1986）人が増えてきた．

2-2. 高島の住民組織と生活拡充集団

現在（平成13年），高島には約1,000の世帯がある（高島団地＝道営・市営・個人を含む，ただし高島団地は別の町会を組織する）．神社は氏子（約500人）が敬神会（氏子組織）に加入する．敬神会と町会は別の組織であるが，敬神会に対して町会からの補助がある．敬神会の幹部と町会の幹部は大方重なる．漁業の衰退が敬神会にも影響を与えている．神社も昔は船の進水，成人式，結婚式があり潤っていたが，近年，台所事情は苦しいと聞く．敬神会は

若い会員の増加を意図し，会員募集を行なっている現状である．

　高島の住民組織と地域活動に注目すると，およそ，江戸期から明治前期（北海道庁設立まで）までの第1段階，明治後期・大正期・昭和前期（戦前）までの第2段階，戦後期の第3段階という3つの段階に区分することができる（高島小学校開校百周年記念協賛会1986）．第1段階は場所もち，運上屋支配の時代である．住民は主産業である漁業に従事していて住民組織は未発達であった．敢えて言えばこの時期は寺社による住民の掌握が1つの特徴と言えよう．第2段階は北海道庁が置かれ区町村制が布かれた時代である．この時期は高島がコミュニティとしての要件を整えていく時代である．この時期になると学校が住民を組織的に掌握するようになり，各種の産業組合に加え，衛生組合，消防団などが台頭する．水の確保に苦しんだ高島の場合，井戸組合の結成も記憶されなければならない．第3段階は戦後である．戦後高島は一変する．戦後の一時期豊漁で活気に満ちた時代を経験したものの，漁業は鰊の不漁と200海里規制によって長期衰退に入り，コミュニティとしての高島は大きく変容する．青年団・婦人会が組織化され高島町会が創設される．消防団は有力な団体であり，老人クラブなどの新しい各種団体も誕生をみた．

　昔の高島は活気があった．高島まつりも賑やかなものであった．まつりになると船主は羽織袴で町に出た．200海里前と違い200海里後（減船）は漁師になる子どもも減り，町は活気を失った．同時に高齢化が進み高齢者の二人世帯が増えた．しかし，衰退の中にあっても高島町会を中心にした住民活動は活発である．高島町会は，飯田会長，山田副会長を中心に「班」を組織して動いてきた．高島町会は小樽市総連合町会の単位町会という位置にあるから，形のうえでは小樽市連合町会の下部組織であるが，高島町会は独自の会館をもち，専従の職員を配している．市内の町会とはかなり異なった性格をもった町会である．町会運営の財源は均等割の会費で，総務部・民生部・街灯部・防災部・青少年部・管理部という組織である．運営費の総額は570万4,922円（平成13年度）であるが，収入の部は，町会費（60.8％），雑収入（5.7％），助成金（17.1％），繰越金（16.4％）で，町会費が6割を占め，町会費とその他の収入と合わせた自主財源比率は8割を超えている．

　高島は町会活動，文化活動の盛んなところである．町会活動，文化活動の拠

点が高島会館．この建物は町民の寄付と市の補助金で建てられた．土地は旧高島小学校跡地．この土地は一度市に寄付されたあと，市はここに支所をおいていたが，支所が廃止されてからその跡地に現在の会館を建設した．

高島には，ひまわり会（信用金庫利用者の会），老人クラブ，底曳船のOB会，檀徒がつくる会などがあり，生活拡充集団も多彩であるが，高島の中心は何といっても町会であり，わけても，青少年部である．高島町会の活動主体はこの青少年部である．青少年部ではそれぞれの行事ごとに「実行委員会」が作られ，実行委員会が行事を運営に当たる．潮祭りへの参加，花火大会，越後盆踊り大会，雪明かりの街，それら町会の行事はいずれも，青少年部と「実行委員会」が中心になった運営である．興味深いのは，実行委員会は立ち上げられた時点で，機動性を失わないために，町会から離れた，実質，独自の事業運営主体となることである．ここに，高島の特徴がある．実行委員会を構成するメンバーの職業は区々であるが皆な地元の人間ばかりで幼馴染．ここにも高島の特徴がある．

3. 高島の年中行事と越後踊り保存会

3-1. 年中行事と越後踊り

初期の段階（明治期）から高島には，小正月・節分・彼岸・仏会・端午節句・高島稲荷神社例祭・七夕・十五夜・恵比寿講など，四季それぞれに，いくつもの年中行事があり，それらは厳しい自然の中で辛い労働を強いられていた人々の生活に潤いをもたせていた．当然，年中行事にも盛衰がある．

多くの行事が，影響を少なくし，あるいは忘れられていくなかで，越後踊りは早い段階から高島の人々が楽しみにしていた行事であり，今も盛んな行事である．高島町史にも，「7月（後に8月）の一週間，盆踊りがあり漁師若衆の楽しみ連年盛況であった」（高島尋常高等小学校1941）とある．「盆に招かれた先祖の精霊を慰め，それを送るための行事はいつしか大きな娯楽となった」（高田寅雄1993）．「越後で踊った様子と同じ，2時3時迄も踊った．望郷の思い，仕事の苦労など様々に蓄積されたストレス，そのストレスを解できる所それが盆踊り，だからこそ老若男女から子供までが踊ったのだ」（高田1993）．もちろん長い歴史の中にはこれを支えた人があったに違いない．いずれにして

も，町が活気を失い，年中行事の多くが勢いを失っている中で，越盆踊りがコミュニティの一大イベントとなって今に続くことは注目されてよい．そして，それが，町民に愛され誇りにされていることには，いっそう，関心がもたれてよい．

3-2. 伝統的地域行事と新しい地域行事

越後踊りは内地から北海道の地，高島に移植された文化財である．現在，高島の越後踊りは「越後踊り保存会」が中心となって運営する．保存会は昭和53年の「楽友会」解散後の組織である．保存会は「以前，盆踊りを運営していた団体（楽友会）会員の高齢化から解散したため，それでも踊りを継承したいという高島地区全体の住民有志が集まり，1979年につくられた」（北海道新聞2001年）．

以下，越後踊り保存会の活動をみておくことにしよう．保存会（現在の会長は高台寺施主長谷川洪徳氏）の仕事で注目されるのは，越後踊りを次の世代に継承する日常的活動を行なっていることである．小樽市の無形民俗文化財に指定されている伝統文化を次世代に継承しようと地元の保育所や小学校で子ども達にも踊りの指導も行なっている．そこに，伝統文化を媒介にした世代間交流が実現されている．山田会長の言葉には後継者育成に注ぐ情熱がある．「越後盆踊りは難しい踊りだといわれる．難しいのは踊りばかりではない．歌詞も190ほどあるといわれいまではほとんど歌える人がいないと言われている．後継者あるいは担い手の育成は大変だ．しかし，無形民俗文化財の指定を受けた後，初の盆踊りには約600人の踊り手が集まった．高島だけでなく市内外の愛好者が増え保存会の会員も100人になったという．越後盆踊りの歌詞には恋愛や性に関する内容を含んでいたために第2次世界大戦中は禁止された歴史がある．しかしそれでも隠れて踊る人はいたし，いまでも太鼓がなるとじっとしていられないという人がたくさんいる．それぐらい高島にはなくてはならない行事なのだ．島の子どもから大人まで楽しみにしている踊りが越後盆踊りなのだ」（北海道新聞，同上）．ちなみに現在（2004年11月27日），越後踊り保存会の会員は156名で会員の年齢は50歳代から60歳代が中心である．高島在住の会員（76名）が主流を成していることは当然であるが，小樽市外に住む会員もいる．毎年，8月19日・20日の大会は，高島地区を超えて，市内・市外

からの多数の参加者・見物客がある．

　高島の夏は賑々しい．伝統的地域行事に加え，新しい地域行事，七夕祭り（7月），花火大会（8月）が行なわれるからである．それらは，秋の「文化祭」（10月）と並んで，高島町民が，心待ちにする行事である．

　花火大会は20年ほど前にN氏（越後踊り保存会事務局長）らが企画して始まった．当初は有志の活動であった．1年目は花火だけであったが，2年目からは会場に出店もあり賑わった．2002年には300発を打ち上げるまでになった．いま，高島の花火大会は港（高島漁港）を，一時，封鎖して行なっている．港を封鎖しての花火大会は全国でも例のないことのようであるが，これは漁業組合長の提案によるものであった．港の封鎖には小樽市港湾部の許可が必要になるが，漁協，PTAが港湾部に交渉して了承を得た．難関は海上保安庁であったが，これはNHKを通して働きかけた．現在，高島の花火大会は小樽市内の花火大会の中で，最大規模のものとなっている．当初有志によって始められた花火大会はいまや高島の一大行事となっていて，花火大会への協賛（寄付金）者も個人・団体を含め多数に及んでいる．

4. コミュニティとコミュニティ・リーダー

4-1. 「高島」とコミュニティ・アイデンティティ

　高島を特異なコミュニティと見る人がいる．確かに，高島は個性的なコミュニティである．「高島は小樽の秘境です．……高島の人々の結びつきは，他の地域では考えられないほど同一感や一体感が強い．これは開村当時——祖父の時代から——相互扶助の重要性を無意識に感じ取り，人々に対する奉仕・なりふりかまわず働くこと・そして，〈オラが街高島〉という共同体意識の強いこととなっています」(堀1978)．こうした高島の特徴はコミュニティの外にいる人だけが感じているところではなく高島地区に住む人々も意識する．開村以来漁業を中心に存続してきた高島は，その後，漁業が衰退し，小樽市と合併して，なお，その個性を失うことがない．もちろん高島も変容した．特に，戦後，漁業の衰退が高島に与えた影響は大きい．しかし，そうした変容を経験した後も高島は個性を失っていない．

　高島のこうしたコミュニティ・アイデンティティはどのようにして培われて

きたのか．それは高島の歴史を訪ねるほかにない．まず何よりも高島という集落社会を産み育てた漁業というものの性格がある．とりわけ初期における労働集約型の鰊漁は，移住集団の担うところであった．確かに村の内部は階層的構成を有していたが，越後，越中，加賀など一定地域からの一家を挙げての移住は高島という地での厳しい労働もあって，深い交流を生み団結の風習を育んできた．労働だけではない．高島の地勢も高島に独自性を付与した一因である．「祝津新道」が拓かれるまで高島は秘境であった．もちろん高島の個性は漁業や地勢という視点から説明されるだけではない．コミュニティの問題解決に力を尽くし団結を強めてきた歴史がある．その1つが戦前における「井戸組合の結成」であり，戦後における「高島会館」の建設である．

井戸組合の結成には『新高島町史』に次のような記述がある．「昔の高島は水の便が大変悪く，飲料水はもとより防火用水にも不便を感じる状態であった．そのため町内の各所に井戸を掘り，木製の手押しポンプで汲み上げていた．この井戸からポンプで手桶に汲み，担いで各家庭の水がめまで水をはこぶ「水汲み」は，当時の子ども達の重要な日課であった．その後，現在の2丁目15番地にある井戸は，水量が豊富で水質もよいことに着目し，ここから鉄管で町内の数ヵ所に配水して飲料その他に利用してきた．大正10年4月には水道組合を組織し，この水源である親井戸や配水した貯水槽や貯水井戸の維持管理にあたった．同12年4月，これを井戸組合と改称し，初代組合長には永井政吉が当たった」(高島小学校開校百周年記念協賛会1941)．

戦後の町会館建設もその1つである．高島町会館は町民の寄付と市の補助で旧高島小学校跡地に建設された．いまここは高島の文化拠点として機能する．しかし，高島の町会館にはそれ以上の機能がある．会館は町民の冠婚葬祭や各種団体の活動に活用されてきただけではない．昭和32年には保育園も会館を活用して開設され，現在，高島の秋を代表する大イベント「文化祭」の会場となっている．

高島のコミュニティ・アイデンティティはこうした長年にわたる生活協力の積み重ねと地域行事を通じた一体感の醸成をもとに形成されてきた．大事なことは，なぜ高島がそうしたコミュニティ・アイデンティティを維持し続けているのかということである．もちろん，高島のコミュニティ・アイデンティティ

は，高島が「移住社会」であることと無縁でない．しかし，おそらく最も大事なことは，高島の人々が，高島というコミュニティに，「意味」を認めているからにほかならない．高島は，この土地の人々にとって，単なる物理的空間でなく，意味をもった空間であった．なぜ意味空間となれたのか．それは，たぶん，コミュニティが「言語」を失わずにきたからである．この漁業集落に生きた人々は，外部からの圧力がこのコミュニティを衰退させて，なお，コミュニケーションの回路を断つことがなかったのである．

4-2. コミュニティ・アイデンティティと高島方式

コミュニティのアイデンティティは，ただ，従来のやり方を継承することによって維持されるわけではない．伝統的行事と新しい地域行事における「高島方式」とも呼び得る運営方法を通して，高島がコミュニティ・アイデンティティを維持してきた一因を探ってみることにしよう．

伝統的行事，越後踊りを例にとれば，「保存会」を中心に維持されているが，その場合，見逃してならないのは，高島の人々の創意工夫に富む，あるいは何かを変えることを恐れない対応である．そのことは「保存会」のあり方に現れる．高齢化が進み，機能不全の危機を察知するとそれを傍観せず，運営にも構成員にも新しい形を導入する．「保存会」のメンバーは，高島に住む人が中心だが高島以外に住む人も会員となることができる．越後踊りとその「保存会」を通じて高島は外部コミュニティに開かれている．外部コミュニティとの交流が高島におけるコミュニティ・アイデンィティの維持に寄与しているということは記憶に価する．高島にあって，コミュニティは決して孤立していないのである．常に外部コミュニティとの交換—物質的・文化的・精神的—を通じて再生されている．「保存会」の，担い手の育成を通じて内部を強化しながら，外部に開くことを忘れていない，その姿が注目されるのである．

高島の新しい地域行事について言えば，すでに見ておいたように，比較的新しい地域行事，花火大会や雪明りの街にみる運営，「実行委員会」の方式が注目されるところである．「実行委員会」は花火大会や雪明かりの街を運営する活動の中核部隊である．最初から大げさに構えない（「理念を先行させない」）という方針で，当初，有志の集まりと企画で始まった高島の花火大会であるが，やがて地区の行事として定着する．「理念を先行させない」，「実行委員会」

が中核となって機動性を確保するという運営は，新しい行事を定着させる方法としてすこぶる大切なアイデアである．子どもの頃からの仲間が，高島という地域で日常の生活を楽しむ，そしてその中に作られる「実行委員会」という名の活動主体が，町民の共感と同意を得て，花火大会のような地域行事にまで定着・発展させていく．このプロセスは注目されてよい．伝統的地域行事に加え，新しい地域行事における「成功体験」が，高島の，コミュニティ・アイデンティティを補強するうえで効果を発揮する．成功体験は，勇気と共感の獲得に不可欠である．たとえそれが小さなものであっても大事である．大仕掛けに事を始めて，失敗し，その失敗を取り戻すために，また，さらに仕掛けを大きくした事業を展開するという試みが，いかに悲劇的な結果を生んできたか，それは，日本列島の至るところに目撃される大型開発の残骸に明らかであろう．

　コミュニティの活性化には外部コミュニティとの交流にもまして，あるいは外部コミュニティとの交流を促す前提として，コミュニティの内部に「社会的機能人口」（活動人口）がなければならない．コミュニティは活動人口を減少させるとき活力を低下させると考えられる．当初の「理念を先行させない」ところから始めて，まず，実質活動の核を「実行委員会」において活動人口を増やしていくという方式は，成功体験の蓄積という点に照らしても有効である．

4-3. 高島の遺伝子と語り継がれる高島

　もちろんそうした試みが成功する歴史的遺伝子を高島はもっていた．「高島のまつりは，日々危険と隣り合わせで暮らしている漁師の人々にとって，生命や生活を守ってくれることへの感謝なのである．……さらに老いも若きも一体となるための地域の人々が継承していく立派な社会教育なのである．そこには古老から若者への伝承ということがあるしまた老人の知恵に対しての敬意もあるのである．さらにいちばん大切なことは愛郷心の涵養なのである」（堀 1978）．こうした下地が地域行事を支えている．この，人々の日々の暮らしと生き方が，祭りを作り維持させているということは重要である．新しい地域行事が作られ発展させられている根底には高島が培ってきた町民の連帯意識がある．地域，コミュニティとは「人々の地域的生活協力体」である．コミュニティが文化―物質文化・行動文化・精神文化―を創り，その文化はコミュニティを支えてきた．コミュニティを創るという仕事は物質文化・行動文化・精神文

4．コミュニティとコミュニティ・リーダー

化を合わせた1つの文化的複合体を創る試みである．ここで私の考えるコミュニティの概念に触れておくことにしよう．コミュニティとは，「一定の地域に住まう人々とその地域に共属の感情をもつ人々が，そこを拠点に，生活協力と交流を対内的・対外的に実現し，日常の生活を営んでいる具体的な環境であり，生活主体が，その環境（空間）を日常的に自己の生活と結び，そこに意味づけをなしている意味空間，すなわち空間的に意味のある世界である」（内藤 2001）．コミュニティがこのように定義されるとすれば，その環境と空間が「意味」のある存在でなければならない．高島が培ってきた地域行事はまさに空間に意味を付与するものであった．

　確かに高島といえども変化を経験しないわけにはいかない．その昔高島は何よりも1つの明確な統一性をもったコミュニティであった．小樽市に合併されてなお独立性の強いコミュニティであった．「私たちが子どもの頃は，高島にはたくさんの商店があった．八百屋，日用雑貨の店，呉服店など，小樽の街まで出かけなくても，日常生活には決して困らないだけの店があって，活気があり，賑わっていた．ただ無かったのは魚屋だけで，魚は買わなくとも，毎日食べられたのである．子ども達にとって忘れられないのは，駄菓子屋，つまり一銭店屋である」（大黒 2004）．いま，高島もかつての高島ではない．連帯意識もかつてのそれと随分違ったものになっているに違いない．何よりも「漁業」という高島を支えてきた産業の衰退は高島という地域のあり方を変えるであろう．高島が孤立した世界でないかぎり外部からの影響は避けられない．高島というコミュニティを内部から観察すると大きな2つの特徴があることに気づく．1つは，いまなお，強い親族関係が維持されていることであり，もう1つは，屋号やあだ名そして子ども時代の呼び名などで家と人が見分けられていることである．この2つは高島が小樽市の中で際立って個性的な地区であることを示している．

　こうした事態に顕著な変化が現れるとき高島は本当に変わっていくことになるのではないか．そしてそれがいま子ども達の世界に出てきているように思われる．そうした兆しはしばしば言語に現れる．言語は地域文化の基底にある．その意味で言語生活に現れている世代の違い（北海道小樽潮稜高校社会研究会同好会 1994）には，高島がいま基底的なところで変化を経験しているのでは

ないかと思わせるものがある．

　漁業という生産形態を基盤において築かれてきた社会構造が漁業の衰退で変化するということは十分あり得る話である．当然，高島は新しい環境のもとで再生されていくことになろう．高島の将来を予想することは小論にとって枠外の作業である．しかし変化の中で継承されていくものはあるし，それが明日の高島を豊かにするということも十分考えられることである．「語り継がれる何かがある」(北海道小樽市立高島小学校 1960) コミュニティに生きる人は幸福だと思う．この仮説は「グッド・コミュニティ」の研究に活用されてよいし，我々の注目するところである．

4-4．高島とコミュニティ・リーダー

　もちろん，高島といえども，そこに，リーダーなくして，コミュニティ・アイデンティティを維持することは難しい．コミュニティとしての高島をコミュニティ・リーダーという視点から眺めてみると，そこにも，高島の特徴を，すなわち，地域リーダーの「重層機能的構造」とも呼び得る高島の特徴を確認することができる．高島の場合，〈高島というコミュニティがその目標を実現するための手段を有効・適切に用意，あるいは用意するための方策を提示し，集団や組織の凝集性を確保しながら，目的達成を主導する案内人〉が，3つの層を形成し，機能する．明らかに，それは，高島の特徴である．

　まず，高島には，「シンボリックなリーダー」がリーダー層の頂点に位置し，次に，それを補佐しながら，同時に，「実行リーダー」(「実行委員会」のメンバーのような実質的に活動するリーダーで，彼らは職業も区々である．高島には，そうした実効リーダーが複数存在する．彼らに共通するのは，彼らが，いずれも，しっかりした社会的地位とすぐれた知識もっていることである）の活動を，町民合意に浸透させる役割を果たす「調整リーダー」がいる．高島ではこの三層構造が調和的に機能することで，コミュニティ・アイデンティティが維持されてきた．少しく敷衍しよう．

　シンボリックなリーダーのI氏は，高島を超えて，小樽では誰もが知る漁業船舶の所有者，200海里以降は数少なくなった親方である．200海里以降，多くの漁業経営者が廃業していくなか，操業を続け，小樽と高島の漁業を支えてきた．その信頼は絶大であった．小樽市商工会議所の副会頭も務め，久しい

間，高島の顔という存在であった．調整リーダーのY氏も親方の一人である．Y氏は，小樽はもとより北海道における海老籠篊漁の先駆者として知られている．Y氏は父親の代から漁業者であるが，世代間の視点でみても，世代内視点でみても，社会階層における上昇移動を成し遂げた成功者であった．社会階層の上昇移動が，所得，財産など「経済的側面」において捉えられることはいうまでもない．しかし，「経済的側面」はあくまでも上昇移動の一面である．高島というコミュニティにおいて上昇移動は「社会的側面」をもっている．「社会的側面」はコミュニティ内において彼が果たしている役割に示される．Y氏は，経済的に上昇移動を実現しただけではない．与えられた役割を通じて地域社会のために尽力した．彼に与えられた役割は，この地域において彼が得た"承認"の証である．彼は地域社会の信頼を獲得し複数の役職についた．彼は地区選出の小樽市議会議員M氏の後援会長であり，越後おどり保存会の会長であり，高島神社敬神会の副会長であり，高島町会の顧問であった．葬儀は故人の在りし日の姿を映すとともに，コミュニティの性格も映し出す．Y氏の葬儀は生前の活動を称えるかのように盛大であった．〈葬儀役員名簿〉に記された顧問，相談役，葬儀委員長，副委員長，総務に名を連ねた人々に，生前に故人が得ていた信用をうかがうことができる．弔辞・弔電の数は夥しい．香典帳に記載された弔問客は職域，親族，近隣，同窓等々に及んでいて，「町葬」と云ってよいほど盛大なものであった．故人が生前に築いた関係がいかに広範であり，故人がいかに人間関係を大事にしてきたのか示す証でもある．Y氏は「生得的地位」において決して不利な立場に置かれていなかったけれども，葬儀にみる関係は故人が生得的地位を遙かに超えた，高い「獲得的地位」を得ていたことを示している．彼は生涯漁業を生業としたが，単なる漁業者を超えて生きていた．彼は組合活動を通じて漁業の発展に尽力し，地域社会への奉仕活動や政治活動を通じて漁業とコミュニティに貢献した．

彼は高島というコミュニティのリーダー，その一人であったが，華やかな表舞台に立つことのなかったリーダーであった．大臣経験者M氏（勲一等瑞宝章受賞），漁業功労者I氏（勲四等瑞宝章叙勲），市議会議長を務めたM氏（藍綬褒章受賞）などが高島を代表する「表」の顔であったとすれば，彼は，「裏方」に徹した「世話役的なリーダー」であった．「表」のリーダーは彼を信

頼し，彼はその信頼に応えていた．そうした表現が許されればY氏は「潜在的」な非表出的リーダーであった．I氏やM氏のような「表」の地域リーダーと地域住民の中間にあって，両者を媒介し，多数同意という形を実現させる「まとめ役」であった．Y氏のように町民多層の信頼を得て地域的融和と統合に貢献できる人は決して多くない．それができたのは，漁業における成功にもまして，Y氏の温厚な性格と誠実な生き方であった．彼は若くして機関士会の統合を実現した才能の持ち主であったが，その温厚な性格と控え目な生き方は彼をしてトップ・リーダーを支えるコミュニティ・リーダー，調整リーダーに終始させてきたのである．

　Y氏のような人の生き方には1つの特徴がある．彼らは社会通念や政治思想については保守的であり革新的ではないけれども，彼らの生き方は献身的であり保身的ではなかった．ここで保守と保身とは厳密に区別されなければならない．保守的な人の中にも革新的な人の中にも献身的な人はいるし，保身的な人がいる．これまで日本の地域社会は，保守的で献身的なタイプの人物，とりわけ「世話をするリーダー」によって支えられてきた．Y氏の生き方はY氏の価値観に根ざしたものであるが，同時に，地域社会が理想としたものでもある．Y氏は自己の生き方を，高島という地域社会の求める価値に重ねていた．

5. グッド・コミュニティと地域リーダー——まとめに代えて——

　すでに見たように，高島のまつりは，日々危険と隣り合わせで暮らしている漁師の人々にとって，生命や生活を守ってくれることへの感謝であり，老いも若きも一体となるための地域の人々が継承していく立派な社会教育であり，また老人の知恵に対しての敬意であり，さらには愛郷心の涵養なのである．こうした下地が高島の地域行事を支えている．この，人々の日々の暮らしと生き方が，祭りを作り維持させているということは重要である．新しい地域行事が作られ発展させられている根底には高島が培ってきた町民の連帯意識がある．

　すでに述べたところを繰り返し言えば，地域・ミュニティは，何よりも，「人々の地域的生活協力体」である．これもまたすでに見てきたところであるが，いま，その地域的生活協力体＝高島のコミュニティを内部から観察すると大きな特徴が2つある．1つは，いまなお，強い親族関係が維持されているこ

とであり，もう1つは，屋号やあだ名そして子ども時代の呼び名などが生きていることである．この2つは，依然，高島が，小樽市にあって，個性的な地区であることを示している．しかし，変化は避けられない．それは子ども達の生活に，象徴的には，言語に現れる．言語は地域文化の基底にある．その意味で言語生活に現れている世代の違い（北海道小樽潮稜高校社会研究会同好会1994）には，高島がいま基底的なところで変化を経験しているのではないかと思わせるものがある．

　それにしても，「語り継がれる何かがある」（北海道小樽市立高島小学校1960）コミュニティに生きる人は幸福だと思う．高島のケースは，高島というコミュニティが個性的なところから，そのまま多くのコミュニティに該当しないということを意識して，しかし，なお，コミュニティ・リーダーのあり方に悩む多くの地域，そして，グッド・コミュニティ形成に関心を寄せる多くの地域に示唆を提供する．グッド・コミュニティをどう定義するかは難しい問題である．ウォーレン（Warren 1970）と金子勇（金子 1989）は，グッド・コミュニティについて，いくつかの条件を提示した．それと大きく異ならないが，ここでは，グッド・コミュニティ条件として，「(1) 物理的・社会的に安全と安心が確保されているコミュニティ，(2) 地域住民が相互に一体感をもったコミュニティ，(3) 共同と協働を基盤にした自主的地域管理機能をもつコミュニティ，(4) 緊張を処理し問題の解決を図る意欲と力をもつコミュニティ，そして，(5) 個人の自由が可能な限り保障され，統合性を維持している寛容度の高いコミュニティ，(6) コミュニケーションの回路を維持し，世代間にも，言語を機能させているコミュニティ，(7) 地域統合のシンボルをもち，外部社会との交流を豊かな地域形成に活用・実現しているコミュニティ，(8) 何よりも住民の満足度が高いコミュニティ」を挙げておくことにしよう．「新しい共同」は，グッド・コミュニティの追求を意図して展開されることが望ましい．

　コミュニティが内的・外的要因により変化を余儀なくされる以上，コミュニティは問題の処理や調整に迫られるであろう．問題の処理や調整を通じて解体の危機からコミュニティを脱出させることは，リーダーに期待される課題である．高島にはそうしたリーダーが存在した．リーダーが存在したというのは一面の評価である．リーダーが地域を理想的と思われる方向に導くのは問題の一

面であって,もう一面には,リーダーを生み育てる住民があり,文化がある.高島は2つの面をもったコミュニティであった.そして,そこに,確認されなければならない,高島というコミュニティがもつもう1つの特性がある.それは,高島という移住社会が,強い絆で結ばれた「共同」を実現しながら,個人の才能と努力で,社会階層の上昇移動を可能にする,流動性をもった自由度の高いコミュニティであったということである.高島のコミュニティ・リーダーは,そうしたコミュニティの中で生まれ,育った人である.高島が,今後,どのように変化していくのか,新しい地域リーダーの出現と合わせて,変化のプロセスには関心が寄せられてよい.

内藤辰美

文献

北海道小樽市立高島小学校,1960,「高島子ども風土記」編集委員会編『高島子ども風土記』
北海道小樽潮稜高校社会研究会同好会,1994,「小樽市高島の日常生活と伝承文化」
北海道新聞,2001,「日曜インタビュー」8月26日
堀耕,1978,「高島の話」堀耕『郷土資料集』
金子勇,1989,『新コミュニティの社会理論』ミネルヴァ書房
内藤辰美,2001,『地域再生の思想と方法』恒星社厚生閣
大黒昭,2004,『自分史:世紀を超えて』非売品
高田寅雄,1993,「越後踊りのルーツを訪ねて」『白老郷土文芸』第13号
高島尋常高等小学校編,1941,『高島町史』
高島小学校開校百周年記念協賛会,1986,『新高島町史』ぎょうせい
Warren,1970,"Good Community — What Would It Be？", *Journal of the Community Development Society*, 1(1),spring

第10章
スハルト新秩序体制下における 1997年総選挙の地域住民動員
―東ジャカルタ市A郡Bクルラハンのフィールド資料から―

1. はじめに

本論の目的は, スハルト新秩序体制(以下, 新秩序体制)における1997年総選挙[*1]の地域住民動員のメカニズムの一端が, 末端行政のクルラハン政府と官製住民組織RTとRW(以下, RT/RW)[*2]の密接な関係を基礎とする文書主義によって支えられていたことをあとづけることにある.

1983年に全国法制化されたRT/RW(Depdagri 1983)は, 新秩序体制の適合的な要素(Sullivan 1992), 社会的動員のエージェント(白石 1996), 住民監視の装置(倉沢 2001)など, 住民の統制や動員を精妙にはかる媒介の主体として把握されてきた[*3]. この他, 多くの研究の中で, 与党ゴルカルが開催する総選挙キャンペーンの住民動員にRT/RWが大きな役割を果たしたことも指摘されている. しかし, 新秩序体制における総選挙の住民動員の諸相を, クルラハン政府や与党ゴルカルが発行した住民宛の文書に依拠しながら実証した研究は管見では皆無に等しい[*4].

国連開発計画は, 「人間開発」の定義の1つとして「地域社会の活動に参加できる能力」を挙げ, 地域社会やコミュニティが「人間開発」にとってきわめて重要な社会的資源となる可能性を示唆している(UNNDP 1990). また, 現在, インドネシアでは, 住民組織の強化プログラムを国家開発政策の重点プログラムの1つと位置づけており, コミュニティ・エンパワーメントは国家的課題となっている(RI 2000). しかし, これまでの先行研究が明らかにしてきた「住民の統制や動員を精妙にはかる媒介の主体」としてのRT/RWが,「人間開発」の重要な社会的資源, あるいは, コミュニティ・エンパワーメントの主体

となり得るのかについては，インドネシアの現代政治史を踏まえた精緻な検討が必要であろう．

以上の先行研究と問題関心を踏まえ，本論では，筆者が東ジャカルタ市のA郡Bクルラハンで実施したフィールド調査で収集した文書を主な資料[*5]として，冒頭に示した目的への接近を試みる．

本論の構成を示す．2節では，Bクルラハンの組織を略述した後で，Bクルラハンの住民関連の業務遂行がRT/RWの全面的な協力を前提にしていること，また，住民関連の業務の指令がRT/RW宛の文書によって行なわれていたことを示す．3節では，Bクルラハンの行政文書の発信のあり方から，BクルラハンとRT/RWの間にみられる官僚国家のあり方を確認する．4節と5節では，それぞれBクルラハンとゴルカルがRT/RW役員を通して住民宛に発信した文書から1997年総選挙の住民動員の諸相を考察する．結語では，本論の知見と，若干の展望を述べる．

2. Bクルラハン政府と官製住民組織RT/RW

新秩序体制は，「1974年地方行政基本法」と「1979年デサ行政法」によって段階的に地方自治の統合を行ない，強力な中央集権化をはかった（RI 1974, 1979）．この結果，1980年代に入るまでに，第1級地方自治体の州・特別区から第2級地方自治体の郡および市，そして，最末端の行政体と規定されるデサおよびクルラハン[*6]へと貫流する中央-地方行政機構が完成した．この中央集権体制は，1983年の官製住民組織RT/RWの全国法制化（Depdagri 1983）によってさらに深化する．RT/RWの全国法制化によって，末端行政のデサおよびクルラハン政府と地域住民とを媒介する機制が作り出されたからである．

2-1. クルラハン政府の組織構造

調査地のBクルラハン政府は図10-1のような組織構造になっている．クルラハン政府では，クルラハン長（Lurah）と呼ばれる首長が同政府を統括する．日本の市区町村の助役に相当する書記がクルラハン長を補佐するとともに，政府，治安，福祉，開発，総務などの各部長を監督する．住民との日常的な接触や住民への指導は，範域担当が行なう．調査地のBクルラハンの場合，2つのRWが1つの範域として割り当てられ，各部長が部長職と兼職する形で範域担

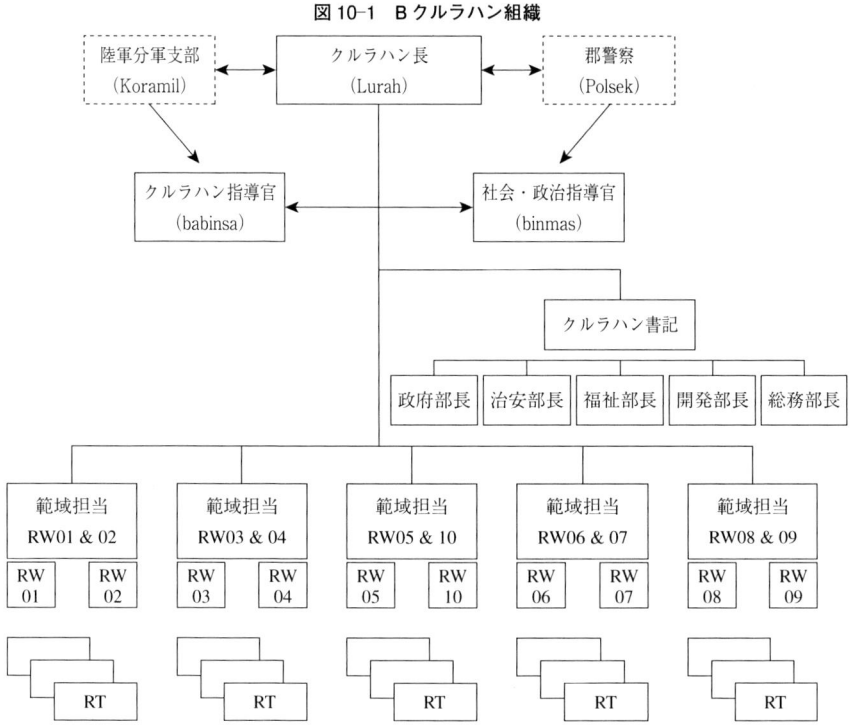

2. Bクルラハン政府と官製住民組織RT/RW

図10-1　Bクルラハン組織

```
          陸軍分軍支部 ←→  クルラハン長  ←→  郡警察
          (Koramil)        (Lurah)          (Polsek)
                ↓              ↓
          クルラハン指導官 ←→ 社会・政治指導官
          (babinsa)           (binmas)
                               │
                          クルラハン書記
                ┌──────┬──────┼──────┬──────┐
             政府部長 治安部長 福祉部長 開発部長 総務部長

  範域担当   範域担当   範域担当   範域担当   範域担当
  RW01 & 02  RW03 & 04  RW05 & 10  RW06 & 07  RW08 & 09
  RW  RW    RW  RW    RW  RW    RW  RW    RW  RW
  01  02    03  04    05  10    06  07    08  09

   RT        RT        RT        RT        RT
```

（出典）東ジャカルタ市A郡Bクルラハン政府『地域指導活動報告書』1997/1998年度版から一部改変して筆者作成．

当になっていた．筆者の調査地での聴き取りによれば，各部長は担当する範域のRWの住民事情に通じており，RT単位で地域の社会状況や住民問題を詳細に把握していた（小林2003）．

2-2. クルラハン政府の業務内容

クルラハン政府が毎年発行する『地域活動指導報告書』によれば，クルラハン政府が担う住民関連の業務は5つある（Bクルラハン1996, 1997, 1998）．これらを列記すると，「政府業務」「治安業務」「経済・開発業務」「住民福祉業務」「その他」となる．以下，具体的にみていこう．

「政府業務」とは，住民動態の掌握，土地登記簿の管理，土地建物税の徴収，住民登録証をはじめとする住民関連の証明書の発給，住民に対する指導・監督

である.

「治安業務」は,おもにハンシップ[*7]によって担われている.ハンシップは,1980年に導入された地域治安システムを意味するシスカムリン[*8]で,地域の治安をRT/RWと協力して守るとされた組織であった.

「経済・開発業務」は多岐にわたっているが,日常的に実施されているのは,毎週日曜日にRWごとに順番で行なわれる共同作業による清掃である.また,クルラハンやデサ行政における開発政策の成功を目的として制度化された維持管理主体であるデサ・クルラハン社会強靭性委員会（LKMD/K）の運営や,官製の婦人会と位置づけられる家族福祉運動（PKK）の推進もクルラハン政府の重要な役割であった.その他,住民に対して環境・教育・保健・健康などの各種の啓蒙活動も実施されている.

「住民福祉業務」の中では,クルラハン政府が企業・団体や個人から寄付を募り,貧困者への分配が行なわれている.また,保健省などの関連機関がRT/RWの婦人会と協力して,デング熱の流行を防止するため殺虫剤の散布や,母親に対する乳幼児の栄養教育,また,乳幼児への予防接種なども定期的に実施されている.

「その他」には,郡をはじめとする上位の行政機関やRT/RWへの文書の発信・受信,クルラハン政府職員への福利厚生,クルラハン政府の備品管理などが分類されていた.

前記の5つの業務内容から,住民関連の業務の遂行が,RT/RWの全面的な協力を前提としていることが確認できる.RT/RWの住民関連の業務への協力について,BクルラハンのRT/RWを直接統括する政府部長A氏は「RT/RWなしでは,日常のクルラハン政府の仕事はなりたちません.もし,RT/RWがなかったら私たちは住民に関する業務が何もできません」と証言[*9]している.このA氏の証言は,『地域活動指導報告書』に示された住民関連の業務遂行が,RT/RWの協力を前提としていることを傍証している.Bクルラハン政府の住民関連業務の遂行にとってRT/RWは不可欠の住民組織なのである.

3. Bクルラハン政府の行政文書と官製住民組織RT/RW

Bクルラハン政府が住民関連業務の遂行上,RT/RWを不可欠としていたこ

とは確認できた．ここで重要な点は，RT/RW に対する住民関連の業務への協力の要請や指示が，ほとんどの場合文書によって行なわれていることである．

周知の通り，ウェーバーは近代官僚制機構の特徴の1つとして文書主義を挙げている（Weber 1956＝1960）．「1979年デサ行政法」によってデサとクルラハンが国家の行政官僚機構の末端に位置づけられたことを考えれば，クルラハン政府が扱う文書のあり方には，「官僚国家」インドネシアの最末端の官僚機構としての特徴が見出されるはずである[*10]．また，RT/RW は 1966 年のジャカルタにおける法制化以降「正式な行政組織ではないが政府が承認し指導する社会組織である」と定義され，監督者をクルラハン長としてきた（DKI Jakarta 1966, 1980, 1984, 1995）．これは，RT/RW がクルラハン政府によって指導・監督を受ける下位組織であることを意味する（小林 2003）．であるならば，クルラハン政府と RT/RW との上位・下位関係は文書のやりとりの中にも象徴的に表れると判断できる．

表 10-1 は，1995/96 年度から 1997/98 年度にかけて，B クルラハン政府が発信・受信した文書数を，RT/RW，A 郡政府，東ジャカルタ市政府，ジャカルタ首都特別区政府に分けて示したものである（B クルラハン 1996, 1997, 1998）．ここからから確認できることは，RT/RW に対する文書の発信数の多さである．例えば，B クルラハン政府が RT/RW に発信した文書数は，1995/96 年度では 259（全体の 36％），1996/97 年度では 126（同 33.5％）と，上位の行政体である A 郡政府とほぼ同じであることがわかる．さらに，1997 年総選挙が実施された 1997/98 年度に至っては，590（同 39.8％）と A 郡政府よりも多くなっている．同年度は，1週間に約 12 通の文書がクルラハンから RT/RW に発信されていたことになる．

独立以前から，公務員はインドネシア最大の社会勢力であり，独立後も著しい継承性をもってきた（木村 1989）．その継承性とは，アンダーソンによれば，ジャワの伝統的な権力概念の1つをなす王と臣下の関係，つまりパトロン－クライアント関係の束が官僚や行政機構にも具現化されていることである（Anderson 1990）．

第10章　スハルト新秩序体制下における1997年総選挙の地域住民動員

表10-1　「Bクルラハン政府における文書の発信・受信（1995/96-1997/98年度）」

発・受 機関名	1995/1996年度			1996/1997年度			1997/1998年度			1995-1996〜97/98年度		
	発信	受信	総数	発信	受信	総数	発信	受信	総数	発信	受信	総数
RT/RW	259	46	305	126	78	204	205	55	260	590	179	769
A郡	270	223	493	125	154	279	130	143	273	525	520	1045
東ジャカルタ	147	152	299	90	87	177	105	95	200	342	334	676
ジャカルタ	43	197	240	35	98	133	75	151	226	153	446	599
合計	719	618	1337	376	417	793	515	444	959	1610	1479	3089

出典：東ジャカルタ市A郡Bクルラハン政府『地域指導活動報告書』1995/1996年度版，1996/1997年度版，1997/1998年度版から一部改変して筆者作成．

　既述のように，RT/RWは「正式な行政組織ではないが，政府が承認し指導する社会組織」（DKI Jakarta 1966, 1980, 1984, 1995）という不定形な位置づけがなされている．しかし，前述のように行政文書の発信の実態からみれば，アンダーソンの言う「パトロン-クライアント関係の束」がクルラハン政府とRT/RWとのやりとりの中にも象徴的にみてとれる．そして，最終的にこれらの行政文書による様々な指示は，RT/RWの役員を通して地域住民へと伝えられていくのである．では，具体的にはどのような行政文書が地域住民のもとに届けられていたのだろうか．1997年総選挙における住民動員に関する文書を例としてみてみよう．

4. クルラハンの住民宛文書からみる1997年総選挙の住民動員

　1997年総選挙は同年5月29日に実施された．調査地のBクルラハンがあるA郡では，総選挙が近づいてきた1995年後半から1996年にかけて，郡長（Camat）と住民との間の親睦会が定期的に行なわれていた（A郡1996）．この親睦会は，表面的には地域で起きている様々な問題をRT長とRW長が郡長に陳情する会合であるとされている．陳情の内容は，道路の舗装，環境の整備，ならず者（preman）の排除など多岐にわたっている（A郡1996）．しかし，調査地の住民への聴き取りによれば，親睦会の内実は，地域における問題解決の具現策の提示とひきかえに，出席した住民代表に「1997年総選挙の成功」す

なわちゴルカル支持を求める場であった[11]．総選挙の1年以上前から，与党勝利のための布石が着々とうたれていたのである．さらに，総選挙を間近にひかえた1997年3月になると，BクルラハンからRT/RWの役員に対して，1997年総選挙の成功を期す会合や，選挙キャンペーンへの住民の動員を求める多くの文書が発行されていた．ここでは，その一部を取り上げてみたい．

4-1. 1997年総選挙準備式への参加要請

資料1（章末）は，1997年3月26日に，Bクルラハン長からすべてのRW長とRT長に対して発信された文書である．指示の内容は，4月13日開催の1997年総選挙の出陣式（apel kesiapan）への住民参加を要請するものである．1997年総選挙のキャンペーンは，4月27日からと法律で決められており，出陣式は，総選挙キャンペーン開始にあたっての出発の意義をとどめている．文面から明らかなように，各RTから10名の住民の参加を要請し，前もって参加者名簿を提出させるなど，出陣式を盛会にするための周到な準備がうかがえる．

4-2. 夜間住民サービスの実施に関する告知

資料2（章末）は，1997年4月7日に，BクルラハンからすべてのRW長に対して発信された文書である．文書の内容は，総選挙を直前にひかえた1997年4月から5月までの期間に限定して，夜間に住民登録証[12]，家族カード[13]，短期滞在証明[14]という3つの住民関連の証明書発行を各RWで実施することである．これらの証明書は，通常はクルラハン役場でのみ手続きが可能である．注目すべき点は，この夜間住民サービスがクルラハン役場ではなく，ほとんどがRW長宅やRW事務局[15]で実施されていた点である．住民への聞き取りによれば，ゴルカル支持者のRW長[16]宅に夜間サービスを受けるために手続きに行くと，同席していたクルラハン職員やRW長から，普段は実施しない夜間住民サービスを提供する便宜を図る代わりに与党ゴルカルへの支持を間接的に依頼されるという[17]．つまり，夜間サービスは，住民へのサービス提供であると同時に，総選挙前にRW長・クルラハン職員と住民の接触の機会を作り，与党支持を働きかける場としての機能も果たしていたと考えられる．

4–3. ゴルカルのキャンペーンへの住民動員の要請

資料3（章末）は，1997年5月13日に，Bクルラハン長からゴルカル支持者のRT長のみに発信された文書[18]である．文書の内容は，与党ゴルカルの選挙キャンペーンへの参加と住民を動員することを要請したものである．

この文書の備考欄には，参加者のためにキャンペーン会場への無料バス輸送が用意されていることが明記されている．RT内の15名の住民の動員をうながすだけでなく，会場までの輸送手段も確保するなど，キャンペーンの成功を期す万全の準備がうかがえる．

選挙キャンペーンでは，ゴルカル支持者は黄色の薄手のジャケットを着用して参加することが慣例になっている[19]．文面にある「黄色の制服」とは，このことを意味している．

以上，3つの文書を検討してきた．これらの文書から明らかになったのは，既述のクルラハンとRT/RWの間の密接な関係を基礎とする文書主義が，1997年総選挙のときにも徹底していたことである．総選挙の動員は無計画な方策ではなく，制度化された文書の発信によってRT/RW役員を媒介として効率的に実施されていたと言える．

5. ゴルカルの住民宛文書からみる1997年総選挙の住民動員

Bクルラハンによる総選挙キャンペーンへの住民動員が，徹底した文書主義によって計画的にはかられていたことが確認された．では，当の与党ゴルカルは，総選挙にあたってどのような住民動員をはかっていたのだろうか．3つの文書から検討してみよう．

5–1. ジャケット支給に関するゴルカル事務局からRT長への依頼

資料4（章末）は，1997年4月17日に，Bクルラハンのゴルカル事務局から，ゴルカル支持者のRT長とRW長のみに発信された文書[20]である．文書の内容は，ゴルカルの総選挙キャンペーンへの参加者名簿の作成依頼と，ゴルカルのシンボルカラーである黄色のジャケットの支給方法の告知である．

本文書で注目すべきことは2点ある．1点目は，ゴルカル支持者のRT長に対して，総選挙キャンペーンへの参加者名簿，つまり，RT内の有権者名簿[21]を作成させていることである．これによって，ゴルカルが効率よく住民の動員

を図る体制を整えていたことがわかる．2 点目は，黄色のジャケットに加えて，実際には，食料品や日用品などのクーポン券が配布されていたことである[*22]．選挙の動員といっても，有権者の住民達は，全員ではないにせよ，何かしらの物質的な見返りを得るためにキャンペーンに参加していた節がうかがえる．

5-2. ジャケット支給に関する RT 長からゴルカル事務局への返事

資料 5（章末）は，資料 4 の文書に対する RT 長の返書（1997 年 4 月 25 日付発信）である．文書の内容は，ゴルカルの総選挙キャンペーンへの参加者名簿の作成依頼を受けた RT 長が，事実上の有権者名簿を提出することを示したものである．

資料 4 と資料 5 の発信日に着目すると，ゴルカル事務局の要請から 1 週間あまりで，RT 内の有権者を確認して RT 長が名簿を作成し，返書を送付していることになる．

また，資料 5 に限らず，様々な文書には「写し」先が明記されることが多い．資料 5 の場合は，RW 長に文書の写しが送付されている．資料 4 は RT 長と RW 長に宛られた文書であるが，実際に名簿を作成したのは RT 長であった．そのため，RT 長はゴルカルの要請に確かに対応したことを，文書の写しによって証明しているのである．このことから，RT と RW の間においても，文書主義が徹底していることがうかがえる．

5-3. 総選挙キャンペーンへの参加要請

資料 6（章末）は，1997 年 4 月 28 日に，B クルラハンのゴルカル事務局から，ゴルカル支持者の RT 長に発信された文書である．文書の内容は，総選挙キャンペーンの一環として開催される同年 4 月 30 日のゴルカル対話集会への参加を要請するものである．注目されるのは，宛先が「RT 長と 10 名の住民各位」となっている点である．つまり，この文書を受け取った RT 長は自らの参加だけでなく，10 名の住民を動員することが求められているのである．

この文書で注目されるもう 1 点は，キャンペーンの主催者と責任者の連名による発信となっている点である．キャンペーン責任者は，資料 4 の文書にもあったゴルカルの事務局長だが，キャンペーン主催者には B クルラハン長の氏名が記載されている．このことから，B クルラハン長が総選挙時にゴルカルの

キャンペーンに強く関与していたことが確認できる[*23].

以上3つの文書からうかがえるのは，Bクルラハンと同じように，選挙キャンペーンの住民動員が，あらかじめ策定された計画によってきわめて効率的に行なわれていたことである．また，ゴルカル支持者であるRT長が媒介者となって，住民を動員している点はBクルラハンのキャンペーン動員と同じ構造をもつと言える．

6. 結語

本論の知見を4点にまとめてみよう．

第1は，Bクルラハン政府とRT/RWの密接な関係である．住民関連の5つの日常業務はRT/RWの助力に大きく依存していた．新秩序体制におけるRT/RWは，末端行政のクルラハン政府の補完機能を果たしていたのである．

第2は，Bクルラハン政府が住民関連業務の遂行を，文書によってRT/RWに指示していたことである．Bクルラハン政府がRT/RWに発信する文書数は，上位機関である郡政府とほぼ同じであり，1997/1998年度に至ってはRT/RWが最も多かった．インドネシアの官僚機構の特徴であるパトロン–クライアント関係の束がクルラハン政府とRT/RWとのやりとりの中にも象徴的に表れていたと言える．

第3は，Bクルラハン政府から，制度化された文書主義よって1997年総選挙の住民動員がはかられていたことである．この文書主義による住民動員は，BクルラハンがRT/RWに対して，文書によって住民関連業務を日常的に要請していたことを基礎としていた．

第4は，制度化された文書主義による総選挙の住民動員が，RT長やRW長を媒介してはかられていたことである．特に，調査地のゴルカル支持者のRT長は，Bクルラハンだけでなく，ゴルカルの文書による住民動員にとってもきわめて大きな役割を担っていた．

1998年の新秩序体制崩壊からすでに10年が経過した．世界的にも稀有な32年間という長期政権は，ハビビ，ワヒッド，メガワティ，そして現在のユドヨノ政権と引き継がれた．この間，書店には「新しい市民社会」を冠する題名の書籍が数多く並んだ．しかし，これらの議論の多くは，強大な中央集権政治

からの脱却への意思が先行し，これまでのインドネシアの政治・社会体制の実態を等閑視する傾向がみられる．それゆえ，この「新市民社会論」とも呼ぶべき議論はいきおい理念的になりがちである．

今後「新市民社会論」を精緻化するためには，今日の政治的・社会的現実を直視しながらも，インドネシアの現代政治史を丹念に振り返る必要があろう．本論は，その試みとして，新秩序体制の最後の総選挙である1997年総選挙[24]における住民動員の諸相を，フィールド資料をもとに考察したものである．

小林和夫

注

[1]　1997年総選挙は新秩序体制下で実施された最後の総選挙であった．前年には国軍が野党のインドネシア民主党の総裁選挙に介入し，同党の元党首・スルヤディを傀儡の党首にすえた．新秩序体制は，総裁選挙で当選確実だったメガワティの政治的影響力を憂慮したからである．このため，ジャカルタをはじめ各地で騒乱がおき，治安が著しく悪化した．しかし，このようなあからさまな政治工作にもかかわらず，1997年総選挙では，与党ゴルカルは74％という過去最高の得票率で圧勝した．

[2]　RTはRukun Tetanggaの，RWはRukun Wargaの略称である．rukunとはインドネシア語で調和・平和・共存などを意味する．また，tetanggaは近隣・近所を，wargaは成員・住民を意味する．通常，まとめてRT/RWと表記されることが多い．本論ではRTを「隣組」，RWを「町内会」と訳しておく．ジャカルタにおける法令ではRTは30～50世帯，RWは8～15のRTから構成されると規定されている（DKI Jakarta 1984, 1995, 2001）．しかし，筆者の東ジャカルタ市における調査では，実態は必ずしも法令の規定どおりの数にはなっていない．特に，RTの世帯数は地域によってかなりばらつきがある．

[3]　これまであまり言及されてこなかったRT/RWとイスラーム教の関係については，倉沢の研究がある（倉沢2006）．

[4]　数少ない例として，筆者は，1997年総選挙時のRT/RWに対する夜警の指示文書を社会学的に分析している（小林2004）．

[5]　本論で提示する諸文書は，筆者が2001年から2002年にかけてフィールドワークを行なった東ジャカルタ市A郡Bクルラハンの RT（隣組）長が保存していたものであり，1997年総選挙における地域住民動員の全貌を示すような網羅性はない．しかし，クルラハン政府やゴルカルが住民に対して発行した総選挙の動員指示などの諸文書は，たとえ一部であっても，その文書の性格や，こんにちに至る時間的経過から，閲覧や入手はきわめて困難である．これらの資料状況を考慮すれば，本論で提示する諸文書は，総選挙時のグラスルーツにおける住民動員のメカニズムの一端を考察するための歴史資料として一定の価値があるものと思われる．本論では文書にある人名は仮名を用い，番号などは伏字にした．

第 10 章 スハルト新秩序体制下における 1997 年総選挙の地域住民動員

* 6 　クルラハンやデサの設置状況は地域差が大きく，きわめて恣意的・政治的に行なわれた．その背景として考えられるのは，デサと異なり内政を実施する権利をもたないクルラハンを増加させて，既存のデサ行政を官僚制化し，国家行政機構のヒエラルキーの末端に組み込むためであった（島上 2003：171–172）．
* 7 　ハンシップ（Hanship）とは，地域住民からなる警防団のことを指す．警防団活動については，陸軍の指導を受けるが，通常は末端行政であるクルラハンやデサに所属している．クルラハンやデサでは，住民数に応じて 1〜5 名の警防団員を住民から出すことを要請されている（木村 1999：344）．職務はほとんどの場合兼業であり，スハルト新秩序体制では，総選挙時などに増員されることが多かった．
* 8 　シスカムリン（siskamling）とは，1980 年に陸軍治安秩序回復指令部によって導入された地域の監視警備体制を指す（Barker 2001：24）．
* 9 　筆者の A 氏への聞き取りによる（2001 年 3 月 27 日）．
* 10 　インドネシアの官僚制については，（Emmerson 1978；Rohdewohld 1995；加納 1996）を参照．
* 11 　筆者の住民への聴き取りによる（2001 年 8 月 3 日）．
* 12 　住民登録証は 17 歳以上または既婚者（離死別者を含む）のインドネシア国民全員に携帯が義務づけられている．住民登録証は，各種の住民関連文書の申請やライフラインの契約のための最重要の必要書類となっている．
* 13 　家族カードは，住民登録証とならんで，住民の社会生活に欠かせない各種の公的証明書発行やライフライン契約のための必須の提出書類となっている．
* 14 　短期滞在証明は，季節労働者や一時的な滞在者の身分を証明するものである．短期滞在証明は，住民登録証や家族カードに比べると取得していないものも多い．しかし，法律的には携帯が義務づけられており，警察による不定期の取り締まりも行なわれている．
　　　現在，ジャカルタでは「来訪者証明」（Kartu Izin Pendatang）に名称が変更されている．
* 15 　RW 事務局（Sekretariat RW）は，実態は RW の詰所や寄り合い所といった趣の建物のことである．地域性があり，すべての RW が事務局をもっているわけではない．
* 16 　調査地の RW 長は，元陸軍の事務職員でゴルカル支持者であった．
* 17 　筆者の住民への聴き取りによる（2001 年 8 月 3 日）．ジャカルタの RT/RW を指導・監督する総責任者であるジャカルタ首都特別区政府クルラハン育成部長である C 氏は，具体的な数値での回答は避けたがジャカルタでは一般的には，RT 長や RW 長は公務員や退役軍人がなることが多いと筆者に証言している（2001 年 6 月 20 日）．
* 18 　調査地での聞き取りによれば，同文書は野党支持者の RT 長に配布されなかった（2001 年 8 月 3 日）．調査地の RT 長は，B クルラハンの隣に位置するクルラハンの職員で公務員のため，ゴルカル支持が義務づけられていた．
* 19 　野党も事情は同じである．開発統一党は緑，インドネシア民主党は赤のシンボルカラーのジャケットを着用してキャンペーンに参加していた．
* 20 　調査地での聞き取りによれば，同文書は野党支持者の RT 長と RW 長には配布されなかった（2001 年 8 月 3 日）．
* 21 　文面には「シンパや住民」とあるが，資料 5 に添付されていた 65 名の RT 住民の名前を筆者が当該 RT の家族カードで確認したところ，全員が選挙権をもつ住民であった．

*22 筆者のRW長への聴き取りによる(2001年8月10日).
*23 この文書にはBクルラハン長という官職名は記されていない。また,公の発行文書には官職名と必ず併記される公務員番号(NIP)の代わりに,ゴルカル会員番号(NPAG)が記されている。
*24 本論の脱稿後,インドネシアでは,2009年4月9日に総選挙が実施された.

文献

Anderson, B. R. O'G, 1990, *Language and Power: Exploring Political Cultures in Indonesia*, Ithaca and London: Cornell University Press

Barker, J., 2001, "State of Fear: Controlling the Criminal Contagion in Suharto's New Order," Benedict Anderson eds., *Violence and the State in Suharto's Indonesia*, Ithaca: Cornell Southeast Asia Program: 20–53

Emmerson, D. K., 1978, "The Bureaucracy in Political Context: Weakness in Strength," Jackson, Karl D. and Lucian Pye eds., *Political Power and Communication in Indonesia*, Berkeley and Los Angels: University of California Press

加納啓良,1996,「インドネシアの官僚制」岩崎育夫・萩原宣之編『ASEAN諸国の官僚制』アジア経済研究所,6-46

小林和夫,2003,「スハルト開発体制下の都市住民組織を媒介とした住民情報管理—東ジャカルタ市のRT/RWを事例として」『日本都市社会学会年報』(21):97-115

——,2004,「インドネシアにおける『伝統』の実践とポリティクス—新秩序体制下のゴトン・ロヨン(相互扶助)と都市住民組織RT/RWの夜警をめぐって」『社会学評論』55(2):98-114

木村宏恒,1989,『インドネシア現代政治の構造』三一書房

——,1999,「都市の政治と行財政」宮本謙介・小長谷一之編著『アジアの大都市第2巻—ジャカルタ』日本評論社,335-356

倉沢愛子,2001,『ジャカルタ路地裏(カンポン)フィールドノート』中央公論新社

——,2006『インドネシアイスラームの覚醒』洋泉社

Rohdewohld, R., 1995, *Public Administration in Indonesia*, Melbourne: Montech PTY Ltd

島上宗子,2003,「地方分権化と村落自治—タナ・トラジャ県における慣習復興の動きを中心として」松井和久編『インドネシアの地方分権化—分権化をめぐる中央・地方のダイナミクスとリアリティー』日本貿易振興会アジア経済研究所,159-225

白石隆,1996,『新版インドネシア』NTT出版

Sullivan, J., 1992, *Local Government and Community in Java: An Urban Case Study*. Singapore and New ork, Oxford University Press

UNDP, 1990, Human Development Report, New York: Oxford University Press, 1990

Weber, M., 1956, Wirtschaft und Gesellschaft: Grundriss der verstehenden Soziologie(=1960, 世良晃志郎『支配の社会学I』創文社)

第 10 章　スハルト新秩序体制下における 1997 年総選挙の地域住民動員

【法令】

インドネシア共和国（RI）

1974, Undang–Undang Republik Indonesia Nomor 5 Tahun 1974 tentang Pokok–Pokok Pemerintahan di Daerah.
1979, Undang–Undang Republik Indonesia Nomor 5 Tahun 1979 tentang Pemerintahan Desa.
2000, Undang–Undang Republik Indonesia Nomor 25 Tahun 2000 tentang Program Pembangunan Nasional (Propenas) Tahun 2000–2004.

内務省（Depdagri）

1983, Peraturan Menteri Dalam Negeri Nomor 7 Tahun 1983 tentang Pembentukan Rukun Tetangga dan Rukun Warga.

ジャカルタ首都特別区（DKI Jakarta）

1966, Keputusan Gubernur Kepala Daerah Chusus Ibu Kota Djakarta No. Ib.3/2/14/1966 tentang Peraturan Dasar Rukun Tetangga dan Rukun Warga Daerah Chusus Ibu–Kota Djakarta.
1980, Keputusan Gubernur Kepala Daerah Khusus Ibukota Jakarta No. 156 Tahun 1980 tentang Peraturan Dasar Rukun Tetangga dan Rukun Warga Daerah Khusus Ibukota Jakarta.
1984, Keputusan Gubernur Kepala Daerah Khusus Ibukota Jakarta No. 4017 Tahun 1984 tentang Peraturan Dasar Rukun Tetangga dan Rukun Warga Daerah Khusus Ibukota Jakarta.
1995, Keputusan Gubernur Kepala Daerah Khusus Ibukota Jakarta No. 1332 Tahun 1995 tentang Peraturan Dasar Rukun Tetangga dan Rukun Warga Daerah Khusus Ibukota Jakarta.

【行政文書】

A 郡

1996, Laporan Kegiatan Pembinaan Wilayah RT–RW Kecamatan A dari Bulan November 1995 S/D Bulan September 1996.

B クルラハン

1996, Laporan Kegiatan Pembinaan Wilayah Kelurahan B Tahun 1995/1996.
1997, Laporan Kegiatan Pembinaan Wilayah Kelurahan B Tahun 1996/1997.
1998, Laporan Kegiatan Pembinaan Wilayah Kelurahan B Tahun 1997/1998.

資料

【資料1】 1997年総選挙準備式への参加要請

東ジャカルタA郡Bクルラハン政府

番号：第XXX.XX.XX.XX.XX/XX/97号　　1997年3月26日
添付：　　　　　　　　　　　　　　　　宛
件名：1997年総選挙準備式　　　　　　Bクルラハンの全RW長・全RT長

1997年総選挙準備式の実施を以下にお知らせいたします．

首件の実施に際して，各RTから10名の住民が参加するよう皆様のご協力をお願い申し上げます．

曜日　：　日曜日
日　　：　1997年4月13日
時間　：　西部インドネシア時間8時
場所　：　A通り

　準備式への参加者名簿は，遅くても1997年4月5日までにBクルラハン役場まで送付をお願いします．

　以上，お伝えいたします．皆様のご支援とご協力をお願い申し上げます．

Bクルラハン長

ユスフ
（署名）
公務員番号XXXXXXXXX

写し：
1. 東ジャカルタ市長
2. A郡長

（出典）筆者がフィールドで入手したものを翻訳

第10章　スハルト新秩序体制下における1997年総選挙の地域住民動員

【資料2】「夜間サービスの実施に関するRW長宛の告知」

東ジャカルタA郡Bクルラハン政府

番号：第XXX/X.XXX.X/97号　　　　　　　　1997年4月7日
添付：　　　　　　　　　　　　　　　　　宛
件名：夜間サービスの試行　　　　　　　　Bクルラハンの全RW長

　貴殿の地域における住民サービス向上のため，Bクルラハンは各RWにおいて夜間の住民サービスを試行いたします．実施するサービスの種類は，住民登録証，家族カード，短期滞在証明とします．期間は1997年4月から5月までの2ヵ月間です．

　首件の夜間サービスの試行にあたり，貴殿のご協力と，貴殿の地域住民への告知をお願いいたします．実施予定につきましては添付いたします．

　以上，お伝えいたします．皆様のご支援とご協力に感謝いたします．

Bクルラハン長

ユスフ
（署名）
公務員番号XXXXXXXXX

写し：
1. 東ジャカルタ市長
2. 東ジャカルタ市住民局長
3. A郡長

（出典）筆者がフィールドで入手したものを翻訳

資料

【資料3】「ゴルカルのキャンペーンへの住民動員の要請」

東ジャカルタ A 郡 B クルラハン政府

番号：第 XXX/X.XXX.X/1997 号　　　　　　1997 年 5 月 13 日
添付：　　　　　　　　　　　　　　　　　宛
件名：招待　　　　　　　　　　　　　　　RT00x 長および住民各位

　1997 年 5 月 13 日，東ジャカルタ市でのゴロンガン・カルヤのキャンペーン準備を議題とする，東ジャカルタ市長主宰の東ジャカルタ市政府における会議で以下のとおりが決定しました．

曜日：木曜日
日　：1997 年 5 月 15 日
時間：西部インドネシア時間 12 時から閉会まで
場所：東ジャカルタ市 C 通り X 広場

　首件の実施に関しまして，黄色の制服を着用のうえ定刻厳守で各位のご参加をお願い申し上げます．
　以上，お伝えいたします．皆様のご支援とご協力に感謝いたします．

　　　　　　　　　　　　　　　　　　　　　B クルラハン長
　　　　　　　　　　　　　　　　　　　　　ユスフ
　　　　　　　　　　　　　　　　　　　　　（署名）
　　　　　　　　　　　　　　　　　　　　　公務員番号 XXXXXXXXX

写し：
1. 東ジャカルタ市長
2. A 郡長

備考：各 RT 長は 15 名の住民の動員をお願いします．
　　　RW01 から RW04 の婦人会とイスラーム地域学習の責任者は陸軍分軍支部前（X ホテル前）に集合のこと．
　　　RW05 から RW010 までの婦人会とイスラーム地域学習の責任者は E 通り前（Y 中学校前）に集合のこと．
　　　輸送車両は準備します（無料バス）

（出典）筆者がフィールドで入手したものを翻訳

【資料4】 ジャケット支給に関するゴルカル事務局から RT 長への依頼

ゴロンガン・カルヤ事務局
東ジャカルタ A 郡 B クルラハン

B クルラハンにおける G ライン（クルラハン事務局）
ゴルカル・ジャケットの配給方法
番号：01/Golkar/abc/I/1997

I. a. RT 長と RW 長は 1997 年総選挙ゴルカル勝利の支援を行ない，ゴルカルの総選挙キャンペーンに参加するシンパや住民の名簿を作成してください．

   b. RT 長と RW 長が作成した名簿の記載者には，ABC 通り・電話番号 1234567 のゴルカル事務局でゴルカルのジャケット支給用のクーポン券を配布します．

II. 1997 年総選挙でゴルカルを支援し勝利させ，かつ，ゴルカルの総選挙キャンペーンのみに参加する意志のある集団・大衆組織・幹部

III. B クルラハンにおける A ライン（インドネシア共和国国軍）と B ライン（Supra 幹部）を経由した忠誠と一体化．

1997 年 4 月 17 日
ゴルカル　クルラハン事務局長
エフェンディ
（署名）

記：総選挙キャンペーンは 1997 年 4 月 30 日
　　西部インドネシア時間 13 時　ABC 通り RW0X にて

（出典）筆者がフィールドで入手したものを翻訳

資料

【資料5】 ジャケット支給に関するゴルカル事務局への RT 長の返信

東ジャカルタ市　A 郡 B クルラハン　RT00a/RW0b

ジャカルタ発　1997 年 4 月 25 日

宛：　ゴルカル本部

拝啓

　貴ゴロンガン・カルヤ事務局発行の書状 1997 年 4 月 17 日付・第 01/Golkar/abc/I/1997 号でゴルカル勝利による 1997 年総選挙成功のため，B クルラハン RW0b の各 RT 長宛にゴルカルのジャケット配給に関してご指示がありました．ここに B クルラハン，RW00x RT00y 構成員の名簿を添付にて提出いたします．

お気遣いとご助力に感謝いたします．

RT00a/RW0b
（RW　公印 RT00 公印）
（署名）
ダルト

写し：
1. RW0b 長（ご報告として）

（出典）筆者がフィールドで入手したものを翻訳

第10章　スハルト新秩序体制下における1997年総選挙の地域住民動員

【資料6】「ゴルカルからの総選挙キャンペーンへの動員要請」

ゴロンガン・カルヤ事務局
東ジャカルタA郡Bクルラハン

番号：第09/Golkar/XXX/IV/97号	1997年4月28日
添付：	宛
件名：招待	A郡BクルラハンRT00y長と
	10名の住民各位
	ジャカルタBクルラハン発

拝啓

　1997年総選挙を成功させるにあたり，東ジャカルタA郡Bクルラハンのゴロンガン・カルヤ事務局は，本状をもって，下記の内容で開催される会合へのみなさまのご参加をお願い申し上げます．

曜日：水曜日
日　：1997年4月30日
時間：西部インドネシア時間12時30分から閉会まで
場所：BクルラハンRW00xのXXX通り
内容：Bクルラハンのゴロンガン・カルヤ総選挙キャンペーン対話集会

重要な内容のため，ご参加にあたりましては定刻の厳守をお願いいたします．
みなさまのご参加を周知徹底されますよう，お願い申し上げます．

Bクルラハン
ゴロンガン・カルヤ事務局

キャンペーン主催者	キャンペーン責任者
ユスフ	エフェンディ
ゴルカル会員番号	ゴルカル会員番号
（署名）	（署名）

写し：
1．東ジャカルタ・ゴルカル第2地方議会殿
2．A郡ゴルカル本部長殿
3．A郡ゴルカル理事殿

（出典）筆者がフィールドで入手したものを翻訳

第11章
東北タイと地域リーダー
―地域を変える開発僧―

1. はじめに

　タイは，第2次世界大戦後，多くのアジア諸国と同じく，発展と停滞の中にあった．タイのこれまでの発展には，日本を含む先進諸国による開発援助がある．しかし，今日援助国と被援助国の双方に，援助の形を問い直す機運が生まれている．先進国主導の画一的な援助プログラムが影を薄め，タイに関しても，タイ社会の歴史と構造的特質に根ざした援助のありかたが追求されている．

　そうした動向に合わせ，タイでは，自立的戦略の強化が意識され，地方分権の政策やタイ特有の伝統や文化にあわせた事業の展開に期待と努力が払われており，依存からの脱出という動きは明確な路線となりつつある．もちろん，自立を目指し，タイ独自の事業を展開するということは容易なことではなく，自立を拒む阻害要因があり，独自の事業展開を拒む阻害要因が存在する．こうしたなかで何よりも必要なのは，内部からタイ社会を変える「力」を創り出すことである．どのような国の場合においても，発展には当該国家の内部にその国家・社会の構造的特質を踏まえたエネルギーが生み出され，蓄積されていることが必要である．加えて，国家・社会の内部に，発展を導く理念と理念を実現させるための主体が形成されることが必要である．そのような意味で注目されるのが，タイを含む東南アジアにおいて活動する「開発僧」と呼ばれる人々（僧侶）の活動である．アジアの仏教国の場合，出家した僧侶が地域の発展に関与するということは，これまで必ずしも一般的でなかったことから，開発僧の動向は，タイはもちろんアジアにおける発展を考えるうえでも興味深い事例として，関心を集めてきた．

　本章では，タイで開発僧が登場した背景を明らかにしながら，地域リーダー

という視点から，彼らの活動と歴史的位置について検討する．まず，第2次世界大戦後から現在に至るまでのタイの歴史を概観し，次に，タイにおける開発僧の登場と具体的な活動を，東北タイ（イサーン）における開発僧の事例を用いて検討し，開発僧の地域リーダーとしての位置とその課題について考察する．

2. タイ国の概要――第2次世界大戦以後のタイの歴史的経過――

　タイは，13世紀のスコータイ王朝に始まるとされ，アユタヤ，トンブリー，チャックリの各王朝・王制の国であった．19世紀には周辺のインドシナの国々がイギリス，フランス等の植民地となるなか，当時の国王ラーマ5世は西洋モデルによる近代化政策をとり，植民地化から逃れ，独立国であり続けてきた．第2次世界大戦以降は，政治・経済・社会の各面で，急速かつ大幅な構造的変動を経験した．

　1950年代から1960年代は，軍部が政権も担っていたが，その背景には中国やベトナム，ラオス，カンボジアによる共産化の影響があった．そこで，アメリカからの援助を受けるかたちで軍事強化を図り，反共産体制を採用した．

　1970年代は世界的な石油危機によって，米・砂糖・天然ゴムなどの1次産品を多く保有していたことから輸出ブームが起こり，国内市場も拡大した．政治的には，1973年に軍事政権が崩壊し，市民運動，労働運動，農民運動が活発に展開された．これらの運動は1976年10月の流血事件・クーデターへと発展し，政治的・社会的な混乱を招いて，民主政権の時代を約3年で終結させることになった．しかし，この時期には，労使関係や労働組合の合法化などの労働関係法が制定されたほか，後にみられる地方分権化の方策，「タンボン計画」の実施等，法律や制度の整備がなされている．

　続く1980年代には，プレム陸軍司令官が首相に就任，長期政権が発足した．この政権は軍事態勢一色ではなく，王室の支持を得ること，総選挙を実施することなど，民主的な体制づくりも進められ，続くチャチャイ首相もこの政策路線を継承・推進した．その結果，共産主義の影響は失われていくこととなった．社会政策の面では，国家経済社会開発庁（National Economic and Social Development Board: NESDB）の主導で実施した「農村開発計画」があった．こ

れは，政府の立案した政策を農村における住民参加によって推進しようとする計画で，この計画は以降の地域開発に影響を及ぼしている．

　1980年代後半から1990年代中盤には，国内の政党政治が定着し，これまでの軍や警察出身の官僚出身者に加え，実業家等の議員も増加した．さらに，1991年のクーデター，1992年5月の流血事件（プルッサパー・タミン）等によって，民主化運動がより活発化していった．1997年には，タイバーツの切り下げによる通貨危機が発生し，経済成長に大きな打撃を与えた．その結果，タイ政府は，世界銀行や国際通貨基金，日本を含む諸外国に対し金融等の支援を求め，経済制度改革が行なわれることになった．この時期は，民主化運動を発展させ，それが1997年の新憲法制定に繋げることになった時代である．この新憲法によって，住民参加型政治や，国民投票による選挙，国民による政治の監視を制度化し，同時に，内務省が地方分権化政策を推進することで，民主化の制度的基盤を確立した．

　2001年には，経済界出身のタクシン首相が就任し，貧困対策として地方農村への支援，社会保障等の制度改善がなされた．2006年のクーデターでタクシン政権は実質上崩壊したが，現在もその影響力は大きい．タイが政治的に落ち着きを取り戻すためには時間が必要である．

　このようにタイでは，第2次世界大戦後，軍事クーデターを繰り返しながらも，軍部による開発独裁を中心として，政治的な安定や経済的成長を遂げてきた．こうした動きによって，教育水準の向上，都市中間層の増大，政治への関心の高まり，民主化への動きがみられた反面，急激な経済成長による都市の環境悪化，伐採による森林の減少，農村と都市の経済格差等の社会問題も発生した．また，21世紀となった現在でも，クーデターや非常事態宣言が発令されるような社会状態は消えておらず，このような緊急事態の収拾にタイ国王が何らかの形で関与するという構造も変わっていない現状がある．

3. 新しいタイ社会の動きと地域リーダーとしての「開発僧」

　アジア，特に東南アジアの国々の上座部仏教圏[*1]においては，僧侶は俗事に対しては非関与の立場をとるのが普通である．しかし，現実には，農村・村落社会が抱える様々な問題解決に僧侶の参画がみられる．そのような僧侶達は

「開発僧」(Development Monk) と呼ばれている．

　タイにおいても，こうした開発僧（タイ語：Phra Nak Patthana）[*2]と呼ばれる僧侶が，村落内の問題を解決するために自らが活動する地域がある．この節では，タイにおいて開発僧が登場した背景や経緯を検討し，タイ東北部の農村地域で活動する開発僧の取り組みから，彼らが地域リーダーとなり得る条件や要因について考察したい．

3-1. 開発僧が登場した背景
タイの政治的経過によるもの

　タイにおいて開発僧が登場した背景には，サリット・タナラット首相が在位した 1960 年代にかけて促進された国家開発戦略が挙げられる．タナラット首相は，国民国家形成のために宗教を国家原理として押し出した（泉 2002，2003；櫻井 2004）．

　1961 年に開始された国家経済開発計画は，その目的遂行のために，「国王」「民族」「宗教」という伝統的なタイの統治形態を復活させ，国王と仏教によるタイ社会の一元化を図っている．末廣は，サンガと称されるタイの仏教組織が開発的な政策に動員されることに関して，「(仏教組織は) 世俗の政治から独立した存在ではない．むしろ，僧侶は仏教の普及という社会活動を通じて，国家の建設と国家の繁栄に貢献すべきである」とし，「仏教を国民統合と地方開発の重要な手段に位置づけた」と指摘する（末廣 1993：33）．タナラット首相は，タイの国王や王室の力の回復とともに，仏教組織のサンガの再編に取り組んだ．具体的には，これまでのサンガ統治法（1941 年制定）を破棄し，新しいサンガ統治法を 1962 年に制定した．この法律は，僧侶が地方の農村等で地域開発や社会活動を行なう契機となった[*3]．

　こうした僧侶の動員や活動に関しては，タイ政府が掲げた反共産主義政策に対し，社会的に信頼されていた僧侶を活用した（利用した）という見方もある（野田 2001：115；ヤムクリンフング 1995：174）．それまでは，仏教者である僧侶が農業を行なうこと，道路を作ること等々を実践することは，戒律に反することとされていたため画期的なことであった．ただ，寺院が従来から，村や地域のセンター的役割を果たしてきたことや，僧侶が宗教儀礼の執行者としてだけでなく，村人に読み書きを教える教師（教育者），医者，仲介者など村人

の生活に関する相談を日常的に行なう場所として存在していたことが挙げられる（野崎 1995；泉 2002）．

開発僧の行動原理・志向性

タイにおける僧侶や寺院について，マハ・チェム・スヴァジョは，①伝統的に長期間地域社会においてあらゆる面で主導的な役割を果たし，現在でも寺院は地域社会の中心であること，②僧侶の多くが農村の出身であり，村の生活や習慣を理解していること，③上座部仏教の戒律と厳しい修行を積んで学問を修め，知識を習得しているうえに，村人に尊敬されており，村人を統率できる力を有していると述べている（マハ・チェム・スヴァジョ2001：114）．

こうした僧侶達の中に位置する開発僧の行動原理とは，仏法即生活であり，仏法即社会である．村人の生活や現実の社会と遊離した仏教は生きた仏教ではなく，死せる仏教である．僧達にとっても自分達が住んでいる娑婆世界（現実）こそがすぐれた仏法の師であり，その現場で働いてこそ，生きた仏教を実践でき，人々の苦悩を救済できると開発僧は考えている（野崎 1995：9；2001：130）

タイ人のセーリーは，タイの開発僧のケーススタディとして，8名の仏教僧を取り上げている（セーリー1998＝野崎 2001：129）．8名に共通するのは，彼らがおかれた東北タイの厳しい経済的・社会的状況であり，自身が貧しい村の出身であること，小学校を卒業もしくは中退して，家計を助けるために農業の手伝いやバンコクへ出稼ぎに出るなど，厳しい生活環境で育ったということが挙げられる．こうした開発僧の生育歴が，村人の抱える困難さや痛みを理解し，共感することを可能にしたと考えられる．

こうした経緯もあるため，高等教育を受けるのが20歳を超えてからという僧侶も少なくなかった．彼らは，仏門に入り，瞑想法を実践し，仏法を学ぶにつれ，「いかにして村の貧しい人達を助けてやれるかを考えるようになった」「もし開発の仕事をやろうとするならば，まず瞑想法を実践し，自分自身をコントロールしなければならない」と感じるようになった（セーリー1998：87）．そして彼らは「仏法とは何かを認識し始めてから，自分の人生が変わった．仏法は苦しんでいる隣人に対して親切であり，愛することを自分に教えてくれた．仏法をいったん理解し始めると，他人の事を見て彼らの抱える問題，彼ら

の苦悩を知り，彼らを助けたいと思った．私に洞察力を与えたのは仏法である」（セーリー1998：120）ということから社会的な活動に取り組んでいくことになる．このような開発僧の志向性については，無償の労働交換（ロン・ケーク）など，伝統的なタイの伝統文化の1つである相互扶助や思いやりの精神を，仏教の教えを基盤にして，共同体の文化を生き返らせたという指摘（野崎1995）もある．このように開発僧が活動する背景には，タイの歴史的な政治的側面と，寺院や僧侶に与えられている伝統的および文化的位置に加え，開発僧自身の志向性があることが理解される．

3-2. 東北タイの開発僧

東北タイ（イサーン）の中でも最も貧しい県として挙げられるスリン県のムアン郡サワイ村に，パンヤー和尚（タイ語：プラクルー・パンヤー・ウティスントーン）という開発僧がいる．

パンヤー和尚がいるサワイ村は，タイの首都バンコクから東へ約350キロ，タイ語でイサーン地方と呼ばれるタイの東北部の南方にあるスリン県の中心地スリン市から北西方面に約25キロ，ブリラム県との県境に近い位置にある．この地域は，カンボジアとの国境に接しているため，人口も約55％がクメール系タイ人で，約40％がラオ系タイ人，約5％が中国系タイ人とスワイ族と呼ばれる少数民族の人達が暮らしている．サワイ村の人口は約1万8,000人，世帯数は約2,000戸（2000年）で，主な産業は，香り米，とうもろこし，キャッサバなどの農業とシルクの生産（織り）であり，その生産高は県下でも最も高い．村人のほとんどが農民であり，また約90％の世帯がシルクの産業に従事している．

サワイ村は，行政的にはスリン県ムアン（スリン）郡に位置する14の村（ムー・バーン）の集合村（タンボン）に与えられた名称である．サワイ村には，14ヵ村があり，それぞれの村にプーヤイ・バーンと称する村長がいて，ガムナンと称する区長が1名いる．サワイ村の14ヵ村は3地区に分けられ，中心部のサワイ地区（第1～第6村で構成），中心部に隣接する北部地区のナヘーウ地区（第7～第10村で構成），中心部から離れた南部地区のコークムアン地区（第11～第14村で構成）となっている．また，村内には寺院が4ヵ所あり，中心部のサワイ地区にパンヤー和尚のいるセーンプラパー寺がある．

パンヤー和尚は1924年にサワイ村の農家の長男として生まれ，小学校卒業後は農業等の家の手伝いをした．この当時，東北タイの農村においては，勉学をするためには仏門に入ることが唯一の方法であったため，パンヤー和尚自身も21歳でサワイ村にあるセーンプラパー寺で得度した．仏門に入ったパンヤー和尚は，仏教の使用言語の1つであるパーリ語を教えられるほど勉学に励んだ．その後バンコクに移り，スープティダー寺という寺院でさらに修行を積んでいった．パンヤー和尚は，このバンコクの寺院での修行を通じ，自分の生まれ育った村について再考する機会を得たそうである．そして「自分達の村のための活動を」という気持ちが自身の中で強まり，修行の合間にサワイ村に戻り，寺院の敷地にチーク等の苗木の育成等の植林活動を始めた．

　1968年に修行を終えたパンヤー和尚は，サワイ村に帰り，正式にセーンプラパー寺の住職として迎えられた．その当時，タイ国内の工業化政策の影響を受けて，東北タイも以前に比べ森林地が激減していた．そうした状況に危機感を募らせたパンヤー和尚は，寺院の僧達を引き連れて，自らが先頭にたって植林を行なった．また，植林を行なうだけでなく，タンブン（積徳；布施，食事や金銭，花などを寄進する行為）を用いて，寺院の周辺の土地を買い上げ，公共の財産として共有にして植林活動を進めた．この目的は植林された樹木を育てることで村の環境を保全することにあったが，加えて，タンブンを積んだ村人に対する僧侶の見返りの行為でもあった．

　このような活動と同時に，村の子どもを寺院で預かったり，学校へ行くための奨学金など教育支援も行なった．その活動の根底には，子ども達が幸せでない村は，村自身も幸せになれないというパンヤー和尚の持論があった．この奨学金の支援は，もともと村の人々から受けたタンブンを基金としてパンヤー和尚自身が設立し，特に貧しい子ども達が支給の対象であった．こうした教育支援以外にも，自ら鍬を持ち，水路や道路を整備したり，農業センターで複合農業をしたり，ため池を造るなどの活動も行なっている．

　パンヤー和尚は，「もともと仏教というものは実践するところに道が開かれるものであり，以前，タイの僧侶達は，今よりももっと社会活動をしていた」「村人からタンブンを受けたものよりも多くのものを村人に返すこと」（曹洞宗国際ボランティア会1994）を信念とし，「心の開発（パワナー）とは，単に座

って瞑想することではない．寺が汚れているとき，その中で瞑想しても平安（パワナー）が実現するとはいえない．木を植えているとき，私達の心はむしろ平安である．心の開発と社会活動は不可分のものだ」（西川 2001）というのが和尚の考えである．

　このような問題に対する取り組みを，僧侶の立場から継続的に実践しているパンヤー和尚であるが，実際に会うと，とても人懐っこい笑顔で迎えてくださるお坊さんである．上座部仏教では，女性は僧侶に触れてはいけないという戒律があるが，村の女性達や私達のような外国人に対しても，自ら近づいて話をすることも多い．パンヤー和尚自身が僧侶として実践している多様な活動についても丁寧に説明し，村や周辺地域の抱える問題や課題については，これからどのように取り組んでいきたいかを，具体的なアイデアを交えて熱心に語られる．村人も日々のタンブンのみでなく，日常的に寺院を訪問し，パンヤー和尚と歓談する場面も多くみられる．また，村内で進められる様々な地域開発（村落開発）に対して意見を求められることも多く，NGO（非政府組織）が事業展開を推進していく際の相談役でもあった．実際にこの村で図書館の設置，保育園や奨学金支援など，子ども達の教育支援活動を行なった日本の国際協力団体のシャンティ国際ボランティア会（旧称：曹洞宗国際ボランティア会）[*4]も，パンヤー和尚の協力を得ながら村の教育支援活動を実施した．パンヤー和尚は，図書や保育園等の活動に理解を示し，保育園の建設では自身も作業に加わり，村人と一緒に作業を進めている．こうした活動は，従来からあった僧侶に対する信頼と，パンヤー和尚がこれまで村や村人のために積み重ねてきた行為が合わさったものであると考えられる．

　また，パンヤー和尚と同県のナーン和尚（ナーン・スットシーロー師）もタイ国内で有名で開発僧である（ウォンクン 2001；野崎 2001；プラチャナート 2001；西川 2001）．ナーン和尚は，「プラクルー・ピピット・プラチャーナート師」＝村人の頼るべき中心の人という役職名をもつ高僧で，「農村問題を解決するのに，人間を開発しないで，いくらお金や物を与えても問題は解決しない」「人間を開発し，お金があれば，さらによし」「農村開発とは，人間の開発だ．人間の開発とは，人々が集まって自分達の組織を作り，問題を熟考，分析し，『自分達で』正しい選択の道を選ぶというプロセスを経ることだ」と述べ

ている（野中 2001）．こうした考えをもったナーン和尚は，村の貧しさ（貧困）が痩せた農地や干ばつという自然的な要因や経済的要因によるものが大きいことを認識しながらも，村人が酒に溺れ，ギャンブルによって身をもち崩すのは，村人自身にも責任があるのではないかという考えに行き着いた．この解決のためには，何よりも村人一人ひとりの意識の変革が重要であること，そして，その拠り所を仏教（仏法）に求めて，瞑想の修行を取り入れていくという方法を採用した．こうした経緯から，ナーン和尚は，仏教の原理を用いて，農業や村の開発を村人達とともに実践していった[*5]．

3-3. 開発僧の位置づけ―新しいタイ社会における地域リーダー―

シーワットは，東北タイの農村社会においては，村人はうまくやる人よりも良い人を尊敬・信用し，最も良い人は僧侶であると考えている（シーワット 1990：123）と述べている．先にも触れたように，開発僧の多くは農村の出身であり，村の生活や習慣を理解していること，加えて上座部仏教の戒律と厳しい修行を積んでいるため，村人に尊敬され，村人を統率できる力を有していた．また，僧侶や寺院はこれまでも地域社会において，あらゆる面で主導的な役割を果たし，現在でも地域社会の中心に位置づけられている．

しかしながら，僧侶自らが村の様々な社会的な問題に関与していくことは，上座部仏教の戒律を超えることであり，さらに，村人にとっては革新的なできごとであったため，村人達がこれらを理解することは決して容易でなかったと想像される．そういったなかで，村や村人達に開発僧が受け入れられたのは，村と寺院，村人と僧侶を別々に区分して考えないというタイ人の認識と，村人達に対して「自分達の村のためによい活動をしている僧侶」という理解があったことによるものと考えられる．

また，開発僧に対する村人達の認識や理解は，村人のこれまでの生き方に対する考え方の変容にも関係している．それは，都市部への出稼ぎに頼ってきた農村の人々が，自立的な生活を模索するなかで，仏教の教えである「少欲知足」を生活信条としていく姿がみられたことにある．これまでのタイでは，どちらかといえば「抑制をもった社会」思想（経済的・社会的な自立や参加をも抑制することにつながった運命的輪廻思想）が，人々を階層的に固定化する道具として使われてきたが，1997 年の経済危機を教訓に，真に，「自らの意思と

しての抑制的生活」のあり方を模索する取り組みが顕在化していることは注目に値する，という指摘（赤石 2000）もある．

　さらに，近年のタイにおける地方分権化政策と開発僧が関連している点もみられる．タイの地方行政のシステムは，県→郡→地区・区（タンボン）→村（ムー・バーン）という中央官庁による直接的な管理下にある縦割りの地方行政機関と，県自治体，自治市・区，郡自治体，衛生区という行政組織とが混在する形になっている（青木 2004）．タイの村落社会では，最末端の自然村的な区（部落，むら）が，必ずしも純粋な自然村として存在していないことが多い．行政組織としての村（ムー・バーン）は，自然村的集落と一致することもある（イサーンと呼ばれるタイの東北部は自然村そのものである）が，複数集落を含んでいて一致しないことの方が多い，という指摘（北原 1989）もある．そうしたなかで，1990 年以降タイ国内では地方分権化の政策が，政治的・民主化の動きと連動しながら進められてきた．この点について永井はこのような政策の目的が，農村地区における地方自治体の整備を狙いとしたものであると指摘している（永井 2001：53）．しかし，パンヤー和尚のいるサワイ村と呼ばれるような自治体は，すでに 1950 年代後半から設置され，タンボン自治体，タンボン評議会と呼ばれてきた．この「タンボン」という郡と村との間に置かれた「行政単位」は農村部において組織されていたが，1990 年代以降は，地方分権化の政策が政治的民主化と連動して進められたことに特徴がある．これは，農村部の雇用創出を目指して，当時の大蔵大臣が進めた「タンボン計画」と，その実質的受け皿として機能することが期待されたタンボンが，あまり効果的に機能しなかったためである（永井 2004：132）．このような経緯を踏まえ，1994 年に公布，1995 年に施行されたのが，タンボン自治体（TAO ＝ Tambon Administrative Organization）であった．タンボン自治体は，タンボン自治体法（正式には「1994 年タンボン評議会及びタンボン自治体法」）に基づき，9 つの業務内容が法令で定められている．

　1997 年の新憲法[*6]では，政府の基本政策として，地方分権が挙げられ，地方自治体首長の民選化等，地方自治関連の条項が設けられた．これによって，地方自治の強化と地方分権の方向付けが与えられることになった．サワイ村でも，タンボン自治体は地方自治の担い手となり，村で行なう開発事業や活動に

ついては、村議会で協議し、決定されるようになった。そのような状況下においても、パンヤー和尚は、村長や地区長、学校の校長、警察等と対立することなく、伝統的な僧侶の役割と村の開発事業を継続させている。

パンヤー和尚のような開発僧の活動は、伝統的な仏教活動からとは異なっており、これまで見られなかった行為や活動であった。しかしながら、工業化による森林伐採、農業の方法の変化、都市への出稼ぎ等、これまでにみられない当該地域や社会における問題が顕在化したことによって、開発僧は、従来から有していた僧侶に対する信頼と、自らの置かれた環境と仏教に裏づけされる知識を背景に、村や村人に向けた様々な活動を展開していった。

4. 今後の展開と課題―結びに代えて―

開発僧達は、仏教に基づいた自立的な生活様式を確立するために、村が抱えている問題や課題を把握し、村人の苦しみを払拭し、よりよい暮らしができるような活動（＝社会活動、開発事業）を実践してきた。そして、そうした活動が、開発僧を、タイなどの上座部仏教圏の農村における社会活動や開発事業を担っている村の中心的な存在である、と考えることができる。

タイには、約27万6,000人の僧侶がいるとされているが、そのなかで開発僧は100人前後であるというNGOの指摘（泉2003：106）や、200人以上いると推定する（野崎2001：156）報告もある。おそらく実際はそう多数ではなく、タイ国内において開発僧への認知が充分でないということも事実である。それは、開発僧を一般的な社会において受け入れていないタイの特質（上座部仏教を信仰するタイにおける特質）によるものかもしれないが、開発僧の行為や活動は、村内や地域社会の開発的な事業にとどまらない。今後も開発僧が社会問題に対しての活動や事業を行なっていくことや、その実践によって蓄積した知識や経験を踏まえての意見等を求められることも将来的にはあるだろう。

近年開発僧については、その思想や実践活動から、開発僧のタイプに注目する研究もある。泉によると、開発僧は、「開発僧」として様々な社会活動を始める契機等から、タイのNGOによる分類によって2つのタイプを指摘している。1つ目のタイプ（タイプI）は、村人の貧困状況を現実的な問題として認識し、その問題解決のために活動をする僧侶達である。彼らは、信徒でもある

村人からの食する物や財産の提供というタンブンがなければ，僧侶自らの宗教実践が困難になることから，自らの村に発生している多様な問題に対して，僧侶および寺院が役割を果たさなければならないと考えている．もう1つのタイプ（タイプⅡ）は，仏教の僧侶として何をすべきなのかということを意識し，僧侶としての数々の修行や学習経験から，開発活動に対して役割を果たしていこうとする僧侶達である（泉 2002：60，2003：97）．パンヤー和尚，ナーン和尚ともに，仏教の僧侶として何をするべきなのかということを意識し，数々の修行や学習経験から実践の必要性を自覚し，村や村人の抱える問題に対して役割を果たしていこうとするタイプⅡの開発僧と考えられる．

また開発援助という視点においては，「お寺が開発の役に立っている」という，良い評価が先行しすぎたという指摘（西川 2001：24）もあるが，アジアの仏教国では，タイを含め僧侶が村人のリーダーであり，仏教が村人の心の拠り所であり，寺院が村の中心にあるという現実があった．僧侶や寺院，仏教それ自体を開発のための手段とみるのではなく，従来型の農村開発の利害関係者（ステイクホルダー）としてのみ理解するのではなく，仏教に基づく開発の担い手としてとらえることが重要となる．このような開発僧を物心両面で開発に取り組み，農村や都市の貧困や環境破壊，エイズ等の多様な社会問題や課題に立ち向かっているキーパーソンとして理解すべきであるという指摘（西川 2001：24）に着目すれば，開発僧は，新しいタイを創る，新しい地方を創る地域リーダーとして位置づけられる．さらに，開発僧が実践するこうした社会活動は，伝統的な共同体の文化を再生させることになっただけでなく，伝統的な共同体を新しい共同体として創り出す契機になった，という見方も可能であるだろう．

佐久間美穂

謝辞

本章の執筆にあたっては，社団法人シャンティ国際ボランティア会，山形県松林寺の三部義道老師から貴重なコメントを頂戴いたしました．皆様のご配慮に際し，感謝の意を表しますとともに，心より御礼申し上げます．

4. 今後の展開と課題

注

＊1 東南アジアや南アジアの各地で信仰されている仏教の一つである．上座部仏教（テーラワーダ仏教）は「南伝仏教」との別名もあり，スリランカを中心に発展し，その後東南アジアに伝播した．仏教の戒律が227あるとされ，厳しい修行が中心とされている．

＊2 泉によると，「開発僧」という呼称がみられたのは，開発NGOによる文献が初出であったことを指摘している（泉2002：58）．その経緯として，1976年の流血事件（血の水曜日事件）や軍部との激しい対立等から，タイ国内に人権擁護のNGOが多数設立され，活動先を地方農村にも広げていったが，「開発のための宗教委員会」や「生活普及財団」というNGOが設立された．このNGOは，タイの地方農村部で村人から「働く僧侶（プラー・タム・ウング）」と称されていた僧侶に注目した．この当時バンコクから派遣されていた開発事業の専門官と合わさり「開発僧」として登場したようだと述べている（泉2003：96）．このように，タイではNGOが東北タイをはじめ，都市スラムや北部の少数民族支援，NGO間のネットワークなどを行なっているが，その前提には，タイにおけるNGOの優位性があるものと考えられる．赤石（1999：2）は，タイの「開発」分野の活動を実施したNGOの萌芽は1950年代にみられ，1970年代前半まで，活動の中心は救援・社会福祉型の活動であったと指摘している．また，タイの「開発」分野のNGOは，国際協力団体も含まれるが，タイ国内の社会問題に取り組む団体も含んで考える方が，タイのNGOについては自然であると述べている．高柳（1995：105）は，タイのNGOが，国家の地域開発計画では吸収されない地域民衆の社会・経済的インタレストを発掘し実現するだけでなく，バンコク等中央における政治過程に対して表出されるチャンネルとして機能していると述べている．加えて，タイの圧倒的多数の民衆はいまなお「貧困」の状態に置かれており，その「生活の質」の改善に無力であった政府の開発政策に対する地域のレスポンスであるとも指摘している．また，タイNGOのイデオロギーとして，伝統的価値，土俗の知恵，仏教徒としての原則に根ざした文化があり，内面的な生活を重視している．そのため，タイNGOの「開発」像は，①外部依存を最小限にし，物質的必要と精神的欲求とが均衡をもたせている「社会開発」であること，②タイ社会では全国的規模でNGOが「噴出」「増殖」しており，そのNGOが国際的なNGOとのネットワークをもち強力な協力関係があることを指摘している．

＊3 具体的な計画とは，仏教僧が社会開発に参画するもので，1966年「タンマトゥート（タンマ＝仏法；トゥート＝使節）計画」：人々が宗教とともにナショナリズムを鼓舞するため，僧侶に各地で仏法を説かせた，「タンマチャーリック（チャーリック＝巡礼）計画」：先住民族をタイ人化させ，タイ文化を浸透させるために仏教の教えを普及させる，「地域開発促進のための僧侶訓練計画」がある（石井1991；泉2002：57；マハ・チェム・スヴァジョ2001：113）．

＊4 社団法人シャンティ国際ボランティア会（旧称：曹洞宗国際ボランティア会）は1979年のカンボジア難民支援を契機に設立された団体．URL：http://www.sva.or.jp

＊5 ナーン和尚は，自らも財団を設立して「自活的・自給的な有機農業」を推進してきた．これまでは農民の間でも，また行政当局にも「有機農業」は普及せずにきた．しかし，1997年のアジア経済危機後，タイの国王が「自給自足できる生活」を提唱して以来，自給的生活に役立つ有機農業とは何かについて社会的注目が集まり，特に農業省など行政当局者の見学が相次いでいるという．

第 11 章　東北タイと地域リーダー

＊6　1992 年の民主化運動，文民政権の登場などにより，知識人や労働組合等を中心に政治改革運動が盛り上がり，1996 年には市民代表等による憲法選定会議が発足し，1997 年に新憲法の草案が完成した．1997 年はタイのバーツ切り下げによる経済危機があったが，同年の 10 月に新憲法が施行された．地方行政に関連があるものとしては，これまで内務省が任命していた地方の首長を選挙で選ぶ，ということが挙げられる（西川・野田 2001）．

文献

青木伸也，2004，「6．行政」『タイ国経済概況 2002/2003 版』盤谷日本人商工会議所』，盤谷日本人商工会議所

赤石和則，1999，「タイにおける NGO 活動の歴史と現状―伝統文化に依拠した新しい開発の担い手としてのタイ NGO の展望」『国際教育研究紀要第 4 号』東和大学国際教育研究所

石井米雄，1991，『タイ仏教入門』めこん

泉経武，2002，「村落仏教と開発の担い手の形成過程―タイ東北地方「開発僧」の事例研究」『東京外大東南アジア学』7，東京外国語大学

――，2003，「「開発」の中の仏教僧侶と社会活動―タイ・スリン県の「開発僧」ナーン比丘の事例研究―」『宗教学論集』22，駒沢宗教学研究会

大菅俊幸，2009，「仏教ボランティアの現場から」『在家佛教』（社）在家仏教協会

独立行政法人国際協力機構，2004，『タイ国別援助研究会報告書』

櫻井義秀，2004，「宗教と社会開発―東北タイの開発僧―」『印度哲学仏教学』19，北海道印度哲学仏教学会

（社）シャンティ国際ボランティア会，2000，教育と開発リサーチペーパーNO. 2『タイ・スリン県バーンサワーイ村支援事業評価報告書』

末廣昭，2004，「過去 30 年間の概観」『タイ別援助研究会報告書』国際協力機構

曹洞宗国際ボランティア会，1994，『シャンティ増刊冬号特集農村の自立と仏教』通巻 121 号

高柳先男・酒井由美子，1995，「タイにおける日本の ODA，不良開発，NGO」吉沢四郎・高柳先男編著『日本 ODA の総合的研究―タイにおける事例』中央大学出版部

永井史男，2001，「途上国の地方分権化の現状把握―タイに関するケーススタディ」『地方行政と地方分権』国際協力機構

――，2004，「オーボートー（タンボン自治体）とは何か」『タイ国別援助研究会報告書』国際協力機構

新津晃一，1997，『転機に立つタイ―都市・農村・NGO から』風響社

西川潤・野田真里，2001，『仏教・開発・NGO ―タイの開発僧に学ぶ共生の智慧』新評論

西川潤，2001，「タイ仏教からみた開発と発展」『アジアの内発的発展』藤原書店

野崎明，1995，「タイの新しい農村開発運動―東北タイの開発僧の事例研究―」『東北学院大学論集（経済学）』129 号，東北学院大学

秦辰也，2001，「第 III 部資料日本の NGO と開発僧―東北タイ・スリン県サワイ村の事例から」西川潤・野田真里編著『仏教・開発・NGO ―タイの開発僧に学ぶ共生の智慧』新評論

Wongkul, Pitthaya, 1993, 『Luang Por Nan』（= 1995, 2001，野中耕一『村の衆には借りがある―報徳の開

発僧―』燦々社)
Sisawat, Chun, 1989, "Fun fu wat ruam khwan sattha lae phat-thana"Chumchon Phatthana 3 (1) (=1990, 野津幸二「信仰と開発の中心としての寺院復興―東北タイにおける開発僧侶グループの活動―」『南方文化』17, 天理大学)
Seri, Phongphit, 1998, "Religion in a Changing Society- Buddhism, reform and the role of monks in community development in Thailand" Arena Press (=2001, 野崎明「変容する社会における宗教―タイの仏教, 改革および地域開発における仏教僧の役割―」)
マハ・チェム・スヴァジョ, 2001, (=2001, 野田真里訳・構成「第I部資料タイ仏教と社会地域開発における僧侶の役割の変遷」西川潤・野田真里編著『仏教・開発・NGO―タイの開発僧に学ぶ共生の智慧』新評論)
Yamklinfung, Prasert, 1994, 「Problem of Modrenization in Thailand」『Thailand at the Crossroads of Development』(=1995, 松薗裕子・鈴木規之「近代化の諸問題」『発展の岐路に立つタイ』国際書院)

終　章
地域的共同と地域リーダーの可能性

1. 社会変動・社会解体・地域リーダー
1-1. 現代と社会変動

いま，地域には，リーダーとリーダー・シップが期待される事態がある．地域リーダーとリーダー・シップが要請される背景は何か．事情は複数である．確かなことは，地域が困難な状況に直面しているということである．地域は，いま，様々な問題を抱え，問題の処理や解決に適切な方法をもてずに苦悩する．そこには自己管理能力を低下させた地域の姿がある．かつて地域がもっていた問題を解決する力，智恵や経験を，いま地域はもたない．それは，そうした智恵や経験を継承する地域を社会変動が解体してしまったからである．

我が国の場合，地域の解体は，近代，とりわけ戦後において顕著であった．近代はそれまで地域がもっていた自己管理の仕組みを崩壊させた．どういうことか．中央集権化を進めた明治国家が地域社会と地方を支配下に置く，地域の国家管理を推進したからである．新しく生まれた明治国家が理想から程遠いものであることに気づき，旧体制下の地域リーダーの中には，絶望する人もいた．『夜明け前』の主人公，青山半蔵を藤村はそうした人間の一人として描いている．

社会変動は，近代におけるそして現代における常態，日常的な事態である．常態的な社会変動は地域社会を含めて，既存の社会秩序を間断なく揺さぶり解体させる．もちろん社会解体は程度の問題であるが，解体は，それが，国民の生活，地域の生活に不都合をもたらし，不都合が混乱や苦痛にまで進むとき，国民社会と地域社会の再建を求める声となる．1つの例を挙げれば，国民生活審議会の報告書『コミュニティ―生活の場における人間性の回復』(1969)は，そうしたものであった．『コミュニティ』は，目前の地域社会が解体の危機に

終　章　地域的共同と地域リーダーの可能性

瀬しながら，新しい秩序を形成し得ないでいる，そうした事態を深刻に受け止めた報告書であり，多くの国民の認識を反映させたものであった．

　いずれにしても，社会解体は，それを放置した場合，集団や社会にとって不便・不都合な事態を生む危険がある．社会解体を導く要因は様々であるが，産業化と都市化は，地域社会の変動と社会解体を導く主要な要因とみられてきた．産業化や都市化が，既存の地域社会を支えてきた構造与件＝地域社会の構造と秩序を支えてきた諸条件を変化させ，構造与件の変化が地域社会を流動化させたという図式である．もちろん，地域社会は一枚岩ではない．それは，時に，内部に深刻な利害対立を抱える複雑な社会である．内部に矛盾を抱える地域社会は，その矛盾のゆえに，しばしば，対立・敵対・闘争などの関係を表面化させるのであるが，近代の歴史は，やや誇張して言えば，そうした事態を日常的なもの，そして複雑なものとしたのである．

　産業化や都市化が一方に過密を，他方に過疎を生起させたことはあらためて説明を要しない．体制原理の要請する産業化や都市化とその帰結として生起した過密や過疎が，過密地域，過疎地域の社会を解体させてきたことは周知のことである．もちろん歴史は歩みを止めない．現代の社会変動は，高度な産業化＝情報革命を背景にした情報化によって新しい諸相をもつ社会＝情報化社会を出現させることになった．同時に伸展したグローバライゼーションと重なって，情報化社会は，社会変動の速度を速め，規模を拡大した．いまや一国の状態をもっぱら国内的要因で説明し尽くすことは不可能である．それほどに，グローバライゼーションの影響は日常世界に浸透しているのである．と同時に，グローバライゼーションは，我が国と世界の諸国とのパートナーシップにも新しい視点を求めている．とりわけアジア諸国は我が国の将来に大きな影響をもつパートナーとして成長した．いまやアジア諸国との関係を，単純に，従来の援助・支援関係の構図で維持することは不可能である．我々は，アジア社会の中に新しく生起する事態があることを，とりわけ，「支援関係」を媒介にした動きに関連して，アジア社会内部に変化が生じていることを直視しなければならない．本書が取り上げた事例は，2国に限定されるけれども，アジアにおける動態に注目し2編の論文を用意したのもそうした認識に基づくものである．

1-2. 社会解体と地域リーダー

　変動の波が地域社会を洗うなか，地域リーダーの世界にも変化が現れた．一見，何事もなく推移しているかに見える地域社会も，その内部をよく観察すれば大きな動きがある．社会解体の危機を内包している場合すら少なくない．ここで，少しばかり，社会解体についてふれておくことにしよう．マートンは社会解体について，大方，次のような説明を与えている．「社会解体は，ある社会体系において，相関連する地位や役割が適切に機能していない状態にある場合に現れる欠陥を意味している．すなわち，有効な社会体系であれば，地位や役割が適切に機能している社会体系であれば，充分実現されるはずの集合的目標や個人的目標が，欠陥のある体系では実現されない事態を指す言葉である」，「社会解体は相対的で程度の問題である．集団や組織や地域社会が，効果的に組織されていない場合，解体の危険がある．地域社会であれ，目的をもって結成された結社であれ，お互いに依存し合っている人々の間のコミュニケーション・チャンネルに不適切さや部分的故障がある場合，社会解体を招くことがある．確かにコミュニケーション経路の不適切さが社会解体の唯一の，あるいは最も重要な源泉というわけではないけれども，コミュニケーションの欠陥は，集団を構成する人々の間に利害や価値の対立がないときにさえ，解体を招いているのである」（Merton R. K. 1969）．マートンは，程度の問題であると断ったうえで，集団や地域社会が，効果的に組織されていない場合，解体の危険があると言い，その主要な要因をコミュニケーションの欠陥に求めているのである．

　社会解体は，軋轢・対立，紛争・闘争，衰退・機能低下，諦観・逃避，誹謗・中傷など，様々な表情を見せることになる．そして，それが，社会問題として意識されるとき，あるいは生活に対する影響を実感するようになるとき，人々は，それを放置できないと考えるようになる．問題を処理したり克服したりすることができるような社会＝地域を創らなければならないと思うようになる．普段は意識しない，リーダーやリーダー・シップに対する関心と要請が，そうした場合に現れる．近年，そうした事態が，リーダーやリーダー・シップを求める事態が，我々の周囲に少なくない．人々は，「事態」を，放置できないと実感しながら，そして問題の解決に向けてリーダーの出現を待望しなが

終　章　地域的共同と地域リーダーの可能性

ら，自らが乗り出すこと（その問題に自らが関わること）については臆病である．「どうにかなる（あるいはどうにもならない）」，「誰かがやってくれる」という意識が，現実の深刻さに背を向けさせる．「事態」に対する自覚がないわけではない．危機感ももっている．しかし，行動までには繋がることがない．誰かいるはずだ，誰かがなんとかするだろうと，「誰か」に期待をかけ，ついには，「それほど緊急性のない事態だ」と自分を納得させてしまい，いつしか忘れ去るのである．日常性の恐ろしさとはそういうものに違いない．

　私生活主義（田中義久）の台頭が，家計の外側にある地域＝環境を生活のレファレンスから外してしまう，そうした風潮を生み出した．私生活主義は，何よりも，市場の要請するところなのであるが，それは同時に，「家」と「家族」の弱体化を背景に進展する，歴史の動きであった．家の外側の世界（他人の生活）に口を出すことは悪いことだという考えが一般化すると，口出しは，旧い時代の悪習とされるようになる．他人の生活に対する干渉を避けるという心はいつの間にか無関心であることが美徳であるかのような意識を生み出した．そうした意識が拡大したのにも理由がある．これまで，地域社会による個人生活への干渉が，地域に生きる人々の自由な生き方を阻害していたことも事実であったからである．私生活主義は，過去の日本社会がもっていた個人の自由な生き方を制約する規範に対する批判と抵抗でもあった．それにしても，「家」が地域生活の単位として存在する実態を踏まえて唱えられた，都市＝家連合説（有賀喜左衛門）は説得力を失った．そして，生活の個人化（高橋勇悦）という動きが，都市を構成する単位を，限りなく，個人に求めることになった．意識の変化もあった．都市的生活様式といわれる消費手段の共同管理が自治体の仕事となることと重なって，地域のことは国家や自治体の仕事であって（税によって対応される問題であって）自分の問題ではないという意識が浸透した．行政による生活の包摂は，地域的共同から人々を遠ざけたのである．

　近年は個人情報保護法の成立があり，誤解を恐れず敢えて言えば，地域は新たな私生活主義の前におかれている．少なくとも，地域はいま，個人の権利と全体の利益＝地域的共同をどのようなものとして構築したらよいかという課題の前にある．あるべき地域の目標として，「安心・安全」を掲げてみても，個人情報保護法が壁になって「安心・安全」に障害が生まれているという声もあ

る．伝統的住民組織が弱体化しているなかで，コミュンケーション回路まで切断され，生活の危機に直面する社会的弱者がいるという話はめずらしくない．地域には，いま，「私」生活を余儀なくされている高齢者と新たな私生活主義を誘発する可能性のある個人情報保護法が，見過ごせない問題として存在する．一例を挙げよう．日本経済新聞の社会面は，「災害制度はいま〈阪神大震災12年〉」(2007年1月16日）として個人情報保護法と弱者救済の問題を報じている．「行政や地域団体，介護事業者などがそれぞれもつ災害弱者の情報が，〈万が一〉の際にほとんど利用できない現実．新たに生まれた法律に対し，戸惑っていては手遅れになりかねない．人の命をどう守るかが問われている」というのである．

　もちろん，近年の動きには，注目されるあるいは期待される何かがあることも事実である．時代をもっぱら悲観的にとらえてはならない．時代には新しい動きがあり，その中には期待される動きもある．新しい動きは複数であるが，その1つに，地域的共同に価値を認める意識の広がりがある．地域的共同を生活の質の向上に活用しようという意識をもった人の台頭がある．もっと寛容の精神（他者理解）を大事にしなければならないということに目覚める人がいる．互助の精神が住民の心を豊かにするということを理解し，行動する人々がいる．NPOが機械的に地域を変えるわけではないし，新しい共同を確立するわけでもない．NPOも様々である．そのことを承知したうえで，NPOは時代の新しい動きを示している．

　そうした新しい地域共同に対する意識や自覚が，いま，新しい地域的共同とそれを導くリーダーやリーダー・シップを求めているのである．もちろん，そうした動きは全国に目撃されるが，どこにでもみられる動きとは限らない．ましてや成功例ばかりとは限らない．注目したいのは，私生活主義の行き過ぎや，個人情報保護法の行き過ぎに，好ましくない影響が出ていることを憂慮する人が生まれてきていることである．新しい共同に関心が寄せる動きが出てきたということである．かつての私生活主義が，若き「団塊世代」の生き方を映したライフスタイルであったとすれば，いま，高齢期を迎えたかつての若き「団塊世代」が求め出したライフスタイルが，地域を1つの生活の枠として共有するライフスタイル，地域的共同への回帰というライフスタイルなのだとい

うことも可能である．団塊世代はともかく，半世紀というときの経過が，人々に地域回帰を促しているとすれば，過ぎ去った半世紀は，これから生きる人々に某かの教訓を提供するであろう．

2. 地域リーダーの類型と変容
2-1. 地域リーダーの類型

おそらく，リーダー不在という嘆きの，大きな部分には，コミュニケーション回路の欠陥が潜んでいる．コミュニケーション回路の欠陥は，地域が協働と共同の実質を失い，形骸化し空洞化していることの，言葉を換えて言えば，コミュニケーション手段としての言葉を失い，内容のない器になっていることの反映である．地域リーダーへの期待は明らかである．それは，地域の空洞化を阻止し，地域を共同生活のフレームとして活用するために，目標を掲げ，その目標のもとに，住民の関心を引き寄せ行動を促すよう，調整を図り，展望を示すことである．

地域リーダーは幅のある概念である．そもそも，地域リーダー論が対象とする「地域」は，近隣のような小さな単位からリージョンのような大きな単位まで幅がある．リーダーも日常的な，ごく身近な問題に関わる人から，地域社会の権力構造の頂点に位置するような人まで含まれる．高みに身をおくリーダーもいれば住民と一緒に動くリーダー（ファシリテーター）もいる．地域が幅のある概念であるということは，また，地域問題が多様であり，問題の多様さは，解決の方法も一様でないということを意味している．当然のことであるが当該地域が求めるリーダーと，リーダーに期待されるリーダー・シップは，当該地域の「特性」や「個性」と深く関係する．本書の各章も，集団や地域の特性に根ざしたリーダーを取り上げる．いったん地域の特性や個性に関心を寄せてみれば，地域が，何よりも，「歴史的形成体」（地域の特性や個性を育んだ歴史を体現する存在）であることが判明するはずである．すなわち，地域リーダーやリーダー・シップは，「歴史的に形成されてきた地域」あるいは「地域的特性」という問題から遊離しないのである．

ところで，多くの場合，地域リーダーに期待されるのは（地域がリーダーに求めるのは），(1) 現状を維持することか，(2) 現状を改善するかあろう．そ

して，そのいずれかによって，求められるリーダーは異なるものとなろう．現状維持の場合，理想とされるのは，仮に，状況肯定型（調整型）と呼ぶことのできるリーダーであろう．状況肯定型に対比されるのは，仮に，状況変革型（状況創造型・問題提起型）と呼ぶことのできるリーダーである．一般的に，状況肯定型のリーダーにはコミュニケーション回路を維持しようとする傾向があるのに対し，状況変革型リーダーの場合，しばしば，コミュニケーション回路の維持よりも，新しい回路を付加・創造することに重きを置く．現在のおかれた状況をできるだけ維持しようという状況肯定型と，現在おかれている状況を変えようとする状況変革型とは，対照的であるが，この2つのタイプは多くの地域で目撃される．状況肯定型は，悪く言えば「事なかれ主義」，よく言えば「穏便な対応」を特徴とするのであるが，よく評価すれば，「先走らない」，「全体の意見をよく聞く」という長所となる．いずれにしても，状況肯定型は，現状を「よし」とするリーダーであろう．それに対し，状況変革型リーダーには，時に，「先走り」，「特定の意見の重視」という短所がある．しかし，その短所もよく評価すれば，「マンネリズムの打破」，「問題に対する創造的な対応」となる．

地域リーダーの役割は，共同と協働が，地域の期待するあるいは理想とする形で，円滑・効果的に進むよう集団を調整し，誘導することである．地域の期待する価値や理想に分裂が生じ，地域が一体化を放棄し，対立する場合，地域は異なるリーダーを擁して対立・闘争する場合がある．その例は少なくないが，運河の「埋立てか」「保存か」をめぐり，町を二分する対立と闘争を続けた小樽市の事例や，核燃料再処理施設の建設をめぐり，村を二分した闘争を展開した六ヶ所村の場合はその例である．このような場合に求められるリーダーは，仮に，特定の価値を表出するリーダーとして把握されるものであって，特定の価値から距離をおく，仮に，価値中立的なリーダーであることは稀である．もっとも地域は常に対立的状況にあるわけでないから，多くの場合求められるのは，価値中立型のリーダーであろう．地域の分裂は価値中立的リーダーの存在を許さない．

一口に，地域リーダーといっても，地域リーダーには，トータル・イッシューに関わるリーダーもいるし，パーシャル・イッシューへの関わりきりもたな

いリーダーもいる．そこで必要になるのが，地域の問題全般に関わるリーダーか，特定の問題に関わるリーダーかを基準とした類型である．それを，仮に，多機能的なリーダーか単一機能的リーダーかと呼ぶことも可能である．我が国の場合，自治体の長は，トータル・イッシューに関わる「多機能的な」地域リーダーの代表例であろう．自治体の長は，単に，多機能的であるだけではない．行政資源の配分を通じて地域社会の隅々にまで影響力を行使する．自治会（町内会）の長は自治体の長に比べれば，そのスケールも権限も格段に小さいが，トータル・イッシューに関わる「多機能的な」リーダーの例とみることができる．有力者，とりわけ，組織を代表するような有力者の場合（市長や有力な団体・組織の長，連合自治・町内会長など），その地位にあることによって，その他の地位（充て職）に就くことが少なくない．それは，マートンが，「ロール・セット」（Merton R. K. 1968）という概念で説明したものである．「充て職」としての名目的リーダーは，「長」の地位を辞するに伴い，次の役職者と自動的に交替するのが一般的である．

　自治体の長や，自治会（町内会）の長が，トータル・イッシューに関わる「多機能的な」地域リーダーであるのは，何よりも，自治体や自治会（町内会）が，多機能的な団体・集団であることに起因する．トータル・リーダーとパーシャル・リーダーは，それぞれ，別の組織や集団のリーダーであって，必ずしも協力関係にあるわけではない．例えば，市長の市政運営方針と市民が行なうNPO活動の理念に食い違いがある場合，両者の間に良好な協力関係を創ることは難しい．しかしながら，両者は，それぞれの組織・集団を有効に機能させるため，一段高いレベルへ向けて合意し，協力関係を築くことがある．本書が取り上げた調布ゆうあい福祉公社の場合がそれに属する例，しかも，トータル・リーダーの市長とパーシャル・リーダーのボランティア・リーダーが新しい形を創り出すことに成功した例であろう．

　ところで，地域リーダーの中には，仮に，顕在的リーダーと呼ばれる，「表の顔」もいれば，仮に，潜在的リーダーあるいは「裏方のリーダー」と呼ばれる人もいる．潜在的リーダーについては，やや変種に属するが，カッツとラザースフェルドが，オピニオン・リーダーと呼んだリーダーも入れられてよい．オピニオン・リーダーとは何か．「すべての対人関係はコミュニケーションの

網として潜在的可能性をもったものであり，オピニオン・リーダーというのは，たまたまある時点でコミュニケーションの流れの元締め的な役割を果たしている，グループ成員」(Katz, E. 1955 : 22) のことである．カッツとラザースフェルドは，コミュニケーションの流れを研究する中で，このオピニオン・リーダーの存在を発見した．ある情報は直接住民に流れるのではなく，オピニオン・リーダーを通じて流れるのである．オピニオン・リーダーの有効活用が集団効果を左右することもある．もしそうであればオピニオン・リーダーは，注目的存在である．

以上，地域リーダーの類型について少しばかり記述した．もちろん，地域リーダーの類型はこの試みに尽きない．地域リーダーの類型には様々に分類が可能である．なお，ここでは，理想のリーダーや望ましいリーダー像といったものについては積極的に触れていないけれども，それは紙数の制約からくるものであって，決して，その重要性に気づいていないためではない．民主的リーダーがリーダー・シップを発揮できない例もある．権威主義的リーダーが歓迎されることもある．理想的な地域リーダー像は，地域が直面する課題により，あるいは地域社会の歴史的位相により変わるということも記憶されなければならない．調整型のリーダーを求めるのか，問題的提起型のリーダーを求めるのかは，そして，特定価値肯定型のリーダーを求めるのか，価値中立型のリーダーを求めるのかは，リーダーの問題であると同時に，地域社会の直面する課題や地域社会の歴史的位相と関わる問題である．

2-2. 地域リーダーの変容

地域社会は，リーダーによって導かれる反面，リーダーの活動を規定する．そして，地域社会とリーダーは，ともに，時代の規定を受けている．地域リーダーは，その程度を別にして，しばしば，地域住民の生活姿勢と時代を反映する．住民に複数のタイプがあるように，例えば，「保守的」・「保身的」・「革新的」・「献身的」というタイプがあるように，リーダーにもそうしたタイプがある．そう考えれば，地域住民と地域リーダーは，大まかに，社会構造（当該地域）に対する変革への志向と私生活の変革意識を基軸に，社会構造への変革意識がなく私生活の変革意識をもたない〈保守〉，社会構造への変革志向をもちながら私生活への変革意識をもたない〈保身〉，社会構造への変革志向をもち

終　章　地域的共同と地域リーダーの可能性

私生活にも変革意識をもつ〈革新〉，社会構造への変革志向をもたないが私生活には変革意識をもつ〈献身〉に分けることができるであろう（社会構造への変革志向をもちながら私生活への変革意識をもたないリーダーを，なぜ，〈保身〉と呼ばなければならないのかという向きもあろうがその主旨に理解をいただきたい）．ここで敢えてこのような類型を持ち出すのはなぜか．それによって地域リーダーをめぐる近代日本と現代日本の違いを鮮明にしたいためである．もちろん，地域リーダーの類型化を歴史的視点に求める試みは，これまでにも存在する．その１つは，先に挙げた国民生活審議会の報告書『コミュニティ』（1969）における「コミュニティ・リーダー」の記述である．報告書は，コミュニティ・リーダーの性格を，「名望有力者型」から「役職有力者型」へ，そして「有限責任型」への移行として把握する．

　そうしたことも念頭において，以下，私の理解を示すことにしよう．近代日本は〈献身〉型の地域リーダーによって支えられてきた．天皇制国家を受け入れ，私生活を国家に捧げるという，日本の近代国家は，国民（住民）とリーダーに，ひたすら，〈献身〉的であることを要求した．住民（国民）も地域リーダーも，そうした時代の規定を受けて，私生活を滅した国家への奉仕＝社会構造への変革志向をもたないが私生活には変革意識（滅私奉公）をもつ国民像を「善」とした．当然，地域リーダーは〈献身〉を意識した．複数の要因がそれを可能にしたが，何よりも大きな要因は，天皇以外であれば何にでもなれるという，近代日本の方針＝明治国家が採用した方針の存在である．「原則的には，天皇以外であれば，いかなる有力者の地位にも，誰でもがのぼり得るというルールである．一方で上からの支配機構がありながら，他方で同じ機構が下の英才をすくいあげ，彼らがカウンター・エリート（機構反対のエネルギーの指導者）に走るのを前もって防止する社会的エントツの役割を果たすところに，無名の下ずみから身をおこし，革命の嵐をくぐり，今日の栄位にのぼった伊藤達元老の体験から学ばれた異常なかしこさがよく出ている」（久野・鶴見 1956：130-131）という指摘は，近代日本の本質を見事についた表現である．

　近代日本を地域リーダーという視点から眺めると，きわめて大雑把に，次のように捉えることができる．すなわち，名望家から名誉職者へ，名誉職者から行政役職者へ，行政役職者からボランタリーなリーダーへという流れである．

もちろんこれは歴史的に観た，かなり大まかな把握であり，最後の行政役職者からボランタリーなリーダーへという流れは始まったばかりである．

　戦前と戦後の日本は，すべての点で大きな違いを示すのであるが，地域リーダーも例外に属さない．地域リーダーは近代日本そして現代日本の社会と国家を反映する．地域リーダー像は社会構造を映し出す．近代以前あるいは近代初期における地域リーダーは，名望家であって，名望家は全国各地に存在した．名望家は名望家の存在を許した前近代社会あるいは前近代的要素を残存させる社会の産物である．名望家層の背景にあるのは代々にわたり形成されてきた大きな経済力＝資力・資産である．名望家の中には自らを地域リーダーとして意識していなかった人もいたかもしれない．しかし，彼らの多くは地域に君臨し，自家と自己の繁栄だけでなく地域の安定に関心を寄せていた．もちろん彼らの存在は地域あってのものであったが地域社会も彼らの存在を誇りにした．彼らが地域社会に与え得る献身的な尽力があったからである．そしてその代償として彼らは絶対的な名誉を得た．しかし，名望家と呼ばれる人は多くない．近代化は名望家の存続基盤を弱体化させたため，地域における名望家の位置が相対的に低下した．そして名誉職者を名望家に次ぐ，あるいは名望家に続く主要な地域リーダーとした．名望家に代わり，名誉職を獲得した人々が地域社会をリードした．彼らの特徴は名望家がもっていた絶対的な経済力＝資力でなく，家業として始めた事業の成功と成功によって得られた地域社会での地位＝役職（名誉ある役職）であった．彼らは地位の上昇移動を目指して努力を惜しまなかった．彼らは真の名望家ではなかったが名望家がもっていた精神＝社会的奉仕の精神を継承した．しかし，戦後は，こうしたリーダー＝名誉職リーダー達も地域社会においてその比重を低下させた．戦後，台頭したのは，行政の役職者，とりわけ資源配分に影響力をもつ行政の長，あるいは行政における有力役職者である．戦前に支配層の一角を成していた地主層は戦後改革を経て形成された新しい社会において以前の力を失った．その結果，戦前にもまして，行政の地域包摂が進行した．国家・自治体を通じた富の再配分が地域経済と住民の生活に影響をもち，国民生活の行政依存が強化されるにつれ，行政の長や行政における主要な役職者が新たなリーダーとして台頭した．とりわけ行政の長は，唯一，トータル・リーダーと呼ばれる存在となった．地域社会が一枚岩

終　章　地域的共同と地域リーダーの可能性

の存在でなくなるにつれ，細分化され多元化するにしたがって，パーシャル・リーダーは増加する．そして，行政の長は，唯一のトータル・リーダーとなり，強力な権限を行使する．

　戦後日本の特徴は，戦前の名望家や名誉職者が個人の富＝資産・財産を活用して地域社会に深く関わっていたのとは対照的に，公共財，わけても「税」の管理と配分を通じて地域社会にコミットし，「税」を通じてリーダー・シップを発揮していることである．しかし，近年はさらに，「共」の領域の拡大により，あるいは，マルチチュードという時代の趨勢があって，NPOなどのボランタリーなリーダーが台頭しつつある．明らかに，リーダー像の変化は社会変動によってもたらされたものであって，リーダー像の変容は社会変動と社会構造の変化に連動する．

3. 地域社会における「新しい共同」と地域リーダーの可能性
3-1. 地域社会における「新しい共同」と地域リーダー

　すでに，序章で取り上げられているように，今日解決を求められる地域的課題は多様であり，共同と協働に対する要請も随所にある．そうしたなかで，リーダーへの期待も強い．それにしても，リーダーとは何か，リーダー・シップとは何か．リーダーとリーダー・シップの定義については，序章に詳しく述べられているから，ここでは，簡単に記述しよう．「リーダーとは，実在する人物を示す言葉」（金井 2005：62）である．人物概念であるリーダーは，(1) 現状を変革する人，(2) ビジョンを描く人，(3) 問題を解決する人，(4) チームをまとめる人，(5) マネージメントする人，(6) コミュニケーションをとる人，(7) 力を配分する人，(8) 関係を築く人，(9) 計画を立てる人，(10) リーダーになる（カロセリ Caroselli 2000＝2003）と説明される．一方，リーダー・シップには，「前向きな変化を起こすための力の行使」（前掲書：48）という説明が与えられる．それは，バーナードが言うように，協働において諸力を機能させる〈起爆剤〉であり，前向きな変化を起こすための力の行使である．そして，それゆえに，体力・技能・技術・知識などの，そして，決断力・想像力・不屈の精神などの，個人的優越性を含意するものである（Barnard 1938＝1956：270-271）．リーダーとリーダー・シップの定義が示すように，それは，

協働と共同に関わる概念である．どのような集団であれ，組織であれ，地域社会であれ，協働と共同のあるところ，リーダーとリーダー・シップの問題を避けて通れない．

　地域社会における共同について見れば（さしあたりマンションの管理組合や自治会，地域の活性化・再生を進めようとする団体や自治体を念頭においてみよう），リーダーには，大まかに，次の諸点に対する留意が求められるであろう．以下に述べるところは，私がこれまで，若干の地域で関わった地域振興の仕事を参考にしたものであるが，紙数の関係できわめて簡略化した記述にとどめている．

　リーダーは，集団（当該地域，以下「地域集団」と記述）が追及する目標＝課題を明確にしなければならない．もし，その目標が，処理を必要とする問題の克服にあるならば，その点を念頭におけばよい．しかし，目標が，処理を必要とする問題の克服だけでなく，それを含めて新しい地域的共同を創ることにあるなら，そのことを認識し，集団の課題として設定しなければならない．地域集団が追求しなければならない目標の確認（目標の設定・課題の確認）は，何よりも優先されなければならない作業である．当然，そのためには，まず，地域集団のおかれた状況＝その現状と問題点の認識は，地域リーダーにとって，初めにして最も基本的な課題である．解決すべき課題は何か．解決を要する問題＝課題に対する認識なしに，問題の処理も新しい共同を求める作業もスタートしない．

　それができれば次の作業である．すなわち，問題に対する対応と対応に向けた情報の収集と組織づくり．理念を先行させるあまり，現状から乖離するようなことになってはいないか．当然，課題の達成に要する時間をどの程度見込むか（工程表の作成）はリーダーの重要な仕事である．長期に及ぶ課題であればそれなりの準備と対応が必要である．その意味で，リーダーには，陣営の力量に対する冷静な判断がなければならない．陣営の力量を読み違えたことにより，リーダーの努力＝リーダー・シップが有効に働かないという事態に陥ることも少なくない．リーダー・シップの空転は，成員間の信頼関係を損ね，リーダーは求心力を低下させる．リーダーにおける求心力の喪失は，集団を機能させるための役割分担を困難にさせ，最悪の場合には，コミュニケーションの回

線を切断することになる.

　仮に,集団目標＝達成課題についての合意ができ,それを追求する体制が順調に整えられれば,次なる作業は実践＝日常活動である.構成員が作業過程でもつ不満を吸収し,満足を実感させることに配慮すること,それが,この段階におけるリーダーの心得である.とりわけ,役員（執行部）が一人歩きをしていないか,全体から遊離してしまっていないか.コミュニケーションの回路が塞がり機能障害を起こしていないか.課題の消化が工程表に従い順調に進んでいるか.順調な進行を阻害する要因が発生していないか.進行を阻害する内的・外的要因の確認を行なうのもこの段階の仕事である.課題の内容によっては,作業を地域集団の外側の状況に照らして進行させるという配慮も必要である.もちろん,リーダーの向ける関心は阻害要因だけに限らない.作業の進行過程で生まれた団結力や融和は作業の消化に弾みをつけるだけでなく,地域集団の集団力（地域力）を向上させるから,リーダーは,実践が生み出す効果とその活用についても敏感でなければならない.

　実践は,もちろん,課題への挑戦であり課題の克服である.そして,それが達成された時点で当初の目的は一応の終結を見る.しかし,それも地域集団の永続性という視点から見た場合,1つの段階にすぎない.大きな目標として,状況の変革と新しい地域的共同の創造がある.それゆえに,リーダーは,地域集団の活動成果（集団の得た報酬と支払ったコスト）の確認＝収支決算という仕事を行なわなければならない.大状況における変化を想定すれば,地域ないし集団の将来に向けて,結果に対する評価＝アセスは不可欠である.アセスを通じて確認される成果を,地域集団の共有財産として活用する体制ができれば,それは,次の新たな課題に対する有力な武器となる.

3-2. 新しい地域的共同と地域リーダーの可能性

　社会の再組織化は時代の要請である.再組織化の求めるところは何か.それは,地域社会を安心・安全な状態に保つことであり,緊張が発生した場合それを処理する力をもつよう柔軟で活力ある存在にすることである.組織化を状況の固定化と判断してはならない.いま,大状況,中状況,小状況を通して社会解体が進んでいる.それらはいずれも社会変動の帰結である.「大」状況的にみれば,社会体制や福祉国家の再編が社会変動の帰結として今日的なテーマと

なっている.「中」状況的にみると,質の高い大都市の形成や活力ある地域・自治体の創造が課題である.そして,それは疑いなく,今日的なテーマである.「小」状況的にみると,そこにも,様々な問題があり,解決を求めてリーダーへの期待がある.「小」状況にコミュニティや近隣を想定し,そこにおける問題をみると,コミュニティも社会解体を経験し再組織化を迫られていることが判明する.近隣トラブルは後を立たない.独居高齢者の対応は緊急の課題である.日常生活の基盤をなす環境を少しでも理想的なものにするということは切実な今日的テーマであり,ために,地域リーダーへの期待がある.

　いずれにしても大・中・小の状況改善は,私が,生活の「再」構造化と呼ぶ,生活の現代的再建と密接に関連する（内藤2009）.なるほど,現代における我々の生活は市場に規定されているけれども,市場はすべてではないし,市場による生活の包摂が顕著であればあるほど,我々は生活における非市場的部分に注目し,生活再建の一助となる仕組みを構築しなければならない.これまで,社会学が過度と思われるほどコミュニティに期待を寄せてきたのは,コミュニティが,生活の再構造化に有益であるという確信に基づくものであった.生活をもっぱら家計において考えるのであれば,コミュニティの存在意義は大きくない.しかしながら,いったん,生活を家計の外側にも求めてみれば,コミュニティは生活の重要な部分を構成することが明らかである.ここでコミュニティに関する私の定義を記述しよう.「コミュニティとは,一定の地域に住まう人々とその地域に共属の感情をもつ人々が,そこを拠点に,生活協力と交流を対内的・対外的に実現し,日常生活を営んでいる具体的な環境である」（内藤2001）.環境とは何か.生態学は次のように説明する.「環境とは,具体的に生活の場である.具体的な存在としての生活体は,常に生活の場においてある.生活の場とは,彼の生活に必要な,またなんらかの関係をもつ,もろもろの事物によって構成されるところの,具体的な空間である.生活体は,生活の場において,その場の個々の構成物と,機能的に連関しあうことによって生きている.というより,むしろ実は,そういう過程それ自身が,生きているということの内容なのである」（梅棹1976）.

　生活のリファレンスとしてコミュニティを評価し,その充実をもって生活の再構造化を促すという発想は決して新しくないけれども,それが必要なこと

は，以上の定義（コミュニティと環境に対する定義）にも明らかであろう．もちろん生活の再構造化に貢献するのはコミュニティだけではない．様々な生活拡充集団があり，非市場的な人間関係がある．生活の豊かさを，もっぱら，貨幣媒介的な関係に求め，市場を生活の質を確保する唯一の手段と考える向きには理解が難しいにしても，貧富の問題をフロムの言う「もつ様式」から「ある様式」に転じて眺めてみると，豊かな生活という風景はかなり変わって見えてくる（From 1977）．

　もつことによって人間は他者との距離を拡げ，他者との間に格差という壁を作る．近代は，「もつ様式」を社会構造の中核部分に位置づけ，そこから派生する社会と個人の関係再編を不断のものとした．近代において「一体化」は常に要請されるテーマであったが，常に幻想的なものでもあった．地域社会も一体化を追及したが，地域社会における一体化はますます低下した．「ゲマインシャフトにおいては，いかに分離しているようにみえても結合し，ゲゼルシャフトにおいては，いかに結合しているようにみえても分離している」（Tönnies, F. 1887）というテンニースの見方は正しい．愛のシステムに関する研究（一体化に関する研究）を社会学の重要な課題であると強調したボウルディング（Boulding, K. E. 1968）の指摘もテンニースの延長線上に置いてみなければならない．市場原理を中核に据えた「協働」と「共同」は，いかに強い結合を演じてみせても分離しているのであって，いま，求められる新しい「共同」は，市場原理を中核に据えた「共同」の限界を踏まえて，限界を補う「共同」である．現代における地域的共同の形成という課題は，まさに，ゲゼルシャフトの中にゲマインシャフトの要素をもった愛のシステムをいかにして形成するかということにほかならない（内藤 2009）．

　もつ人を「富者」，もたない人を「貧者」としてみる見方は市場型の産業社会では普通のことであるが，この社会の陥っている行き詰まりはそうした見方に限界があることを示唆している．人類学が確認した「互恵」のもつ豊かさに注目する人は少なくない．もたなくとも（家の中に所有しなくとも），あるもの（自然的・物理的・社会的・文化的地域諸資源）が活用されれば生活の質は向上する．あるもの，環境＝地域資源が生活の質を形成することに対する意識は，我が国の場合，コミュニティとシビル・ミニマムからアメニティへという

焦点の推移，1960年代後半から1980年代にかけての社会意識において明確なものとなる．

ところで，日常生活が展開される具体的な生活空間，コミュニティは，緊張＝問題の発生，緊張＝問題の処理の舞台にほかならない．問題の発生と処理というサイクルを自然的なものとみて，いつしか自動的に解消されるとみる見方はあまりに素朴である．確かに，社会は問題＝緊張を発生させるけれどもその処理を行なう能力も備えている．解体を生み出す素であるが再生を促す力の源でもある．社会は優れて問題＝緊張処理の体系（Etzioni 1983）である．しかし，緊張は機械的に処理されるわけではない．意図的な取り組みによって処理をしなければならない問題もある．リーダーとリーダー・シップへの期待が生ずるのはそうした事態である．「もやい直し」に直面した水俣市の場合に，その例をみておくことにしよう．水俣市における新しいコミュニティづくりの推進力は，「〈寄ろかみなまた〉という地域を基盤とした住民組織の活性化と，〈みなまた環境考動会〉という機能別サークル型の集団づくりで，それが縦横うまく作用して〈もやい直し〉が進行し，環境モデル都市の動きができたと思う．この過程で重要であったのが吉井市長のリーダー・シップ，熊本県水俣振興推進質の強力な企画調整活動，各層住民の合意形成と参加であり，そのタイミングである」（鈴木 2004）．問題＝緊張はその解消を意図する主体によって行なわれるのであって，そこで重要なのがリーダー・シップと広範な層の参加である．

結論を述べよう．問題＝緊張処理体系としての社会は，そのために新しい「協働」と「共同」を求める．そして「協働」と「共同」は言語を求める．碧海純一によれば，言語には，伝達，思考補助，情緒的安定確保という3つの機能があるという．言語を失った地域社会は伝達力を欠き，思考する能力を低下させ，情緒的不安定（融和の心の欠如）を露呈する．言語は，新しい地域的共同形成の中心に位置している（内藤 1982）．社会の解体と社会の再組織化に深く関与する．「協働」と「共同」は言語の復権によって可能となる．すでに見てきたところで言えば，リーダーは，現状を変革する人，ビジョンを描く人，問題を解決する人，チームをまとめる人，マネージする人，コミュニケーションをとる人，力を配分する人，関係を築く人，計画を立てる人であった．そし

て，リーダー・シップは，協働において諸力を機能させる〈起爆剤〉であり，前向きな変化を起こすための力の行使であった．おそらく，新しい地域共同の形成も，そのために期待されるリーダー・シップの発揮も，言語を欠いては難しい．言語を欠いて，リーダーの機能を果たすことも，前向きの変化を起こすことも難しい．そのことは新しい地域共同の形成とリーダー・リーダーシップの確立が言語によって可能になることを示唆している．その意味で言えば，リーダーとは，言語の機能を自覚しそれを活用する人，活用するよう働きかける人のことであると言ってよい．

内藤辰美

文献

Barnard, C. I. *The Functions of the Executive*, Harvard Universty Press, 1938 （＝1959，山本安次郎・田杉競・飯野春樹『経営者の役割』ダイヤモンド社）

Boulding, K. E. *Beyond Economics*, the Unv. of Michigan, 1968 （＝公文俊平訳『経済学を超えて』竹内書店）

Etzioni, A. *Social Problems*. Englewood Cliffs, N. J. Prentice-Hall, 1976 （＝1983，石村善助・和田安弘『社会問題』至誠堂）

From, E. *To have or To Be?* （＝佐野哲郎訳，1977，『生きるということ』紀伊国屋書店）

金井壽宏，2005，『リーダー・シップ入門』日経文庫

Katz, E/Lazarsfeld, P. *Personal Influence*, The Free Press, 1955 （＝1965，竹内郁朗『パーソナル・インフルエンス』培風館）

久野収・鶴見俊輔，1956，『現代日本の思想』岩波新書

Marlene Caroselli, *Leadership Skills for Managers*, 2000, The McGraw-Hill Companies, Inc. （＝2003，D・クリィティヴ訳『リーダー・シップ10のルール』ディスカヴァー）

Merton, R. K. 1968, *On sociological theories of the middle range*, New York, Free Press （＝1969，森東吾・森好夫・金沢実『社会理論と機能分析』青木書店）

内藤辰美，1982，『現代日本の都市化とコミュニティ』渓泉書林
　　　─，2001，『地域再生の思想と方法─コミュニティとリージョナリズムの社会学』恒星社厚生閣
　　　─，2009，「都市の現在と地域福祉」『社会福祉』日本女子大学社会福祉学会（49）

鈴木広，2004，「不妊化する社会とローカリズムの可能性」第77回日本社会学会大会報告要旨

Tönnies, *Gemeinshaft and Gesellshaft─Grundbegriffe der reinen Soziotogie─* （＝杉之原寿一訳『ゲマインシャフトとゲゼルシャフト─純粋社会学の基本概念─』岩波文庫）

梅棹忠夫，1976，『生態学入門』講談社学術文庫

あとがき

　本書は編者の意図に賛同された方々の協力によって誕生した．短期間にもかかわらず執筆者の皆さんには精力的に仕上げていただいた．心より感謝したいと思う．

　本書は，当初，2008年内の刊行を予定して進められたのであるが，途中，編者の予期しなかった事態に出会い，いささかの遅延があった．

　本書においてわれわれの意図したところがいかほど実現したか，その判断は読者に委ねなければならないが，こうした試みがあったことを記憶にとどめていただき，今後，研究が一層蓄積されることを願うとともに，本書が関係各層によって活用されることも合わせて願うものである．

　それにしても本書の刊行に漕ぎ着けられたのは恒星社厚生閣のご理解によるものである．片岡一成氏による励ましと支援がなければ本書は完成を見ずに終わったに違いない．われわれは，これまでも片岡一成氏にはたびたびお世話になってきた．今回は，また，これまでにもましてご支援を頂いた．本当に有り難いことである．ここにあらためて心から感謝の言葉を申し上げたいと思う．

　なお，末尾ながら，私事になることをお許し願いたい．編者の2人はかなり以前からたびたび一緒に仕事をしてきのだが，今回の刊行は編者のひとり内藤辰美氏の「退職記念」の意味をもつ刊行となった．氏には，これからもご活躍を続けられることを期待したい．

　　2009年9月

編者代表　高橋勇悦

索　引

●0～9●

1974年地方行政基本法　182
1979年デサ行政法　182
1997年の新憲法　210

●あ　行●

RT/RWの全国法制化　182
アーロンズ, C.　137
空家再生　125
アクティブ世代　64
新しい「共同」　4
　　──の活動　7
　　──のリーダー　10, 11
新しい「公共」　3, 9
新しい地域社会の形成　3
新しい地域的共同　29
アドボカシー　153
新たな支え合い　69
有賀喜左衛門　220
ある様式　232
アンダーソン, B. R. O'G.　185
いざなみ景気　58
移住社会　173
居場所　3
意味空間　173
「イメージ先行型」観光地　119
岩田正美　71
インターネット　141, 143-146
インナーエリア　36
ウェーバー, M.　185

上野千鶴子　131, 132, 136
ウェルマン, B.　133, 134
失われた10年　56, 59
SAA（Stepfamily Association of America）　141
エスピン－アンデルセン　157
越後おどり　166
　　──保存会　170
NGO（非政府組織）　208
NPO（特定非営利活動法人）　8, 74, 80, 85, 87, 161
　　──・市民活動　41, 42, 44
　　──・市民活動組織　39
　　──法人　43
エンパワメント　154
大原孫三郎　118
公の施設　61
お互い様　65
おなかまランナー運営協議会　27
オピニオン・リーダー　224

●か　行●

介護の社会化　61
介護保険制度　29, 157
開発僧　201
ガヴァナンス　30
格差社会　1
革新自治体　20
獲得的地位　177
家族　131, 135, 138-144, 146, 147
　　──カード　187
　　──支援　138

索引

価値中立型のリーダー　223
カッツ, E.　224
カロセリ, M.　228
環境・景観系リーダー　45
環境問題　2
観光資源　115
関心縁　74, 86
官製住民組織　181
管理組合　108
黄色の制服　188
機関委任事務　53, 59
義倉　117
来たり者　56
「気づく主体」から「築く主体」へ　29
共苦　65
共助　115
行政委嘱員　52, 54, 55
共生生活圏　123
行政役職者からボランタリーなリーダー　226
共同体　212
共有空間　120
居住体験　124
近隣　71, 135
グッド・コミュニティ　179
倉敷市第5次総合計画　123
くらしきTMO　120
倉敷都市美協会　118
倉敷屏風祭　120
倉敷町屋トラスト　124
クラシキ者　117
クルラハン　182, 186
グローバリゼーション　35, 36, 47
グローバル化　1
継親子関係　138-140
継子　138, 140
継親　138-140, 143
継母　140-143
血縁　131, 134, 135

言語　175
堅固さ　84
コア　89
合意モデル　162
郊外　135
後期高齢者医療保険制度　157
公共生活圏　116
　　　――再生　122
公団住宅　87
高度経済成長期　135
交流の場作り　127
高齢者問題　2
国土形成計画（全体計画）　36, 37
国土利用計画（全体計画）　37
国連開発計画　181
心の開発　207
心の絆　6
互助型　74
個人解体　3
個人主義　14
個人情報保護法　94, 220
個人の問題　14
コスモポリタンな影響者　145
孤独・孤立　3, 14
孤独死　69, 73, 76-79, 84, 85
　　　――ゼロ作戦　76
コミュニケーション回路　173, 222
コミュニティ　35, 38, 47, 131-135, 138, 141, 146, 147, 160, 165
　　　――・アイデンティティ　166
　　　――・エンパワーメント　181
　　　――解放論　135
　　　――・ケア　154
　　　――形成・まちづくり運動　41
　　　――・ジョブ　27, 28
　　　――政策　38, 55
　　　――センター　107
　　　――喪失論　134
　　　――存続論　134

──の形成　35
　　　──の再編　38
　　　──ワーク　161, 162
古録派　117
今日の新しい地域社会の形成　4

● さ　行 ●

サービス供給　162
災害ボランティアセンター　110
再婚　135-139, 141
サポート　132
サリット・タナラット首相　204
沢田清方　70
サンガ　204
残余主義的福祉アプローチ　158
支援型　74
　　　──のリーダー　87
シスカムリン　184
私生活主義　220
自治会・町内会　94
自治的精神　117
実行委員会　169
　　　──方式　97
実行リーダー　176
市民活動　47
市民権　152
市民的関与　126
社縁　133
社会解体　14, 218
社会的機能人口　174
社会的孤立　140
社会的ネットワーク論　131
社会的排除　151, 158
社会的剥奪　152
社会の再組織化　230
社会福祉協議会　62, 63
社会問題　1
周縁　89

秋桜舎コスモスの家　80
集団主義　14
柔軟さ　84
住民運動　41
住民活動リーダー　46
住民参加型在宅福祉サービス活動　85, 87
住民参加型在宅福祉サービス団体　19
住民組織　99
住民動員　188
住民登録証　183
住民任意集団　8
住民の共同　5
「重要な家族」ネットワーク　136
「重要な家族」メンバー　136
障害者　151
　　　──運動　152
状況肯定型（調整型）　223
状況変革型（状況創造型・問題提起型）　223
上座部仏教圏　203
小地域福祉活動　70
情報化社会　218
女縁　132
食事サービス　24
自立支援　15
親権　138
人口減少社会　36
親族　135, 139
シンボリックなリーダー　176
新録古録騒動　117
新録派　117
垂直の関係　126
末廣昭　204
ステップファミリー（stepfamilies）　131, 138-143, 146, 147
スハルト新秩序体制　181
生活の個人化　220
生活の「再」構造化　231
生活文化の継承　122
政策入札　62

239

索引

制度化された文書主義　190
生得的地位　177
性別役割分業　135, 143
セーリー, P.　205
世界的大変動　35, 47
世田谷NPO法人調査　43
瀬戸大橋　118
セルフ・アドボカシー　153
セルフヘルプグループ　141
全員一致　162
専業主婦　133
全国社会福祉協議会　70
選択縁　131, 132, 135
選別主義的なサービス　157
専門家　156
双核家族（binuclear families）　137
相互扶助　19
ソーシャル・キャピタル　38, 39
相対的貧困層　152
ソーシャルワーカー　153

た　行

大都市郊外　35
大都市住宅地　37
大都市の衰退問題　36
タイにおける地方分権化政策　210
タンブン（積徳）　207
代弁される時代　153
代理徴収　63
対立葛藤モデル　162
高島町会　168
高島まつり　168
高野和良　29
高梁川流域連盟　123
高橋勇悦　220
多摩・麻生高齢者福祉研究会　82
団塊の世代　64
短期滞在証明　187

単独親権　138
タンボン自治体　210
地域社会変動　35
地域組織　99
地域特性　73, 88
地域の共同性　70, 72, 87, 89
地域福祉計画　80, 81, 83
地域リーダー　219
地域力　3, 38
地縁　74, 86, 131, 132, 134, 135
　　──型コミュニティ　38
　　──コミュニティ　38
　　──組織　47
　　──的住民組織　38, 42
地区社会福祉協議会　104
地区民生委員協議会　100
中央集権政治　190
中流意識　1
調整リーダー　176
町内会・自治会　7, 39, 42, 44, 75
町内会・隣組　160
調布ホームヘルプ協会　23
調布ゆうあい福祉公社　19
手上げ方式　94, 102
ディンクス（Double Income No Kids）　58
デサ　182
伝統的基盤　126
伝統的建造物群保存地区　118
伝統的地域行事　165
伝統美観保存条例　118
動機づけ　5
当事者　138, 142-147
当事者主権　141
東北タイ（イサーン）　202
同類結合　131, 140, 143, 144
トータル・イッシュー　223
特定非営利活動促進法（NPO法）　39, 41, 86
都市＝家連合説　220
「都市化社会」化　53, 58

240

都市再開発事業　36

● な 行 ●

中沢卓実　78
ナホトカ号重油流出事故　57, 59
ニート　58
日本型の福祉国家　157
認可地縁団体制度　66
人間関係の希薄化　71
人間関係の問題　15
ネットワーカー　131, 143, 144
ネットワーキング　29
ネットワーク化　131, 137, 138, 146, 147
　　——する家族　135, 138, 146
ネットワーク分析　133, 136, 168
年中行事　169

● は 行 ●

パーシャル・イッシュー　223
パーソナル・コミュニティ　133
パーソナル・ネットワーク　133-135
バーナード, C. I.　228
場所　166
パットナム, R. D.　126
パトロン-クライアント関係の束　186
ハブ（hub）　144
原武史　135
ハンシップ　184
パンヤー和尚　206
美観地区　119
避難所　97
貧困　158
ファシリテーター（facilitator）　11
ファミリィ・アイデンティティ　136
福祉供給システム　22
福祉公社　22
福祉国家モデル　157

福祉サービスの市場化　29
プロジェクト　132, 133, 136, 138-141
　　——化　131, 136, 138, 146, 147
　　——化したコミュニティ　133
　　——化する家族　135, 138, 146
　　——としてのコミュニティ　131
フロム, E.　232
文書主義　185, 188
奮闘力行型のリーダー　87
防災拠点（避難所）運営委員会　100
防災・防犯系リーダー　45
ボウルディング　232
ホームヘルプサービス　24
他の人々との接触　5
ボランタリー型市民組織　38, 42
ボランティア　74, 83, 85, 97
　　——活動　110
　　——元年　59
　　——コーディネーター　97

● ま 行 ●

マートン, R. K.　145, 219
まちおこし　4
　　——事業　116
町衆　116
まちづくり　4
　　——・地域活動リーダーの属性　45
街並み保存運動　118
松戸市常磐平団地　75
マルチチュード　30
三国方式　57
三田ふれあいセンター　80
ミニ・デイサービス　82
民主化　203
民生委員児童委員　99
名望家から名誉職者　226
名望有力者型　226
名誉職者から行政役職者　226

241

索引

モーレツ社員　53, 58
もつ様式　232

や 行

家賃値上げ反対運動　78
山岡義典　41
有限責任型　226
有償ボランティア　59
役職有力者型　226
要援護者　93, 95
　　──の把握　94

ら 行

ライフコース　135
ライフサイクル　135
ライフスタイル　221
ラザースフェルド, P.　224
リーダー（leader）　9, 45, 131, 143-147, 217
　　──・シップ　29, 146, 151, 217
　　──のタイプ　12
　　──の連携　13
離婚　135-138, 143
隣人型　74
レヴィン, I.　139, 143
歴史的文化遺産　125
連合自治会　100, 104
老人給食事業　26
ローカルな影響者　145
ロール・セット　224

編著者紹介

(五〇音順, ＊編者)

石川隆代（いしかわ・たかよ）		日本女子大学人間生活学研究科生活環境学専攻（博士課程後期）(6章)
黒岩亮子（くろいわ・りょうこ）		日本女子大学人間社会学部助教（4章）
小林和夫（こばやし・かずお）		創価大学文学部准教授（10章）
佐久間美穂（さくま・みほ）		元 社団法人シャンティ国際ボランティア会（11章）
高橋勇悦（たかはし・ゆうえつ）	＊	東京都立大学名誉教授（序章）
谷口政隆（たにぐち・まさたか）		神奈川県立保健福祉大学名誉教授（8章）
徳久和彦（とくひさ・かずひこ）		神奈川県社会福祉協議会（5章）
内藤辰美（ないとう・たつみ）	＊	山形大学名誉教授（9章・終章）
野沢慎司（のざわ・しんじ）		明治学院大学社会学部教授（7章）
松原日出子（まつばら・ひでこ）		松山大学人文学部准教授（1章）
宮﨑伸光（みやざき・のぶみつ）		法政大学法学部教授・学生センター長（3章）
和田清美（わだ・きよみ）		首都大学東京大学院人文科学研究科教授（2章）

地域社会の新しい〈共同〉とリーダー
(オンデマンド版)

2014年3月31日　発行

編　者　　高橋勇悦・内藤辰美
発行者　　片岡　一成
発行所　　株式会社 恒星社厚生閣
　　　　　〒160-0008　東京都新宿区三栄町8　三栄ビル2F
　　　　　TEL 03(3359)7371㈹　FAX 03(3359)7375
　　　　　URL http://www.kouseisha.com/

印刷・製本　株式会社 デジタルパブリッシングサービス
　　　　　　URL http://www.d-pub.co.jp/

Ⓒ高橋勇悦・内藤辰美，2009

ISBN978-4-7699-1207-1　　Printed in Japan
本書の無断複製複写（コピー）は，著作権法上での例外を除き，禁じられています